建筑遗产保护丛书

本研究蒙以下基金资助：
国家自然科学基金面上项目(52178010)
国家社会科学基金文化遗产保护传承研究专项(24VWBN007)

明清淮南盐业聚落体系研究

——以泰州分司八场为考察中心

廖　瑜　李新建　著

东南大学出版社
SOUTHEAST UNIVERSITY PRESS
·南京·

内容简介

本书研究明清时期淮南盐业聚落体系。首先通过历代史料和舆图互证，结合现场调研，梳理各时期盐场聚落的构成和空间分布，并以泰州分司八场为例，首次厘清了生产性团灶聚落的数量、名称、位置及其演变过程，补充了盐业史和地方历史地理中对团灶研究的缺环。其次，分析了淮南盐业聚落的等级层次、职能分工、尺度规模、交通组织、空间结构、基础设施，揭示其具有的体系化特征；探讨了影响体系形成发展的各种动因，包括对组织结构起主导作用的盐业生产、运销、赋役等管理制度要素，以及对空间分布起主导作用的地势差异、黄河夺淮、海岸东迁等自然地理要素，提出了淮南盐业聚落的树状空间结构特色，为认识中国古代城乡空间结构的多样性提供了新的例证。

全书共分六章，其中第二至第五章为正文，按照从高到低的聚落层级进行组织。第二章分析宏观层面盐政聚落的等级职能和空间结构；第三章聚焦作为体系核心的场治聚落商业发展和市镇格局；第四、五章深入基层团灶聚落，剖析生产过程、自然变迁对其产生、发展和结构形态的影响。

图书在版编目(CIP)数据

明清淮南盐业聚落体系研究 ：以泰州分司八场为考察中心 / 廖瑜，李新建著. -- 南京 ：东南大学出版社，2024.12

ISBN 978-7-5766-1110-6

Ⅰ. ①明… Ⅱ. ①廖… ②李… Ⅲ. ①盐业史—研究—淮南—明清时代 Ⅳ. ①F426.82

中国国家版本馆 CIP 数据核字(2023)第 250701 号

责任编辑：陈 佳　　责任校对：张万莹　　封面设计：张玉瑜 毕 真　　责任印制：周荣虎

明清淮南盐业聚落体系研究：以泰州分司八场为考察中心

MING-QING HUAINAN YANYE JULUO TIXI YANJIU：YI TAIZHOU FENSI BACHANG WEI KAOCHA ZHONGXIN

著　　者：廖 瑜 李新建
出版发行：东南大学出版社
社　　址：南京市四牌楼 2 号　　邮编：210096　　电话：025-83795842
出 版 人：白云飞
网　　址：http://www.seupress.com
电子邮箱：press@seupress.com
经　　销：全国各地新华书店
印　　刷：南京玉河印刷厂
开　　本：787 mm×1092 mm　1/16
印　　张：13.75
字　　数：348 千
版　　次：2024 年 12 月第 1 版
印　　次：2024 年 12 月第 1 次印刷
书　　号：ISBN 978-7-5766-1110-6
定　　价：58.00 元

继往开来，努力建立建筑遗产保护的现代学科体系[1]

建筑遗产保护在中国由几乎是绝学转变成显学只不过是二三十年时间。差不多五十年前，刘敦桢先生承担瞻园的修缮时，能参与其中者凤毛麟角，一期修缮就费时六年。三十年前我承担苏州瑞光塔修缮设计时，热心参加者众多而深入核心问题讨论者则十不一二，从开始到修好费时十一载。如今保护文化遗产对民族、地区、国家以至全人类的深远意义日益被众多的人士认识，并已成各级政府的业绩工程。这也是社会的进步。

不过，单单有认识不见得就能保护好。文化遗产是不可再生的，认识其重要性而不知道如何去科学保护或者盲目地决定保护措施是十分危险的，我所见到的因不当修缮而危及文物价值的例子也不在少数。在今后的保护工作中，十分重要的一件事就是要建立起一个科学的保护体系，从过去几十年正反两方面的经验来看，要建立这样一个科学的保护体系并非易事，依我看至少要获得以下的一些认识。

首先，就是要了解遗产。了解遗产就是系统了解自己的保护对象的丰富文化内涵，它的价值以及发展历程，了解其构成的类型和不同的特征。此外，无论在中国还是在外国，保护学科本身也走过了漫长的道路，因而还包括要了解保护学科本身的渊源归属和发展走向。人类步入二十一世纪，科学技术的发展日新月异，CAD 技术、GIS 和 GPS 技术及新的材料技术、分析技术和监控技术等大大拓展了保护的基本手段，但我们在努力学习新技术的同时要懂得，方法不能代替目的，媒介不能代替对象，离开了对对象本体的研究，离开了对保护主体的人的价值观念的关注，就是目的沦丧了。

其次，要开阔视野。信息时代的到来缩小了空间和时间的距离，也为人类获得更多的知识提供了良好的条件，但在这信息爆炸的时代，保护科学的体系构成日益庞大，知识日益精深，因此对学科总体而言，要有一种宏观的开阔的视野，在建立起学科架构的基础上使得学科本身成为开放体系，成为不断吸纳和拓展的系统。

再次，要研究学科特色。任何宏观的认识都代替不了进一步的中观和微观的分析，从大处说，任何对国外的理论的学习都要辅之以对国情的关注；从小处说，任何保护个案都

[1] 本文是潘谷西教授为城市与建筑遗产保护教育部重点实验室（东南大学）成立写的一篇文章，征得作者同意并经作者修改，作为本丛书的代序。

有着自己的特殊的矛盾性质，类型的规律研究都要辅之以对个案的特殊矛盾的分析，解决个案的独特问题更能显示保护工作的功力。

最后，就是要通过实践验证。我过去多次说过，建筑科学是实践科学，建筑遗产保护科学尤其如此，再动人的保护理论如果在实践中无法获得成功，无法获得社会的认同，无法解决案例中的具体问题，那就不能算成功，就需要调整甚至需要扬弃，经过实践不断调整和扬弃后保留的理论才是保护科学体系需要好好珍惜的部分。

潘谷西

2009 年 11 月于南京

丛书总序

“建筑遗产保护丛书”是酝酿了多年的成果。大约是1978年,东南大学通过恢复建筑历史学科的研究生招生开始了新时期的学科发展继往开来的历史。1979年开始,根据社会上的实际需求东南大学承担了国家一系列重要的建筑遗产保护工程项目,也显示了建筑遗产保护实践与建筑历史学科的学术关系。1987年后的近10年间,东南大学发起申请并承担国家自然科学基金重点项目中的中国建筑历史多卷集的编写工作,研究和应用相得益彰;又接受国家文物局委托举办古建筑保护干部专修科的任务,将人才的培养提上了工作日程。20世纪90年代,特别是中国加入世界遗产组织后,建筑遗产的保护走上了和世界接轨的进程,人才培养也上升到成规模地培养硕士和博士的层次,在开拓新领域、开设新课程、适应新的扩大了的社会需求和教学需求方面投入了大量的精力,除了取得多卷集的成果和大量横向研究成果外,还完成了教师和研究生的一系列论文。

2001年东南大学建筑历史学科经评估成为中国第一个建筑历史与理论方面的国家重点学科。2009年城市与建筑遗产保护教育部重点实验室(东南大学)获准成立,并将全面开展建筑遗产保护的研究工作特别是将实践凝练的科学问题的多学科的研究工作承担起来,形势的发展对学术研究的系统性和科学性提出了更为迫切的要求。因此,有必要在前辈奠基及改革开放后几代人工作积累的基础上,专门将建筑遗产保护方面的学术成果结集出版,是为“建筑遗产保护丛书”。

这里提到的中国建筑遗产保护的学术成果是由前辈奠基,绝非虚语。今日中国的建筑遗产保护运动已经成为显学且正在接轨国际并日新月异,但其基本原则:将人类文化遗产保护的普世精神和与中国的国情、中国的历史文化特点相结合的原则,早在营造学社时代就已经确立,这些原则经历史检验已显示其长久的生命力。当年学社社长朱启钤先生在学社成立时所表达出的“一切考工之事皆本社所有之事”“一切无形之思想背景,属于民俗学家之事亦皆本社所应旁搜远绍者”“中国营造学社者,全人类之学术,非吾一民族所私有”的立场,“以科学之眼光,作有系统之研究”,“与世界学术名家公开讨论”的眼光和体系,“沟通儒匠,睿发智巧”的切入点,都是今日建筑遗产保护研究中需要牢记的。

当代的国际文化遗产保护运动发端于欧洲并流布于全世界,建立在古希腊文化和希伯来文化及其衍生的基督教文化的基础上,又经文艺复兴弘扬的欧洲文化精神是其立足点;注重真实性,注重理性,注重实证是这一运动的特点,但这一运动又在其流布的过程中不断吸纳东方的智慧，1994 年的《奈良文件》以及 2007 年的《北京文件》等都反映了这种多元的微妙变化。《奈良文件》将原真性同地区与民族的历史文化传统相联系可谓明证。同样，在这一文件的附录中，将遗产研究工作纳入保护工作系统也是一种远见卓识。因此本丛书也就十分重视涉及保护的东方特点以及基础研究的成果了。又因为建筑遗产保护涉及多种学科的多种层次的研究，丛书既包括了基础研究也包括了应用基础的研究以及应用性的研究，为了取得多学科的学术成果，一如遗产实验室的研究项目是开放性的一样，本丛书也是向全社会开放的，欢迎致力于建筑遗产保护的研究者向本丛书投稿。

遗产保护在欧洲延续着西方学术的不断分野的传统，按照科学和人文的不同学科领域不断在精致化的道路上拓展；中国的传统优势则是整体思维和辩证思维。20 世纪 30 年代的营造学社在接受了欧洲的学科分野的先进的方法论后却又经朱启钤的运筹和擘画在整体上延续了东方的特色。鉴于中国直到当前的经济发展和文化发展的不均衡性，这种东方的特色是符合中国多数遗产保护任务，尤其是不发达地区的保护任务的需求的，我们相信，中国的建筑遗产保护领域的学术研究也会向学科的精致化方向发展，但是关注传统的延续，关注适应性技术在未来的传承依然是本丛书的一个侧重点。

面对着当代人类的重重危机，保护构成人类文明的多元的文化生态已经成为经济全球化大趋势下的有识之士的另一种强烈的追求，因而保护中国传统建筑遗产不仅对于华夏子孙，也对整个人类文明的延续有着重大的意义，正是在认识文明的特殊性及其贡献方面，本丛书的出版也许将会显示另一种价值。

朱光亚

2009 年 12 月 20 日于南京

目 录

第一章　绪论

一、研究背景与意义

1. 研究背景

(1) 两淮盐场的历史地位

食盐是人类日常生活的必需品,但其产地只在具备海水、盐井、盐池等盐矿资源的少数地区,因此也是多数地区必须购买的大宗商品,对于国家经济和社会稳定至关重要。在我国自春秋至今的绝大多数时期内,食盐均由国家专卖,并以垄断生产和销售所得的盐赋作为国家税收的主要来源。

我国海岸线绵长,海盐以广阔不绝、较易开采的海水为原料,是占绝对优势的食盐品种,产地包括辽宁、山东、江苏、浙江、福建和广东各省的沿海地区。其中,江苏沿海的两淮盐场长期位居各大产区之首。

两淮盐场位于长江以北的江苏沿海平原,因其位于淮河两侧,又可细分为淮南盐场和淮北盐场。两淮盐场始于春秋,到唐代已成为全国最大的盐产区,宋元有"国家鬻海之利,以三分为率,淮东居其二"❶之说,又有"天下大计仰东南,而东南大计仰淮盐"❷之说,至明清达到"两淮盐赋实居天下之半"❸的鼎盛之势,在中国盐业史上具有极其重要的地位。

(2) 两淮盐场聚落的特殊性

两淮盐场是生产海盐的场所,它不同于冶铁、铸钱、纺织、制瓷等古代官营手工业作坊和工厂,而与农田有很多相似之处,需要大量灶民世代相继、累月经年地在广阔的海滨滩地和草荡上劳作,因此每个盐场均包括大片土地和大量人口,以及散布其间的灶民聚居点。自元代在盐场设置场官后,两淮各盐场正式成为有独立司署和地域范围的一级特殊行政区划。

明清两淮盐场最多时有 30 场,每场均设盐课司,以盐课司署所在的场治为管理中心,下辖灶民聚居的若干团灶聚落,形成各盐场内部"场治—团灶"生产管理聚落序列。在行政序列上,两淮 30 场是国家盐政管理的基层单位,分属设于泰州、南通和淮安的三个分司,三个分司又归设于扬州的两淮盐运使司管辖,形成了"使司治所—分司治所—场治"盐政管理聚落系列。二者结合,就是本书研究的两淮盐场聚落。

在盐业专卖制度下,国家以严格的法规、制度对盐业生产、集散、运输、销售、榷税等全过程进行控制,极大地影响了两淮盐业聚落的发展,在等级、职能、空间布局和结构形态等方面呈现出体系化特点,不同于古代以自给自足的农业经济为主的一般县乡聚落。

---

❶ [元]脱脱,等. 宋史[M]. 北京:北京图书馆出版社, 2005.

❷ [宋]刘克庄. 后村先生大全集·六十五卷·外制[M]. 成都:四川大学出版社,2008:1713.

❸ [明]杨选,陈暹.(嘉靖)两淮盐法志[M]. 荀德麟点校本. 北京:方志出版社, 2010.

2. 目标和意义

(1) 厘清两淮盐场团灶聚落空间分布及其演变过程,补充和深化了盐业史和地方历史地理研究

现有与淮南盐场相关的研究大多聚焦于扬州、淮安、泰州、盐城等中心城市,近年来范公堤沿线的草堰等淮盐场治城镇也逐渐受到重视,但对于范公堤以东团灶聚落却极少涉及。团灶聚落承担淮南盐场全部的生产职能,占据了绝大部分土地,且因明清时期海岸线东迁而发展变化迅速,但至今尚无对其数量、名称、空间分布等的研究。

本书从历代盐法志、地方志和1980年代各县地名录入手,结合1920年代的《江苏省五万分一地形图》❶、1945年美军测绘的中国1∶50 000军事地图、1969年美国军事卫星拍摄的江苏全省航片以及各种现代地图,经过大量的比对和整理,基本厘清了泰州分司八场从明嘉靖至清光绪各个历史时期团灶聚落的数量、名称、空间分布演变,并分析其规模、形态和结构,对盐业史和地方历史地理研究具有重要的补充和深化作用。

(2) 揭示盐业聚落体系的等级、职能和空间结构及其动因,补充和丰富了对中国古代城乡空间结构的认识

传统认为,古代中国以自给自足的农业生产为主,城乡之间除了行政隶属和市场等级关系外,相互间缺乏分工协作和体系结构,因此极少以聚落体系的视角来研究中国古代城乡聚落。近年来,逐渐出现从军事防御、人地关系、行政隶属等方面研究古代城乡聚落体系的成果,但尚无对古代盐场聚落的体系化研究。

本书从淮南盐场的等级、层次、职能、规模、空间分布、组织结构、基础设施等各方面揭示了两淮盐场的体系化特征,并分析其背后的地形地势、海岸线东迁、蓄清刷黄等自然地理动因,以及盐业生产、运销、赋役等制度动因,总结出其树状体系结构与传统平原农业聚落网状体系结构的差异,补充和丰富了对中国古代城乡空间结构的认知。

(3) 为大运河文化带和盐业文化遗产的保护传承提供基础研究支撑

当前,国家高度重视大运河文化带的保护传承利用工作。在笔者所属团队承担编制的《中国大运河江苏段遗产保护规划(2011—2030)》中,大运河江苏段的首要工作就是要保护统摄全漕、粮丰盐富的漕运文化。本书研究两淮盐业聚落体系和运道水系,并在历代舆图、方志等文献研究的基础上,对泰州中十场场治聚落和可能存在盐业遗存的团灶聚落开展了系统的实地调查,首次发现了11处疑似盐灶聚落遗存,为普查、挖掘和保护与大运河漕运密切相关的盐业文化遗产提供基础性的研究支撑。

二、研究对象与时空范围的界定

1. 研究对象的界定

(1) 淮南盐场

"盐场"一词最早出现在宋代地理通志《太平寰宇记》中,是指海盐的基层生产聚落,但在元代以前并未纳入国家行政建制。元末在各盐场设盐场大使及其官署,盐场正式成为有独立司

---

❶ 《江苏省五万分一地形图》是民国二十五年(1936年)由军事委员会陆地测量局绘制发行的江苏各地五万分一地形图,涉及的年代主要在民国十八年至民国二十五年(1929—1936年)之间。其中道路水系、聚落名称皆有测绘和标注,因此是研究1929—1936年间江苏省聚落历史的重要舆图资料。

署和管辖地域的一级特殊行政区划，其中在江苏苏北沿海共设 29 场。明代沿用元制并增加至两淮 30 场，其中淮河以北的 5 场统称为“淮北盐场”，淮河以南的 25 场统称为“淮南盐场”，其范围南至长江，北至淮河，东至大海，西至范公堤一线。

本书选择淮南盐场为主要研究对象，原因有三：①明代至清末，淮南盐场的数量、面积和产量都是淮北盐场的 5 倍，现存相关历史遗存较为丰富，重要性远高于后者；②明中期之后淮南盐场海岸线迅速东迁，盐场聚落数量增加和空间分布的变化十分显著，研究价值高于变化较小的淮北盐场；③淮南盐场现有《淮南中十场志》[1]和《小海场新志》[2]两本专志，史料比淮北盐场丰富，研究的可行性更高。

(2) 盐业聚落体系

本书研究对象为盐业聚落，是指与盐业生产和运销密切相关的各类聚居地，它们在古代属于盐政系列，本就不同于民政系列的府、州、县、镇、乡，发展至现代则演变为市、县、镇、乡、村等不同等级的现代聚落，故用“聚落”一词作为统称。

明清时期，淮南各盐场均设盐课司，是国家盐政司署序列中的基层行政单位，分别隶属于治所设在泰州、南通和淮安的三个盐运使分司，三个分司又隶属于治所设在扬州的两淮盐运使司，形成了“使司治所—分司治所—场治”三级盐政管理聚落系列。

每个盐场内部都以盐课司署所在的场治为管理中心，下辖灶民聚居的若干生产性团灶聚落，形成各盐场内部“场治—团灶”生产管理聚落序列。

本书研究的淮南盐业聚落，涉及上述两个序列，其中第二章聚焦于“使司治所—分司治所—场治”盐政管理序列的整体构架和相互关系，第三章聚焦于作为两个序列纽带的场治聚落，第四、五章聚焦于“场治—团灶”中的生产性团灶聚落。

这些盐场聚落之间具有等级层次、职能分工和内在结构，共同构成了盐业的生产、运销和管理系统，是“某一地域内相互联系、相互依存的城市、集镇和村庄所组成的具有一定等级层次、结构和功能的聚落统一体”[3]，因而称之为盐业聚落体系。

2. 时间范围和空间范围

(1) 时间范围：明洪武元年(1368 年)至 1912 年

本书研究的时间范围具体是从明洪武元年(1368 年)直至清末民初“废灶兴垦”[4](1912 年)。

明清时因海岸线东迁，有足够的土地基础，且社会整体环境较为稳定、人口剧增，才发展出了数量庞大的团灶聚落，从而形成了聚落体系。苏北海岸线的东迁是因为从南宋时期开始黄河数次夺淮，导致入海口泥沙淤积。但南宋至明代海岸线淤积并不十分明显，对盐场内的生产影响不大。明初海岸线已有东迁之势，直至明弘治七年(1494 年)黄河全流夺淮后东迁加速，并一直延续至清末黄河北上夺其故道入海后，海岸线东迁速度才逐渐放缓。综合来说，明清时期是海岸线东迁最剧烈的时期，也是沿海土地扩张最迅速的时期。即明清时期人口和土地的双重增加，是聚落数量增加和繁盛的基础，是盐业聚落体系在地理空间上显现的重要时期。这是本书选择明清时期作为时间范围的主要因素。

盐场聚落体系作为因生产淮盐而形成的聚落体系，其发展、演变都与盐业制度密切相关。

---

[1] [清]汪兆璋，杨大经. 淮南中十场志[M]//于浩. 稀见明清经济史料丛刊：第二辑. 北京：国家图书馆出版社，2012.

[2] [清]林正青. 小海场新志[M]//中国地方志集成·乡镇志专辑(17). 影印本. 上海：上海书店，1992.

[3] 王声跃，王奕. 乡村地理学[M]. 昆明：云南大学出版社，2015.

[4] 是指清末民初两淮盐区改盐为农的放垦运动，从此淮盐历史落下帷幕，盐业聚落均转化为一般的农业聚落。

盐业制度历经汉、唐、宋、元的不断修改之后，发展到明清时已经日趋成熟和固定，逐渐趋于完善和精细化，有时甚至直接指导团灶聚落的建立，使得明清成为淮盐史上产盐聚落繁盛的一段重要时期。

此外，元代以前没有两淮盐业的专门史料，但明清两代则多次编纂《两淮盐法志》，其他盐业史料和地方志的记载也颇为丰富，为本书的展开提供了强有力的保障。

(2) 空间范围：以泰州分司八场为考察中心

如前所述，本书研究对象是淮南盐业聚落，以泰州分司八场为考察中心，并在空间范围上根据不同聚落层次有放有收，兼顾广度和深度。第二章研究较为宏观的盐政管理聚落，淮南、淮北难以截然分开，故空间范围为两淮盐场。第四、五章研究较为微观的团灶聚落，史料浩繁，难以穷尽淮南 25 场，故将空间范围限定在泰州分司八场，以保证研究的深度。

整体上，本书在涉及详细数据和舆图分析时，主要以淮南泰州分司中最具代表性的八个盐场为中心，从北至南依次是草堰场、小海场、丁溪场、何垛场、东台场、梁垛场、安丰场、富安场。其对应至今日的具体区域是斗龙港以南、栟茶运河以北、范公堤沿线及范公堤以东、黄海海岸以西的地区，行政上包括现在的盐城市大丰区和东台市的全部(如图 1-1)。

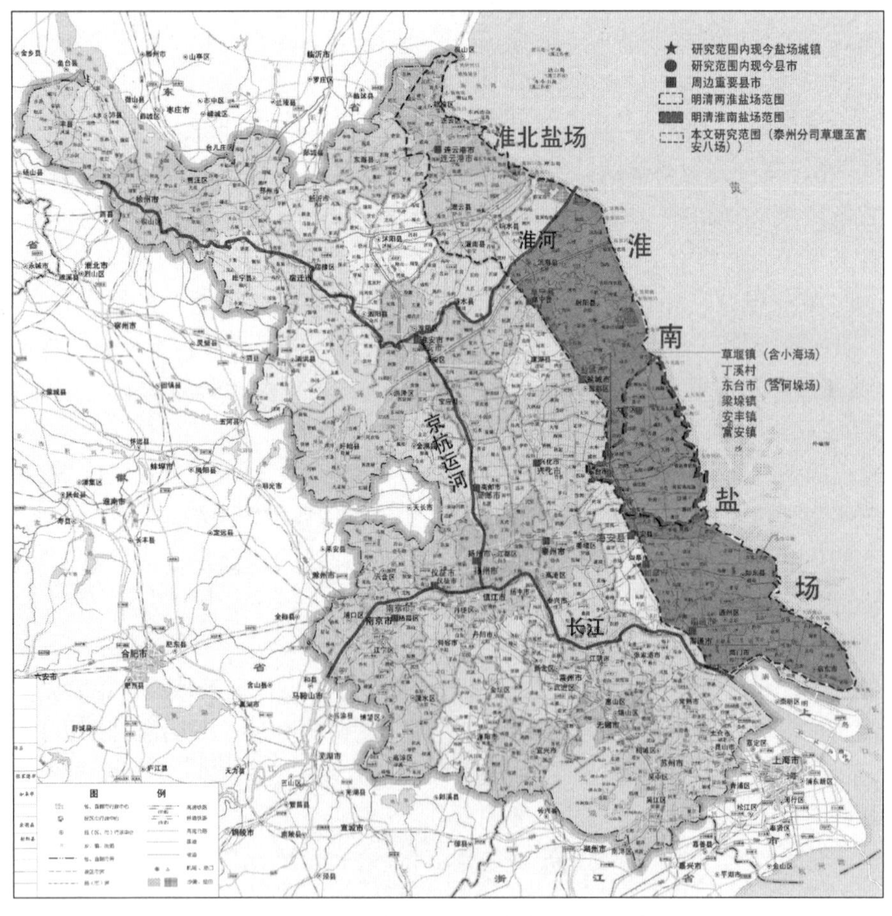

图 1-1　研究范围在今江苏地图上的示意

(笔者自绘，底图来源：江苏省规划院)

两淮盐场“凡三十而中十场为最”“而中十之财货形势较之上下(指淮通二司)则又有加,且其间人杰地灵”❶。明朝时将盐场划分为三分司管辖,一分司之内其产运销一整套的盐业运作机制可自成一体。这是两淮盐业的管理特征之一,也为将一个分司内的盐场区域作为研究对象提供了可靠的依据。且从明《(嘉靖)两淮盐法志》中对盐场依产量进行等级划分的记载❷可知,其中“最上者”的六场之中有四场属泰州分司(安丰、富安、梁垛和东台场)。可见明中期时泰州分司的盐产量和规模已经领先于其他两个分司,在之后的发展中,泰州分司的盐产量也一直居于两淮盐场之首,其盐场场治聚落和团、灶等产盐聚落的发展较其他两个分司更为发达,其相对应的聚落的数量和类型也较为丰富,在一定程度上代表了明清时期淮南盐区的盐场聚落体系的发展。

清时期对两淮30场进行裁撤合并,泰州分司从明至清其辖区有所扩大和变动,从明时的10场到清乾隆时的12场,再到清嘉庆时11场,此后一直延续至清末未变。除盐场数量变化外,其辖区范围的主要变化是清乾隆时扩展为当时的淮河以南至栟茶运河以北之间的区域。

尽管如此,草堰场至富安场此八场一直隶属于泰州分司,可以说是泰州分司从明至清的核心盐场区域。草堰场至富安场从北至南由范公堤和串场河串联起来,“壤接境连犬牙相错”❸。此八场从草创至鼎盛再到衰亡之时,其生产、运输、榷税、销售等与淮盐体系相对应的各类盐业机制均只属于泰州分司管辖,与盐业制度密切相关的盐场聚落体系发展和演变的动态过程,始终在同一分司内变化,保证了场与场之间的可对比性研究。

且明、清两代均有专为泰州分司中十场编纂的志书,明代志书虽已不存,但三分司中仅有现存的清康熙《淮南中十场志》,主要记载了泰州分司内草堰、小海、丁溪、何垛、东台、梁垛、安丰、富安、角斜、栟茶此十场的基本情况,类似于地方政府编修的地方志书,以“场”作为基本的行政单位进行编纂,是本书研究的核心史料之一。另外,更有泰州分司小海场专门的场志——清乾隆时期《小海场新志》的史料遗存。这些较为充足的史料文献也是选取泰州分司作为主要研究区域的理由之一。

三、研究文献综述

1. 历史文献概述

本书的展开有赖于丰富的文献史料,主要分为以下几个方面:盐业史料、地方志史料、地理史料、水利史料、文学史料等。

(1) 盐业史料

作为国家专制专营的一种特殊的经济行业,盐业的历史文献资料颇丰,多是关于盐业制度和法规的记载。两淮盐业在中国盐业中又占据极其重要的地位,其中当以从明至清的盐法史料居多。包括元代陈椿《熬波图》、明代朱廷立《盐政志》、明《(弘治)两淮运司志》、明《(嘉靖)两淮盐法志》、清康熙《淮南中十场志》、清《(康熙)两淮盐法志》、清《(雍正)敕修两淮盐法志》、清《(乾隆)两淮盐法志》、清乾隆《小海场新志》、清《(嘉庆)两淮盐法志》、清《(光绪)重修两淮盐法

---

❶ [清]汪兆璋,杨大经. 淮南中十场志[M]//于浩. 稀见明清经济史料丛刊:第二辑. 北京:国家图书馆出版社,2012.

❷ 《(嘉靖)两淮盐法志》载:“至若地力不齐,而出产多寡随之。其最上者六场,安丰、富安、梁垛、东台、板浦、吕四。上次五场,何垛、丰利、余东、临洪、徐渎浦。中七场,栟茶、刘庄、伍祐、新兴、兴庄、余西、金沙。中次九场,丁溪、马塘、掘港、庙湾、草堰、小海、角斜、石港、余中。下三场,白驹、西亭、莞渎。”[明]杨选,陈暹. (嘉靖)两淮盐法志:卷之三·地理·土产[M]. 荀德麟点校本. 北京:方志出版社,2010.

❸ [清]汪兆璋,杨大经. 淮南中十场志[M]//于浩. 稀见明清经济史料丛刊:第二辑. 北京:国家图书馆出版社,2012.

志》等,这些史料是深入了解两淮盐业的第一手史料。

本书的研究重心在淮南的盐业生产聚落,关于淮南盐场的具体史料如今只存一部清康熙年间的《淮南中十场志》,其主要内容就是泰州分司中十场的地域范围内各盐场的全方位记录,是本书的最重要史料。再就是关于盐场的专志,如今仅存一本——清乾隆年间的《小海场新志》,记载了淮南小海场内的详细情况,其中关于盐场的各种细节内容譬如团灶聚落的分布与距离、水系的格局、产盐的规模与户数人口都十分详尽,是本书聚焦于盐场内部团灶聚落研究的重要参考史料。

(2) 地方志史料

因中国古代盐政与民政截然分开,所以各盐场所在地的建置沿革等也可从地方志的记载中窥得一二,故从明至清盐场所属州县的地方志也是本书的主要参考史料,主要是东台、泰州、兴化、盐城、扬州等地历代的地方志。其中东台市是本书主要研究对象泰州分司八场的主要地域,但因其在清乾隆三十三年(1768 年)才建县,故仅存一本志书——清嘉庆《东台县志》,这也是本书的重要研究史料之一。

(3) 水利史料

明清两淮地区海岸发生特殊的变化,洪灾频发,水系是古代盐业的交通命脉,因此这一时期的地理志和水利志也是必不可少的史料,比较重要的有清道光年间冯道立的《淮扬水利图说》,其次是《扬州文库》编纂的一系列关于水利的史料,如《下河水利集说》《扬州水道图说》[1]等。

(4) 地理史料

虽然明清以前产盐聚落点的记载稀少,但对于了解明清的盐政管理和盐场的聚落史必不可少,故历代的重要地理志书也是本书的辅助研究史料,如《元和郡县图志》《太平寰宇记》《读史方舆纪要》等。

(5) 文学史料

如记载了草堰场西团风土人情的孔尚任的《西团记》、偶有提及盐团的《金华黄先生文集》等文学史料,可作为辅助史料。

(6) 舆图史料

除了包括历代盐法志、地方志和 1980 年代各县地名录中的舆图外,本书还尽力收集多个版本的近现代舆图,包括 1920 年代测绘的江苏全省 1∶50 000 地形图、1945 年美军测绘的中国 1∶50 000 军事地图、1969 年美国军事卫星拍摄的江苏全省航片以及各种现代地图。

2. 今人研究概述

(1) 盐业聚落的相关研究

其中与本书的研究对象和内容最相关的文章有以下三篇:

一是陈饶的博士论文《江淮东部城镇发展历史研究》,作者对江淮平原苏北地区现存的整个城镇体系进行了历史梳理和总结。其中第九章——因淮盐而兴的沿海城镇体系即是主要聚焦于两淮盐业城镇的历史与体系研究,文中系统地梳理了两淮盐场从秦汉至清末的始末,简要地概括了两淮盐场的分布情况和各时期的两淮盐业制度机制,但作者在该章节将主要重心放在清末民初"废灶兴垦"的沿海城镇发展史上,最终得出了因淮盐而兴的沿海城镇体系从西向

---

[1] 《扬州文库》第二辑《地方史料》之一种,收录《扬州水道记》《广陵曲江复对》《扬州水道图说》《扬州盐河水利沿革图说》等历代关于扬州水文地理及水利建设的史料二十来种,据通行版本影印汇编。

东，以及先由北向南后又由南向北的城镇空间格局变迁的特点，提出了对淮盐文化遗产整体保护的线路和思路。但是作者的研究仅止步于现今苏北沿海地区的城镇和城镇体系，只涉及发展为城镇的盐场聚落，对盐场场治聚落统辖之下的产盐聚落——团和灶的分布与发展，以及团灶聚落与盐场场治聚落之间的产业链条和隶属关系未作为一个整体体系来进行下一步的研究。

但是对于两淮盐场的场治聚落、团灶聚落来说，不能简单地定义为城镇体系，这些聚落因产盐兴盛，且团灶聚落在古代社会并未设置行政建置。本书认为应当进入淮盐产业制度体系中理解这些聚落之间的联系、等级层次和职能以及空间分布形态。这一点也是本书主要的研究视角所在，即通过详细梳理两淮盐业的各项生产和管理制度，分析研究盐场聚落体系的构成。

二是李岚、李新建的《江苏沿海淮盐场治聚落变迁初探》一文，该文详细且系统地梳理了从古至今两淮盐业发展的基本概况，认识到盐场场治与团灶生产聚落的区别，主要聚焦各个时期淮盐场治聚落的变迁，着重分析了史料较为丰富的明清淮盐场治聚落草创、发展到市镇化鼎盛的原因，得出了自然地理因素、淮盐盐业生产的规模、盐法制度改革和盐业基础设施共同促进了淮盐场治聚落的兴盛，是本书第三章关于场治聚落的内部空间形态研究的重要参考文献之一。但该文对盐场场治之下的团灶聚落仅有提及，未进行深入系统的研究。

三是牛元莎的《时空梯度网络视角下的传统淮盐产业与城镇体系空间互动演进研究》，文中已经关注到盐场的分布与演变历史，从城市规划的角度探讨，得出了淮盐产业的层级管理关系与生产关系催生了现今苏北沿海平原的城镇体系与空间形态的结论。但遗憾的是，作者虽认识到淮盐产业机制与苏北现今城镇空间格局的关系，却没有进一步探讨淮盐产业机制是如何进一步影响苏北地区的空间格局的，目光仍聚焦在盐场场治聚落与其上一等级“城”的隶属关系上。

上述三篇文章均有系统地对两淮盐业和盐场场治聚落进行了一定程度的详细梳理，也都提出了淮盐产业机制与盐场聚落的发展密不可分，但都未进一步探讨盐场之下的团灶聚落与场治聚落所形成的独具特色的盐场聚落体系。

除此之外，也有一些对区域内的盐场聚落的研究，如夏咸龙的《清代两淮盐场市镇研究》、郝宏桂的《略论两淮盐业生产对江苏沿海区域发展的历史影响》、吉成名的《江苏海盐产地变迁》，但目光仍仅聚焦于盐场场治聚落本身。另一类则多是对点状的盐场聚落的个案研究，或是通过个案认识和提出淮盐文化遗产保护与利用的文章，如相志刚的《因场成县：清代苏北盐业与东台置县研究》、夏春晖的《大丰草堰古盐运集散地再认识》、徐永战等的《江苏石港古镇保护研究》、凌申的《苏北盐业古镇的保护与旅游开发》等等，这些文章都是对两淮盐业聚落历史的宝贵研究，但是几乎都是从某一行政建置区域的场镇角度来研究这些盐场，忽略了对其下辖的众多团灶聚落的研究，大多数只是涉及生产制度时偶有提及。

(2) 聚落体系的相关研究

以聚落体系为主题的专著目前未见，但不少经典著作均不同程度地涉及聚落体系的相关问题，如施坚雅的《中国农村的市场和社会结构》、金其铭等的《乡村地理学》[1]等关于中国农业聚落体系的研究，以及郑毅的《城市规划设计手册》中涉及城镇体系的相关内容，均为本书研究盐场聚落体系提供了理论基础。

近年来，以古代聚落体系为题的学位论文和期刊论文逐渐出现。其中最具代表性的是张玉坤教授指导的关于明代军事和海防聚落体系的系列学位论文和期刊论文，包括尹泽凯《明代

[1] 金其铭，董昕，张小林. 乡村地理学[M]. 南京：江苏教育出版社，1990.

海防聚落体系研究》、杨申茂《明长城宣府镇军事聚落体系研究》、陈嘉璇《明南直隶地区海防军事聚落体系研究》等，在梳理历史的过程中将军事聚落作为一个聚落体系入手，明确聚落与聚落之间的联系和各自所承担的不同职能，并采用GIS技术辅助研究其体系和各等级聚落点的空间分布形态，为本书研究盐场聚落体系提供了许多宝贵的思路和方法。

其他还有陈朝云《商代聚落体系及其社会功能研究》、程嘉芬《汉代司隶地区聚落体系的考古学研究》、王飒《明代中前期女真聚落层次体系例析》、方志戎《人口、耕地与传统农村聚落自组织——以川西平原林盘聚落体系(1644—1911)为例》等研究历史时期地区农业聚落体系的学位论文和期刊论文，对本书的研究也有一定的借鉴意义。

(3) 历史地理学相关研究

由于本书的研究对象和范围与古代苏北沿海海岸线东迁有着密切的关系，土地的扩张是团灶聚落建立的基础，同时淮南煎盐技术与大海、土地、草荡密不可分，历史地理学上对苏北沿海平原海岸线变迁的研究、生态系统的研究，从煎盐生产技术角度对土地的研究等，都为本书理解团灶等生产聚落提供了宝贵的资料。

其中与本书研究内容最相关的是鲍俊林的博士论文《明清江苏沿海盐作地理与人地关系变迁》，该文以明清两淮盐作与环境的关系为研究出发点，从社会经济角度和地理变迁角度对沿海平原的人地关系进行了梳理，并提出海岸线东迁的地理因素并非淮盐兴衰的主要因素，淮南盐场的宜盐带需要海岸线、土地、草荡三者均适应的条件，但未涉及团灶聚落的规模以及聚落之间的关系和结构，其主要观点为本书从盐业生产技术角度分析团灶聚落的选址与海岸线的距离远近提供了更广阔的视角和有力支撑。

吴必虎的硕士论文《苏北平原区域发展的历史地理研究》也是聚焦于苏北这一区域的地理空间变化对聚落的影响，从这一地区的环境演变史、人口迁移史、政区地理史分析了该地区城镇乡村聚落的分布和发展，其中对苏北盐民聚落因生产制度的转变从集中型变为分散型聚落的论述与本书观点一致，但未深入研究盐民聚落的具体规模和分布形态。

此外，还有一系列研究江苏海岸线变迁的历史地理学文章，如张忍顺的《苏北黄河三角洲及滨海平原的成陆过程》、郭瑞祥的《江苏海岸历史演变》、孟尔君的《历史时期黄河泛淮对江苏海岸线变迁的影响》等，为研究海岸线变迁提供了基础的参考资料。

(4) 盐业史相关研究

盐业史中关于淮盐的研究和著作成果非常丰富，大多是关于盐政、盐业经营体制，生产技术，盐商、盐民、盐官及其之间的关系等的制度史、经济史、技术史、社会史。对淮盐产地的盐场、团灶等聚落的研究甚少。

首先是盐业史研究专著和论文，其中代表性专著有《中国盐业史(古代编)》《中国盐业史(地方编)》《中国盐政史》以及《江苏省志·盐业志》等，代表性的期刊论文有凌申的《江苏沿海两淮盐业史概说》等一系列关于两淮盐业历史的论文。这些著作和文章中关于盐场聚落的着墨主要是各个时期盐场的分布及数量，极少有关于聚落点的研究。

与本书最为相关的主要是从历史地理学的角度入手研究两淮盐业史的一系列文章，如凌申的《黄河夺淮与江苏两淮盐业的兴衰》、徐靖捷的《苏北平原的捍海堰与淮南盐场历史地理考》等，从黄河夺淮、海岸线东迁、修建堤堰等角度梳理两淮盐业的历史，是本书关于两淮盐业重要的背景知识储备。

其次是从盐业社会史的角度研究人口关系的文章，如对明清产盐人口的详细历史梳理，对于本书第四章中分析人口因素对产盐聚落的影响时有一定的借鉴意义。如周远廉等的《明代灶户的分化》[1]、陈诗启的《明代的灶户和盐的生产》、吴海波的《清代两淮灶丁之生存环境与社会功能》等。还有对产盐区内盐官的研究,如何峰的《明清淮南盐区盐场大使的设置、职责及其与州县官的关系》、张荣生的《古代淮南盐区的盐务管理》等,与盐场场治聚落的建设和团灶聚落的管理关系密切。

四、研究方法

1. 历史地理学方法

通过对时间变迁中地理因素的考察研究,本书的研究对象主要是河流的改道和海岸线变迁的地理因素的改变。注重对历史时期地理现象和人地关系的地理分布、演变及发展规律的研究,尤其关注海岸线变迁与聚落的增加与消亡问题、盐业与环境的互动关系以及人口迁移与环境的互动关系。注重历史地图、方志研究与考证法结合。

2. 定性定量比较法

对盐场发展进行历时性和共时性的纵横比较。纵向上以历史发展的时间线为主,对同一区域的聚落进行比较;横向上比较同一时期不同盐场之间的聚落异同。除了文字和舆图上的定性比较外,还对散落在不同史料中的各种数据进行梳理汇总,并列表进行纵横向比较,得到相对定量的比较分析结论(见附录 4《明清淮南泰州分司八场盐业生产相关数据一览表》和附录 5《明嘉靖至清嘉庆草堰场至富安场聚落数量统计表》)。

3. 图文互证法

选取同一底图,对比多个时代的地图,进行同名定位,或将音近、形近的地名对应到现在的地图上。选取距离现在最近的历史时期的地图,底图采用的是 1969 年的美国军事卫星地图和 1920 年代的一套测绘地图,以古代舆图和 1980 年代各县市地名录为参照,逐一绘制各个历史时期的图纸。同时结合古代文献、近现代文献、历史地图、近现代地图、访谈等确定位置。

在前人的研究中,场治聚落的名称和位置已经较为清晰,如凌申的《江苏沿海两淮盐业史概说》、吉成名的《中国古代食盐产地分布和变迁研究》等,但团灶聚落的数量、位置、名称等都未有相关研究。所以本书根据文献舆图对比并结合实地勘察,明确了团灶聚落的名称和位置,并绘制明嘉靖至清嘉庆泰州八场场治和团灶聚落名称及分布图(见附录 1),复原方法和依据如下:

(1) 1920 年代地图中的村落名称与明清历史舆图中的团灶名称相同,再将 1920 年代地形图中的村落位置与 1980 年代地图和现代地图的位置相互叠加确定,从而得出明清历史舆图上的团灶聚落在现代地图上的位置。

(2) 在聚落名称的对照中,通常会发现音近字(如“中心团”和“中新团”)、形近字(如“崔家坝”和“瞿家坝”)、省略写法(如“老米灶”和“米灶”)的情况,均统一按照各历史时期叠加后的位置一致为准,仅据名称相同不足以为证。

(3) 将历史舆图与 1920 年代地图上的名称相互对照之后,仅在 1920 年代地图上出现、1980 年代地图和现代地图上无此名称的聚落,通过地图搜索之后在现代地图中出现该聚落,则再与各时期地图叠加判断位置是否一致再确定其位置。

(4) 将历史舆图与 1920 年代地图上的名称相互对照之后,仅在 1920 年代地图上出现、

---

[1] 周远廉,谢肇华. 明代灶户的分化[M]//中国社会科学院历史研究所明史研究室. 明史研究论丛. 南京:江苏人民出版社,1983:161-177.

1980 年代地图和现代地图上无此名称的聚落，但根据位置叠加确定其大概位置后在《东台市地名录》和《大丰市地名录》中均能找到其曾用名与历史舆图上的名称相同的，则可在现代地图上用现用名搜索其位置后与历史上的位置对照后确定。

(5) 将历史舆图与 1920 年代地图上的名称相互对照之后，仅在 1920 年代地图上出现、1980 年代地图和现代地形图上无此名称的聚落，经地图搜索后仍无的一律不标出其位置。

4. 田野调查法

本书写作过程中，笔者对草堰至富安一线的盐场聚落进行了为期 14 天的田野调查，实地调研盐场相关乡镇建筑、范公堤、串场河以及其他主要水系、闸坝，访谈地方文史专家和居民(见图 1-2)。

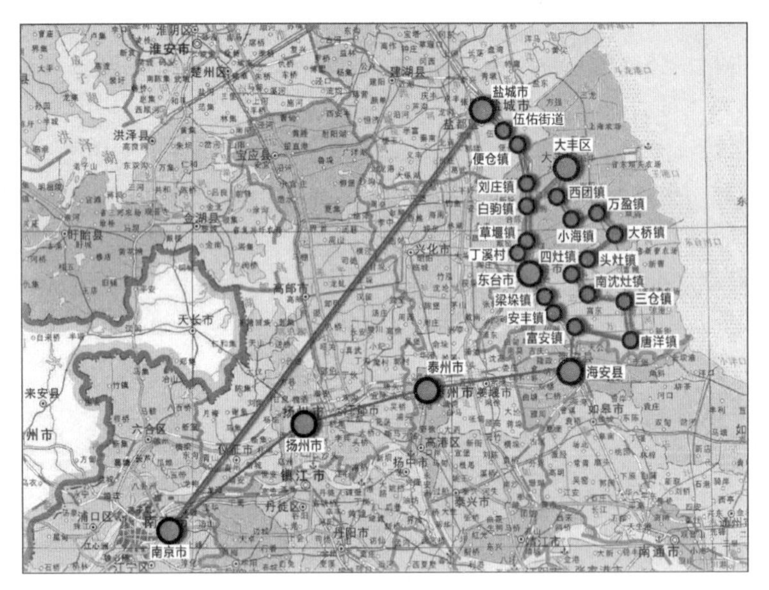

图 1-2　2017 年 12 月为期 14 天第一次调研路线图

(笔者自绘)

通过明清盐法志中舆图、1920 年代的地图、1960 年代卫星地图、1980 年代的地名录以及现代卫星地图的对比叠加，初步判定了泰州分司草堰至富安的八场范围内可能存在的团灶聚落遗存，故对疑似有遗存的 11 处团灶聚落展开二次实地调研(如图 1-3)。

图 1-3　2019 年 9 月第二次调研线路图(调研团灶聚落为主)

(笔者自绘)

第二章　盐政聚落的等级职能、空间分布和组织结构

盐政聚落是中央政府下设的各级盐业管理司署所在的城镇，这些城镇在前人丰富的研究中已经有了确切的考证。故本章在采信前人对盐政聚落位置的研究结论的基础上，重点分析盐政聚落的等级和空间结构。简要回顾了明代以前淮南盐政聚落发展历程，阐述明清时期两淮盐场的"盐运使司—分司—盐课司"三级盐政管理司署以及掣验[1]所、巡检司的职能，对照历史文献和现代地图厘清各类盐政司署所在城镇的空间结构体系，进而以淮南盐场为中心，重点梳理了官营盐业中固定的运销路线，论证了运销路线决定了淮南各级盐政聚落分布的内在组织结构。

第一节　明以前淮南盐政聚落的发展概况

一、唐以前：盐政聚落的雏形期

淮南盐业始自春秋，西汉设海陵仓[2]（今泰州）和盐渎县[3]（晋安帝时改名盐城县），东汉在广陵设盐官，是有文献明确记载的淮南最早的盐政管理聚落。

唐代第五琦[4]和刘晏[5]改革盐法，在全国产盐区建置了四场十监十三巡院[6]（如图 2-1）作为专门的行政区划，设立将盐民、盐商户籍隶属于场监管理的亭户制度，以及"民制—官收—商销"的榷盐就场专卖制度，成为此后宋、元、明、清盐法的底本。具体到聚落体系上，在江苏沿海初步形成了"盐监—盐场—盐亭"三级聚落体系的雏形。其中，盐监属于出盐之乡的盐政管理聚落，淮南盐区设盐城监（今盐城）和海陵监（今泰州）。盐场属于盐监管理下的基层生产点，由若干亭民制盐和居住的亭灶（即盐亭）构成。此外，大历年间（766—779 年）沿海岸线修筑的捍海堰形成了串联"俱临海岸"的各生产场的防潮堤和交通纽带，也初步形成了两淮盐场聚落空间格局的雏形。

---

[1] 清代对盐商贩盐的一种检查措施。《六部成语注解·户部》"掣验"："因恐盐商暗中多取过于额数，故特设关卡、委员，随时于盐商所贩者，从中随手掣出，过秤以查验之。其委员亦即名掣验委员。"

[2] 《太平寰宇记》载："海陵仓。即吴王濞之仓也。枚乘上书曰：'水行满河，不如海陵之仓。'谓海诸之陵，因以为仓。今已湮灭。"［宋］乐史. 太平寰宇记：卷一百三十·淮南道八·泰州［M］. 北京：中华书局，2000.

[3] 姚乐. 关于汉盐渎县的几个问题［J］. 盐业史研究，2009(1)：52-58.

[4] 第五琦（712—782），唐代盐铁、铸钱使。

[5] 刘晏（718—780），唐代盐铁使兼转运使。

[6] 《新唐书》载："有涟水、湖州、越州、杭州四场，嘉兴、海陵、盐城、新亭、临平、兰亭、永嘉、大昌、候官、富都十监，岁得钱百余万缗，以当百余州之赋。自淮北置巡院十三，曰扬州、陈许、汴州、庐寿、白沙、淮西、甬桥、浙西、宋州、泗州、岭南、兖郓、郑滑，捕私盐者，奸盗为之衰息。"［宋］欧阳修，宋祁. 新唐书：卷五十四·志第四十四·食货四［M］. 北京：中华书局，1975.

注:根据《中国历史地图集》唐开元二十九年(741年)河南道和淮南道地图上的名称确定

图 2-1 唐时淮南盐区的院监场机构分布图

(笔者自绘,底图来源:谭其骧.中国历史地图集[M].北京:地图出版社,1982.)

二、两宋:盐政聚落的发展期

两宋为两淮盐政管理聚落的发展期。石莲试卤技术的普及,灶甲制❶和钞引盐制❷的推行,以及范公堤(见图2-2)和串场河的建设,使得淮盐产量达到整个古代中国的顶峰,有“国家鬻海之利,以三分为率,淮东居其二”❸之说,与之相适应,淮南盐政管理聚落的数量大增。

北宋承继唐代“盐监—盐场—盐亭”的管理体系,淮南盐业管理聚落在唐代盐城监、海陵监的基础上增加了通州利丰监,三监共下辖沿范公堤分布的23所盐场。这些盐场大部分由唐代尚无明确数量和名称记载的基层生产场发展而来,虽仍以生产组织为主要职能,但已有明确的名称和归属,可见其已经成为相对独立的生产聚落❹(见图2-3,表2-1)。

南宋时将北宋的盐监一分为三,一设买纳场——置盐仓,有买纳官专管收买亭户盐的管理机构,由北宋的三盐监改作,并于其间另增设三处买纳场。二是将北宋原有各盐场调整为归买纳场管辖的催煎场,其职能以生产组织为主,设催煎官。三设支盐仓——负责成品盐的流出,有支盐官将盐支给持有钞引的商人,征榷盐利❺。在此三者之上,设淮东提举司于泰州,管理淮

❶ 是类似于普通民户保甲制的一种亭户组织管理体制,其根本的宗旨就是将亭户按照一定的编排方式“结甲”,拘籍在固定的盐场煎盐。

❷ 宋代为杜绝私盐,稍变盐法为“钞引盐制”,即在支盐仓处先批发给持有盐钞引的商客,再由钞引商客辗转运销,即商人必须获得“国家许可证”方可售卖。

❸ [元]脱脱,等.宋史:卷一百八十二·志第一百三十五·食货下四[M].北京:中华书局,1977。

❹ 凌申.江苏沿海两淮盐业史概说[J].盐业史研究,1989(4):56-62.

❺ 《宋会要辑稿》之《食货二六·盐法》。

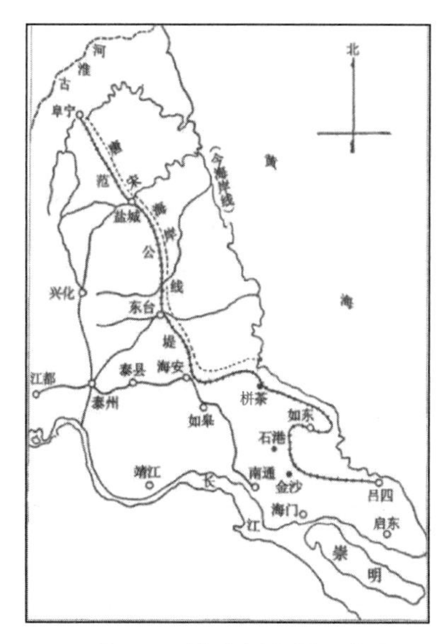

图 2-2　范公堤位置示意图

(图片来源:张芳.中国古代灌溉工程技术史[M].太原:山西教育出版社,2009.)

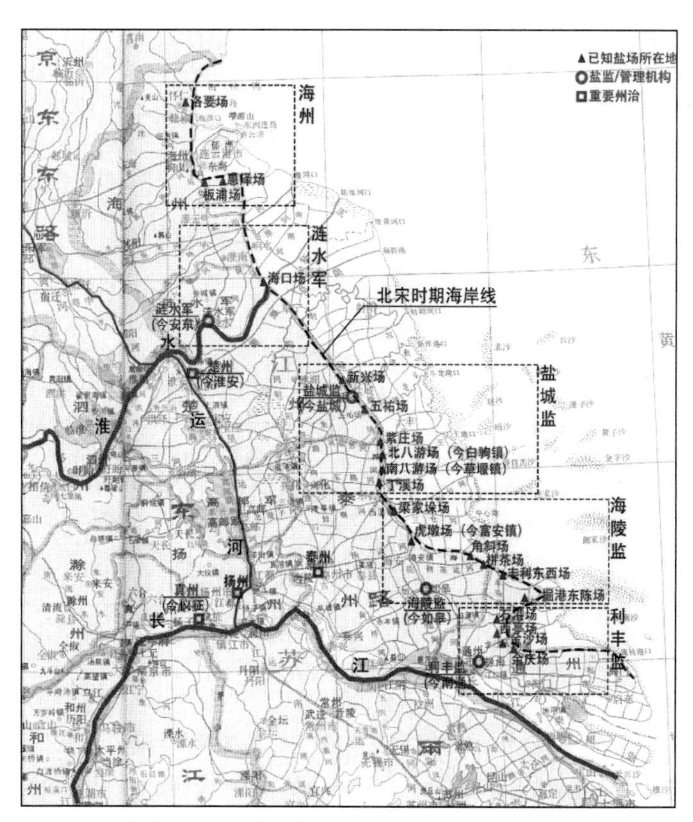

注:根据《中国历史地图集》中北宋政和元年(1111 年)淮南东路、淮南西路地图上的名称以及吉成名的《中国古代食盐产地分布和变迁研究》中第八章《宋代食盐产地》第一节确定

图 2-3　北宋淮盐盐场盐监分布图

(笔者自绘,底图来源:谭其骧.中国历史地图集[M].北京:地图出版社,1982.)

东地区(即现在所称淮南)所有盐业事务(见图 2-4,表 2-1)。

表 2-1 两宋时期淮南地区的盐场数量统计

时间	北宋		南宋	
基层单位	盐监	盐场	买纳场	催煎场/盐场(19 个)
淮南地区	盐城监(9 场)	五祐、紫庄、南八游、北八游、丁溪、竹子、新兴、七惠、四海	盐城	五祐场、新兴场
			西溪	丁溪场、刘庄场、梁家垛场、何家垛场、小淘场
	海陵监(8 场,2 场未知)	角斜、栟茶、虎墩、梁家垛、掘港东陈、丰利东西	海安	角斜场、栟茶场、虎墩场、古窑场
			如皋	掘港场、丰利场、马塘场
	利丰监(8 场)	西亭、利丰、永兴、丰利、石港、利和、金沙、余庆	通州	西亭丰利场、石港兴利永兴场、金沙场、余庆场
			海门	吕四港场

备注:北宋盐场根据《太平寰宇记》和《宋会要辑稿》整理,南宋盐场根据《宋会要辑稿》整理

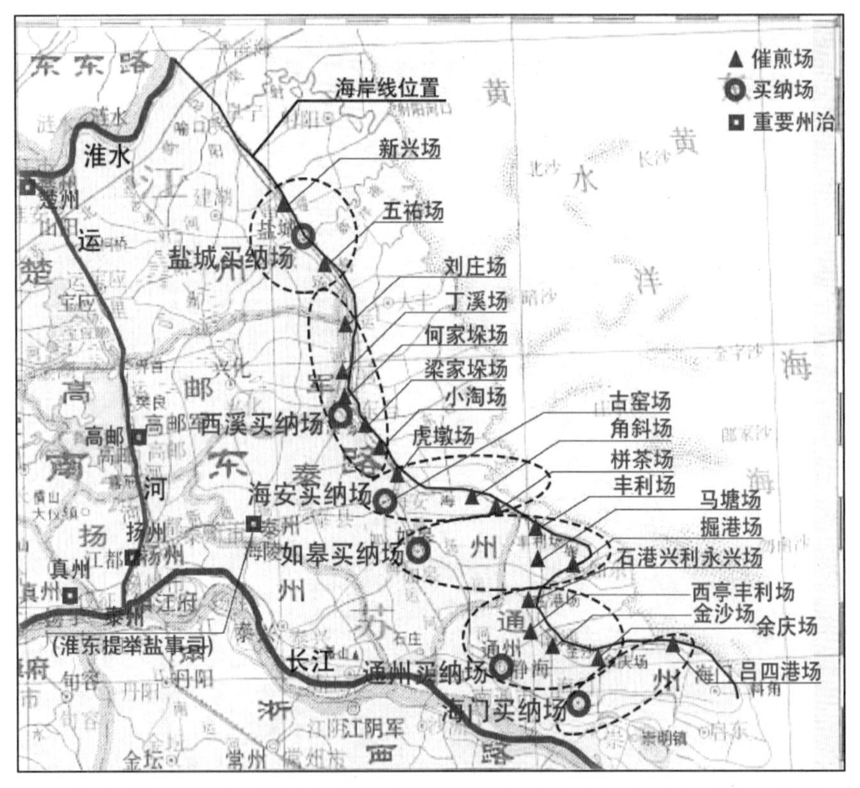

注:根据《中国历史地图集》中南宋嘉定元年(1208 年)淮南东路、淮南西路地图上的名称以及吉成名的《中国古代食盐产地分布和变迁研究》中第八章《宋代食盐产地》中的第一节确定

图 2-4 南宋淮南地区催煎场、买纳场分布图

(笔者自绘,底图来源:谭其骧. 中国历史地图集[M]. 北京:地图出版社,1982.)

因此,北宋的盐监和南宋的买纳场都脱离了直接生产,是以管理和集散为主要职能的盐业管理聚落。有的在当时已经是较大的集散型城镇,如盐城,有的则开始了市镇化进程,如海安等。这些地点后来均发展成为州、县的治所。

三、元代:盐政聚落的定型期

有元一代"天下大计仰东南,而东南大计仰淮盐",淮盐持续兴盛。淮南设吕四、余东、余中、余西、西亭、金沙、石堤、掘港、丰利、马塘、栟茶、角斜、富安、安丰、梁垛、东台、何垛、丁溪、小海、草堰、白驹、刘庄、五祐❶、新兴、庙湾等 25 个盐场,淮北设莞渎、板浦、临洪、徐渎浦 4 场,其数量和空间分布已和明代鼎盛时期基本一致❷(见图 2-5)。

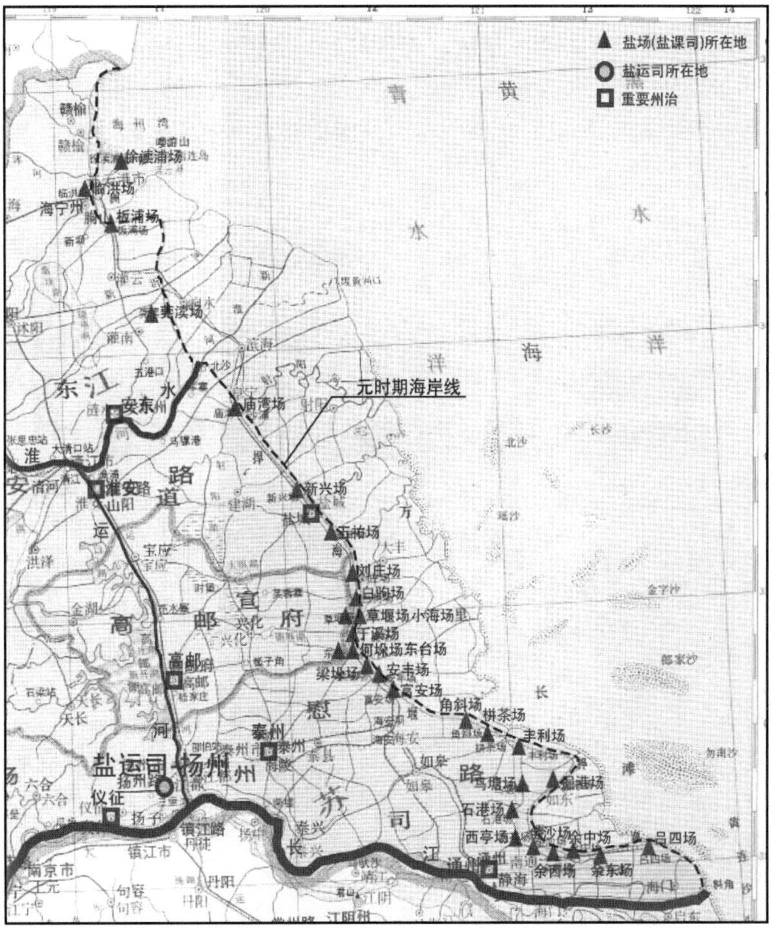

注:根据《中国历史地图集》中河南江北行省地图上的名称以及吉成名的《中国古代食盐产地分布和变迁研究》中第十二章《元代食盐产地》中第一节确定

图 2-5　元代盐场和盐运司分布图

(笔者自绘,底图来源:谭其骧. 中国历史地图集[M]. 北京:地图出版社,1982.)

元代盐政管理简化许多,盐务机构分为二级,即盐运司和盐场。两淮都转盐运使司设于扬州,直接管理下辖所有盐场。更为重要的是,至元三十年(1293 年),"悉罢所辖盐司,以其属置场官""每场司令一员,从七品;司丞一员,从八品;管勾一员,从九品"❸,即盐场成为有独立司

---

❶ "五祐"场,在各时期史料中名称写法并不一致,既有"五祐",也有"伍佑"。元代以前的史料记载中以"五祐"较多,元代之后的史料多记载为"伍佑"。本文中出现的此两种写法,均指明清时期的伍佑场所在地,即今天的伍佑镇。

❷ [明]宋濂,等. 元史:卷九十一・志第四十一上・百官七[M]. 北京:中华书局,1977.

❸ 同❷。

署的特殊行政区划,其职官为中央派驻机构序列,不同于地方机构,但就品级而言,盐场司令从七品相当于江淮以南地区下县(一万户以下)的行政长官县尹(即县令)。换言之,盐场首次成为盐政管理聚落。

第二节 明清两淮盐政聚落的等级职能和空间分布

明代继承发展了元代的盐政管理制度,形成“两淮都转盐运使司—分司—盐课司”的三级盐政管理体系,并一直沿用至清朝。除此之外,都转盐运使司之下还有外派的管理机构,包括负责查验盐引的批验所,以及负责稽查私盐的巡检司。这些盐政管理机构承担着整个两淮盐业的生产、运输和销售管理,其司署驻地所在的城镇即是本书所定义的盐政聚落(见图 2-6,图 2-7)。

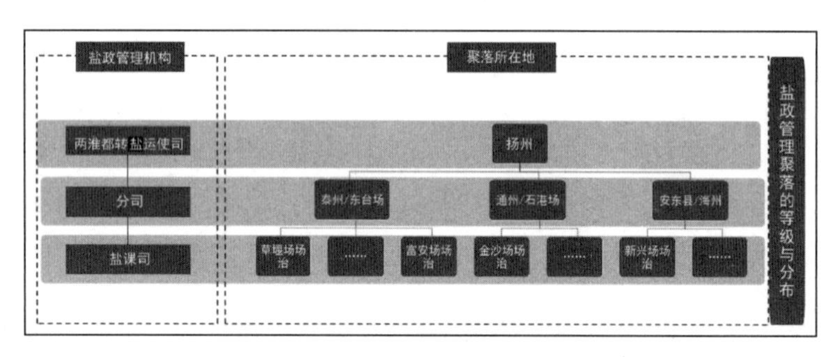

图 2-6 明清两淮盐政聚落的等级结构图

(笔者自绘)

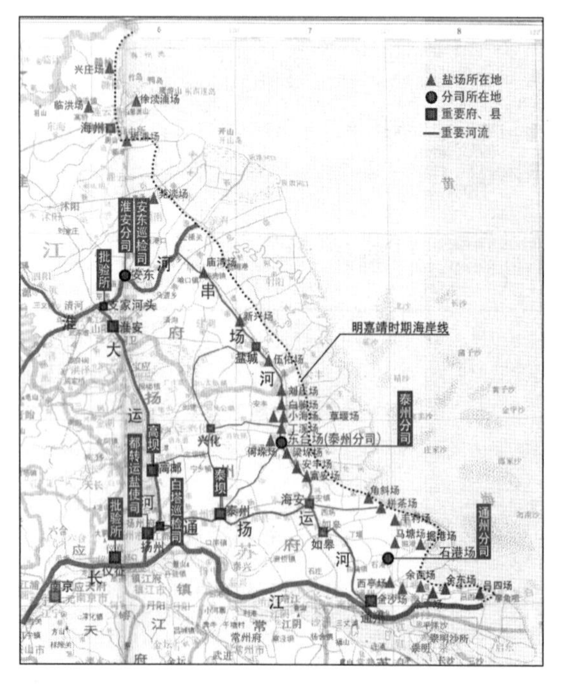

注:底图是《中国历史地图集》中万历十年(1582 年)南京(南直隶)地图

图 2-7 明代两淮盐政机构聚落点分布示意图

(笔者自绘,底图来源:谭其骧.中国历史地图集[M].北京:地图出版社,1982.)

盐政管理司署的等级和职能与其所在的聚落等级、区位有着重要的对应关系，也对所在聚落的发展有着重要的促进作用。时至今日，不同等级的司署所在地对应着不同的区位和空间分布，即不同等级的司署所在的聚落等级与明清乃至今日城镇等级具有明显的正相关性。其中都转运使司驻地扬州长期是苏北经济文化中心；明初三分司驻地泰州、淮安、通州（南通）均为区域中心州府，现为地级市；明正德后曾为分司驻地的东台、安东（涟水）、海州（海州区）后发展成州县治所，仅石港仍为镇；其他各盐场治所、批验所、巡检司绝大多数发展为中心镇。

一、两淮都转盐运使司的职能和驻地扬州的区位

两淮盐政最高管理机构为两淮都转盐运使司，设于扬州。最高长官为盐运使，从三品，高于地方最高长官知府的正四品。盐运使“掌摄两淮盐策之政令”，其职务“给引符，俵（biào，分发）商盐，督程课，杜私贩，听诉讼，会计盈缩，平准贸易，明其出入，以修其储贡，亭民阽（diàn，临近危险）于水旱流亡则赈恤之，俾无失业”❶。由于独掌盐引和商盐的管理权，扬州成为盐商聚居的繁华之地。

由于盐运使“掌摄两淮盐策之政令”，既要与北京的中央政府保持便捷的漕盐运输和公文、人员往来，也要便于联系作为两淮盐业主要销售区域（引岸）的湖南、湖北、安徽三省，还要对整个两淮盐区起到统摄作用，其司署驻扎在扬州城，位于中国南北主要运道大运河与东西主要运道长江的交汇处，且控遏整个下河水系（如图 2-8）。

图 2-8　扬州盐宗庙

（笔者自摄）

二、分司的职能及其辖区、驻地聚落区位的变化

两淮都转盐运使司下设三分司作为派驻机构。“判官之职，掌治分司盐策之政令，督诸场使，促程课，理积逋，岁巡季历，以稽其课之多寡，官之勤惰，而惩劝之……而又以时检校巡司，杜缉私贩。凡灶情、商隐、土弊、官邪，得于睹闻者，悉达之总司，而听断于御史焉。”❷分司长官为判官，从六品，高于地方知县的正七品。

三个分司代表盐运使管理两淮地区 30 个盐场，为便于管理和运输，其辖区和分司驻地发生了两次变化。明洪武初年，两淮盐场复北宋旧制，设通州、泰州和淮安三分司，均各辖 10 场，依次称为上十场、中十场、下十场，公署分别位于通州城内、泰州城内和安东城内❸。洪武二十一年（1388 年），罢废分司公署，分司判官平时在扬州司署内办公，巡察督课时暂憩于各场公馆❹。

---

❶ ［明］杨选，陈暹.（嘉靖）两淮盐法志：卷之二・秩官 署宇［M］.荀德麟点校本.北京：方志出版社，2010.

❷ 同❶。

❸ 《（嘉靖）两淮盐法志》载：“分司公署凡三：在泰州北关者，曰泰州分司；在通州西城隅内，曰通州分司；在安东东城坊者，曰淮安分司。咸创于洪武初年。”［明］杨选，陈暹.（嘉靖）两淮盐法志：卷之二・秩官 署宇［M］.荀德麟点校本.北京：方志出版社，2010.

❹ 同❶。

正德十五年(1520 年)分司位置发生了改变,因“判官督课不当与卤丁相远,且往来无定所,非恒久道”,改在各分司所辖盐场的中心区域建设分司公署。泰州分司设于东台场内,通州分司设于石港场内,淮安分司仍设于安东县[1]。至此,“三司各居所辖诸场中土,道里适均,时巡季比,上下咸便,遂为定制焉”[2],此种分司设置也一直延续至清雍正时期。

清乾隆元年(1736 年),三分司的辖区范围和完全均等的下辖盐场数量又发生了一次较大的改变。一方面,受明弘治七年(1494 年)黄河夺淮入海后为确保漕运而开展的蓄清刷黄工程的长期影响(详见第四章第一节),大量黄河泥沙堆积使淮河两岸地形壅高,南北两岸间联系不便,形成以淮南盐场分隶泰州和通州两分司,淮北盐场全隶海州分司的格局。另一方面,黄河泥沙淤积在淮河入海口,导致海岸线持续东迁,部分盐场因产量下降而被撤并,形成了新的分司与盐场管辖范围的格局。

原淮安分司辖区由包括淮河南北共十场,缩减为仅淮河以北的三场,分司在乾隆时期仍设于淮安,但清乾隆之时为管理之便迁至位于当时淮北所剩三盐场中心的海州,并改名海州分司。下辖三场的名称也与雍正之前不同,其中临兴场为雍正六年(1728 年)由原兴庄、临洪二场合并而来,原徐渎场并入原板浦场合为一场,原莞渎场并入乾隆元年新增的中正场。

泰州分司治所仍设于东台,辖区北扩至淮河以南,南缩至运盐河(老通扬运河)以北,下辖盐场数量由雍正时期的十场调整至乾隆时期的十二场。淮河以南原属淮安分司的庙湾、新兴、伍佑、刘庄、白驹等五场改隶泰州分司,其中白驹场并入草堰场。运盐河以南的角斜、栟茶[3]二场改隶通州分司。嘉庆年间,原小海场并入丁溪场,泰州分司下辖盐场数量成为十一场(见图 2-9,图 2-10)。

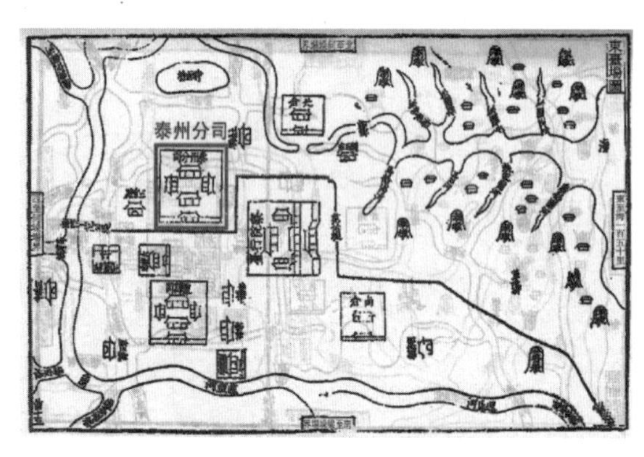

图 2-9 明嘉靖时期位于东台场的泰州分司

(笔者自绘,底图来源:[明]杨选,陈暹.(嘉靖)两淮盐法志[M].荀德麟点校本.北京:方志出版社,2010.)

图 2-10 东台市老城区现状

(笔者自摄)

通州分司治所仍设于石港,辖区北扩至运盐河,纳入了原属泰州分司的角斜、栟茶二场。同时,原马塘场并入石港场,余中场并入余西场,下辖盐场数量仍为十场。嘉庆时期,西亭场并入金沙场,辖区盐场数量成为九场(见表 2-2,图 2-11,图 2-12)。

---

[1] 明洪武二年(1369 年)置,民国二年(1913 年)更名为涟水县。

[2] [明]杨选,陈暹.(嘉靖)两淮盐法志:卷之二·秩官 署宇[M].荀德麟点校本.北京:方志出版社,2010.

[3] 清《(乾隆)两淮盐法志》卷十五《场灶 场界》:“雍正六年将角斜、栟茶归通州。”

表 2-2　明清两淮盐业各分司所辖盐场基本概况表

<table>
<tr><th>分司设置</th><th>明嘉靖 30 场</th><th>清康熙 30 场</th><th>清雍正 30 场</th><th>清乾隆 25 场</th><th>清嘉庆 23 场</th><th>清光绪 23 场</th></tr>
<tr><td rowspan="10">淮安分司
清雍正前辖 10 场，称下十场，分司治于安东(今涟水)；
乾隆年间改称海州分司，治所移至海州(今连云港)，下辖 3 场，辖区缩小</td><td>兴庄团</td><td>兴庄场</td><td>兴庄场</td><td rowspan="2">临兴场(雍正六年合并)</td><td rowspan="2">临兴场</td><td rowspan="2">临兴场</td></tr>
<tr><td>临洪场</td><td>临洪场</td><td>临洪场</td></tr>
<tr><td>徐渎浦❶</td><td>徐渎场</td><td>徐渎浦</td><td rowspan="2">板浦场(徐渎浦并入)</td><td rowspan="2">板浦场</td><td rowspan="2">板浦场</td></tr>
<tr><td>板浦场</td><td>板浦场</td><td>板浦场</td></tr>
<tr><td>莞渎场</td><td>莞渎场</td><td>莞渎场</td><td>中正场(乾隆元年新设，莞渎场并入)</td><td>中正场</td><td>中正场</td></tr>
<tr><td>庙湾场</td><td>庙湾场</td><td>庙湾场</td><td>庙湾场(乾隆元年改隶泰州分司)</td><td>庙湾场</td><td>庙湾场</td></tr>
<tr><td>新兴场</td><td>新兴场</td><td>新兴场</td><td>新兴场(同上)</td><td>新兴场</td><td>新兴场</td></tr>
<tr><td>五祐场</td><td>五祐场</td><td>五祐场</td><td>伍佑场(同上)</td><td>伍佑场</td><td>伍佑场</td></tr>
<tr><td>刘庄场</td><td>刘庄场</td><td>刘庄场</td><td>刘庄场(同上)</td><td>刘庄场</td><td>刘庄场</td></tr>
<tr><td>白驹场</td><td>白驹场</td><td>白驹场</td><td rowspan="2">草堰场(白驹场并入)</td><td rowspan="2">草堰场</td><td rowspan="2">草堰场</td></tr>
<tr><td rowspan="10">泰州分司
正德间由泰州移治于东台；
清雍正前辖 10 场，称中十场；
乾隆年间下辖 12 场，整体辖区北移；
嘉庆年间归并为 11 场，辖区不变</td><td>草堰场</td><td>草堰场</td><td>草堰场</td></tr>
<tr><td>小海场</td><td>小海场</td><td>小海场</td><td>小海场</td><td rowspan="2">丁溪场(小海场并入)</td><td rowspan="2">丁溪场</td></tr>
<tr><td>丁溪场</td><td>丁溪场</td><td>丁溪场</td><td>丁溪场</td></tr>
<tr><td>何垛场</td><td>何垛场</td><td>何垛场</td><td>何垛场</td><td>何垛场</td><td>何垛场</td></tr>
<tr><td>东台场</td><td>东台场</td><td>东台场</td><td>东台场</td><td>东台场</td><td>东台场</td></tr>
<tr><td>梁垛场</td><td>梁垛场</td><td>梁垛场</td><td>梁垛场</td><td>梁垛场</td><td>梁垛场</td></tr>
<tr><td>安丰场</td><td>安丰场</td><td>安丰场</td><td>安丰场</td><td>安丰场</td><td>安丰场</td></tr>
<tr><td>富安场</td><td>富安场</td><td>富安场</td><td>富安场</td><td>富安场</td><td>富安场</td></tr>
<tr><td>角斜场</td><td>角斜场</td><td>角斜场</td><td>角斜场(乾隆元年改隶通州)</td><td>角斜场</td><td>角斜场</td></tr>
<tr><td>栟茶场</td><td>栟茶场</td><td>栟茶场</td><td>栟茶场(同上)</td><td>栟茶场</td><td>栟茶场</td></tr>
<tr><td rowspan="10">通州分司
分司设于石港；
清雍正前辖 10 场，称上十场；
乾隆年间辖区北扩并有归并，仍辖 10 场；
嘉庆后归并为 9 场，辖区不变</td><td>丰利场</td><td>丰利场</td><td>丰利场</td><td>丰利场</td><td>丰利场</td><td>丰利场</td></tr>
<tr><td>马塘场</td><td>马塘场</td><td>马塘场</td><td rowspan="2">石港场(马塘场并入)</td><td rowspan="2">石港场</td><td rowspan="2">石港场</td></tr>
<tr><td>石港场</td><td>石港场</td><td>石港场</td></tr>
<tr><td>掘港场</td><td>掘港场</td><td>掘港场</td><td>掘港场</td><td>掘港场</td><td>掘港场</td></tr>
<tr><td>金沙场</td><td>金沙场</td><td>金沙场</td><td>金沙场</td><td rowspan="2">金沙场(西亭场并入)</td><td rowspan="2">金沙场</td></tr>
<tr><td>西亭场</td><td>西亭场</td><td>西亭场</td><td>西亭场</td></tr>
<tr><td>余西场</td><td>余西场</td><td>余西场</td><td rowspan="2">余西场(余中场并入)</td><td rowspan="2">余西场</td><td rowspan="2">余西场</td></tr>
<tr><td>余中场</td><td>余中场</td><td>余中场</td></tr>
<tr><td>余东场</td><td>余东场</td><td>余东场</td><td>余东场</td><td>余东场</td><td>余东场</td></tr>
<tr><td>吕四场</td><td>吕四场</td><td>吕四场</td><td>吕四场</td><td>吕四场</td><td>吕四场</td></tr>
</table>

注：根据明《(嘉靖)两淮盐法志》、清《(康熙)两淮盐法志》、清《(雍正)敕修两淮盐法志》、清《(乾隆)两淮盐法志》、清《(嘉庆)两淮盐法志》、清《(光绪)重修两淮盐法志》统计得出

❶ 史料中记载有“徐渎浦”“徐渎场”两种写法，均指当时的徐渎盐场。此处盐场名字，以同时期的史料记载为主。

图 2-11 明代两淮 30 场的分布

(笔者自绘,底图来源:谭其骧. 中国历史地图集[M]. 北京:地图出版社, 1982.)

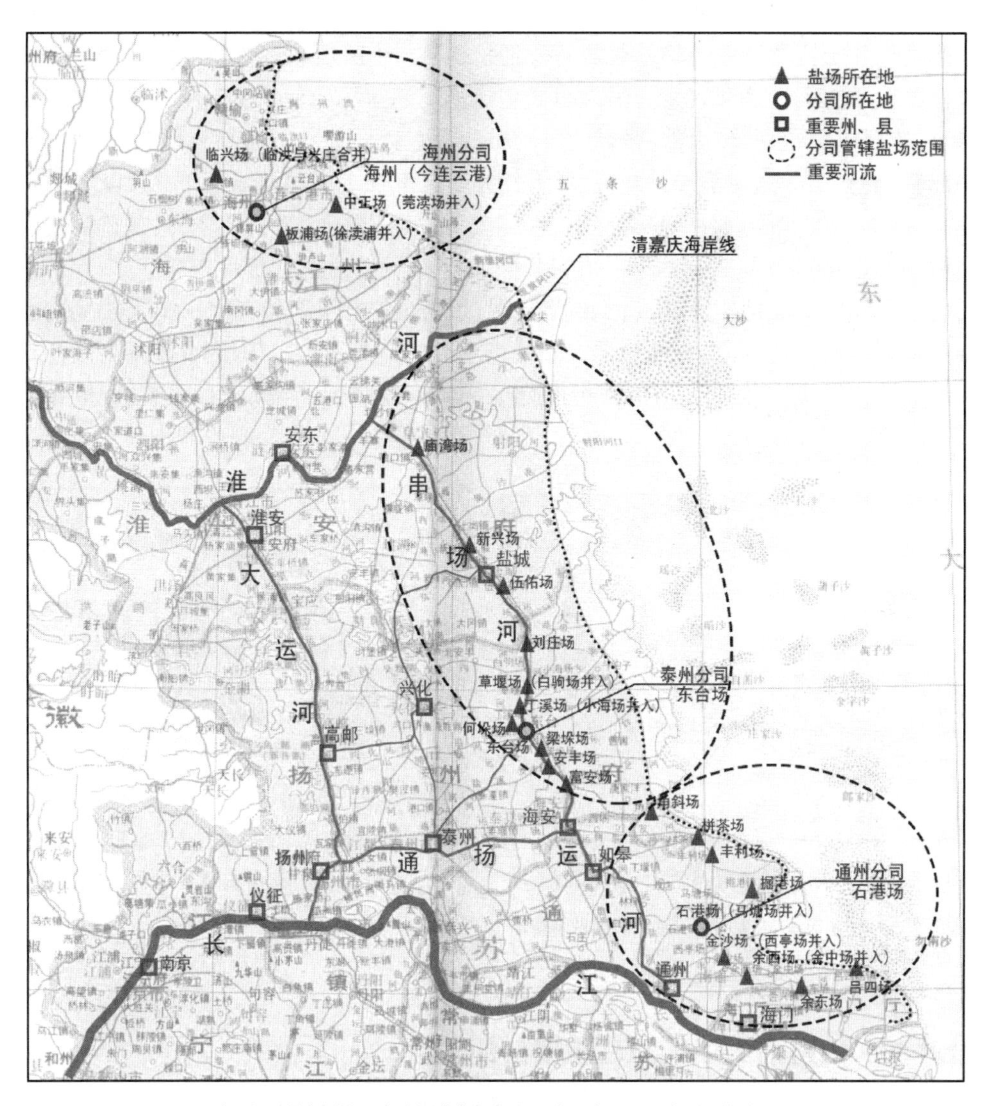

注：底图是《中国历史地图集》中嘉庆二十五年(1820年)江苏地图

图2-12　清嘉庆时期两淮30场的分布

(笔者自绘，底图来源：谭其骧. 中国历史地图集[M]. 北京：地图出版社，1982.)

三、盐课司的职能和驻地场治聚落的区位

盐课司是各个盐场所在地的基层盐务管理机构❶。盐课司职责侧重于管理生产一切事务和负责收集灶户的实物盐课入仓。因此明代主管盐场的盐场大使职责包括“掌催办盐课政令，日督总灶，巡视各团𨱎户，浚卤池，修灶舍，筑亭场，稽盘铁，……广积以待商旅之支给”❷，即全面管理制盐、收盐和支盐。不仅如此，盐场大使亦有与州县官的职掌相近的“牧民”之责，掌理盐场赋役、诉讼，负责盐场水利、社会治安、赈济灾荒、教育文化、农业经济等，并负责场治的市政建设❸。但盐场大使品级未入流(从九品以下)，远低于知县的正七品。

各场盐课司署的驻地即为场治，类似于州县衙署所在的州治和府治。由于盐场内各团灶所产盐斤必须先汇集到场治，再经盐课司署稽查后交由商人运输出场，因此淮南各场的场治聚落均位于串场河沿线，向西可以连接朝廷规定的固定运输水道，向东通过下游灶河联系各团灶(见图 2-13，图 2-14)。

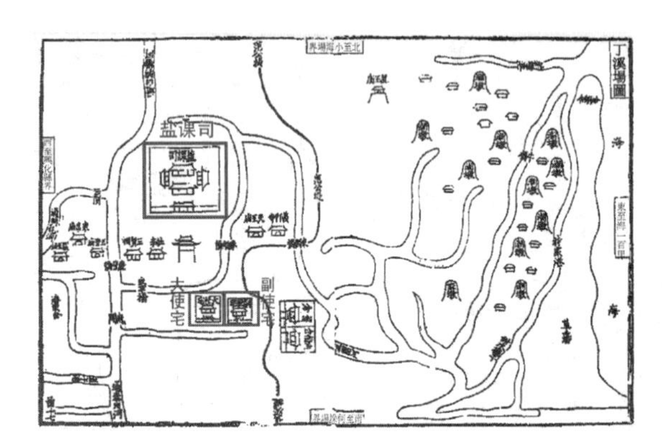

图 2-13　明嘉靖时期丁溪场盐课司、大使宅、副使宅

(笔者自绘，底图来源：[明]杨选，陈暹.(嘉靖)两淮盐法志[M]. 荀德麟点校本. 北京：方志出版社，2010.)

图 2-14　安丰古镇盐课司署(重建)

(笔者自摄)

四、批验所和巡检司的职能和驻地聚落的区位

批验所的主要职能在于查验盐引、征收榷税，是盐斤运往行销地界的最后关卡，设大使一人(未入流)，吏一人。淮南盐引岸❹是沿长江的安徽、江西、湖北、湖南四省，其批验所驻于仪征县南的运河入江口。淮北盐主要是经淮河销往河南省和凤阳、庐州二府，其批验所驻于安东县南六十里，即淮北盐河入淮河口的支家河头❺。

巡检司的主要职能是稽查私盐，故往往设于水运交通要道上。在两淮盐场的范围内有安东(淮

❶ 《(弘治)两淮运司志》载：“洪武二十五年(1392 年)革去百夫长，设盐课司，置官吏，编立团总。”[明]徐鹏举，史载德，等.(弘治)两淮运司志[M]. 影印版. 扬州：广陵书社，2015.

❷ [明]杨选，陈暹.(嘉靖)两淮盐法志[M]. 荀德麟点校本. 北京：方志出版社，2010.

❸ 何峰. 明清淮南盐区盐场大使的设置、职责及其与州县官的关系[J]. 盐业史研究，2006(1)：47-53.

❹ 旧时指定给请引行盐的盐商的专卖区。

❺ 《(嘉靖)两淮盐法志》载：“批验盐引所，凡二。一在仪真县东南二里许，据江岸第一坝，淮南诸场盐必榷于此，始货之江湖间……一在安东县南六十里支家河头，淮北诸场盐必榷于此，始货之庐、凤、河南。”[明]杨选，陈暹.(嘉靖)两淮盐法志[M]. 荀德麟点校本. 北京：方志出版社，2010.

北盐舟泊于安东坝下)、白塔河(淮南盐舟泊于湾头镇桥下)两巡检司,“专主验收商盐,兼诘私贩”❶。此外,官方运输指定水道的水坝和水闸,也有分司设立的巡检司(如图2-15,图2-16)。

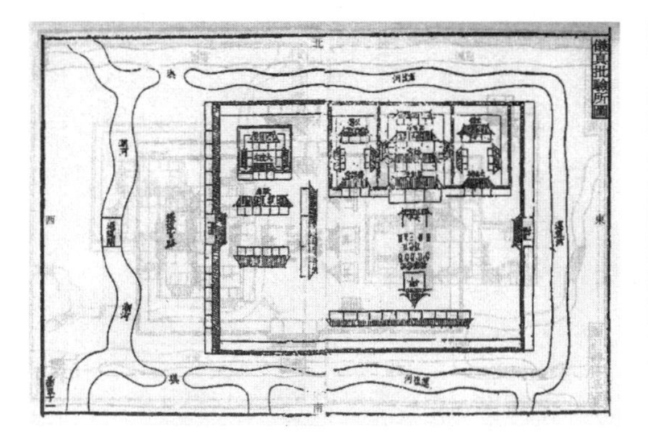

图2-15　明嘉靖时期仪征批验所图

(底图来源:[明]杨选,陈暹.(嘉靖)两淮盐法志[M].荀德麟点校本.北京:方志出版社,2010.)

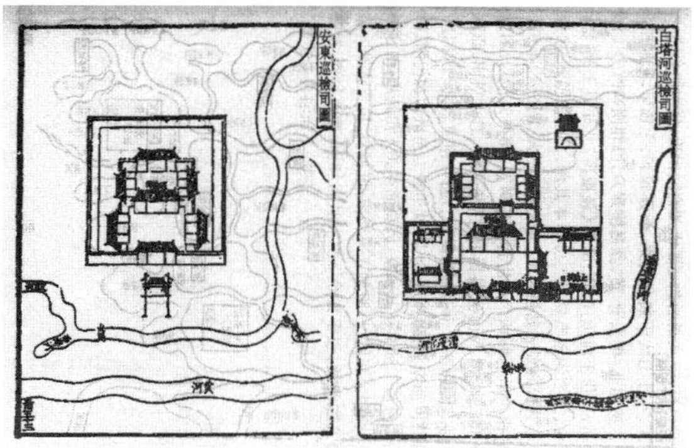

图2-16　明嘉靖时期安东和白塔河巡检司图

(底图来源:[明]杨选,陈暹.(嘉靖)两淮盐法志[M].荀德麟点校本.北京:方志出版社,2010.)

第三节　空间分布的内在结构:固定行销地界和运输线路

明清盐业实行官营专卖制,尽管明万历前为“民制—官收—商运—商销”的“就场专卖制”,万历后改为“民制—商收—商运—商销”的“商专卖制”,但其核心在于保证官盐的绝对垄断地位,防止私盐渗透。为此,朝廷严格规定了各地盐场的行销地界,所产官盐必须在指定的区域内销售(称为引岸),不允许越境私卖。与之相配套,各场向外运盐也有固定的水道运输线路和里程规定,沿途设卡查验,严防夹带私盐。这种固定的行销地界和运输线路成为决定淮南盐政聚落分布格局的重要因素。

一、明清淮盐的固定行销地界

明清两代两淮行销地界(引岸)的划分始于唐代的“划界行销”政策,其划分区域基本延续前朝,直至明清无甚变化。明代淮盐的行销地界为南直隶(包括今日江苏和安徽两省)、江西、湖广(包括今日湖北、湖南两省)、河南四省的大部分州县,清代淮盐行销地界为江南(大致相当于明南直隶)、江西、湖广、河南四省❷,与明代大致相同。其中,淮南盐集中运往仪征批验所,经批验和解捆打包后,沿长江运往安徽、江西、湖北、湖南四省引岸,行销地界较广。淮北盐集中运往安东批验所,经批验和解捆打包后,沿淮河运往安徽凤阳、庐州二府和河南各州县引岸,行销地界相对较小(如图2-17,图2-18)。

值得注意的是,从明至清的淮盐行销地界基本固定,其主要目的是维护引岸制❸,以保证占全国税课大半的淮盐税课的稳定❹。正是由于淮南盐保持了稳定且广大的行销地界,淮南

---

❶ [明]杨选,陈暹.(嘉靖)两淮盐法志[M].荀德麟点校本.北京:方志出版社,2010.

❷ 《明史》卷80《食货四》;《清史稿》卷123《食货四》。

❸ 即在纲册的商人都有在销售区对应的固定引岸。

❹ 郭正忠.中国盐业史(古代编)[M].北京:人民出版社,1997.

盐业生产才得以稳定和持续增长，促进了淮南生产盐聚落数量的不断增加（详见第五章）。

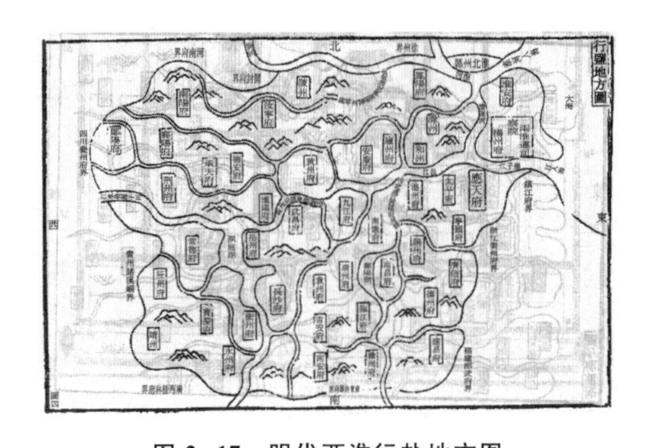

图 2-17 明代两淮行盐地方图

（图片来源：《（嘉靖）两淮盐法志》丁溪场图）

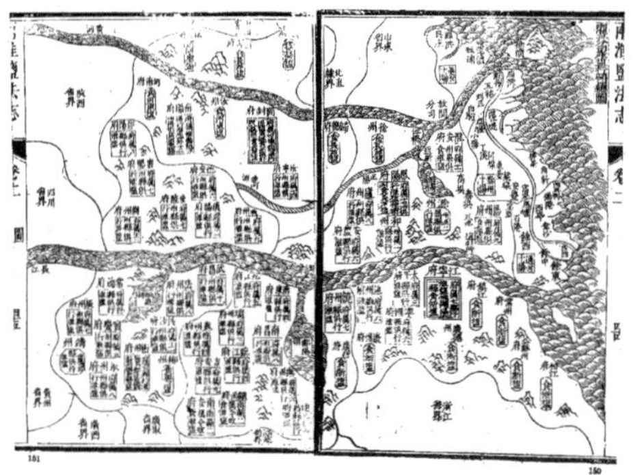

图 2-18 清康熙两淮分司盐行销总图

（图片来源：《（康熙）两淮盐法志》）

二、明代至清康熙的淮南盐出场运输路线

为防止走私，淮盐必须从位于串场河沿线的场治集中出场，经过固定的水道路线，先由场商运至掣验所抽查核验，然后再由运商承运至批验所，最后从批验所入江、入淮运往各省引岸。明代至清康熙时期，淮南盐场有高邮之高坝和泰州之泰坝两个掣验所，场商将盐从各盐场运至泰坝或高坝，再由运商从高坝北运至支家河头批验所或南运至仪征批验所，或从泰坝运至仪征批验所（如图 2-19）。

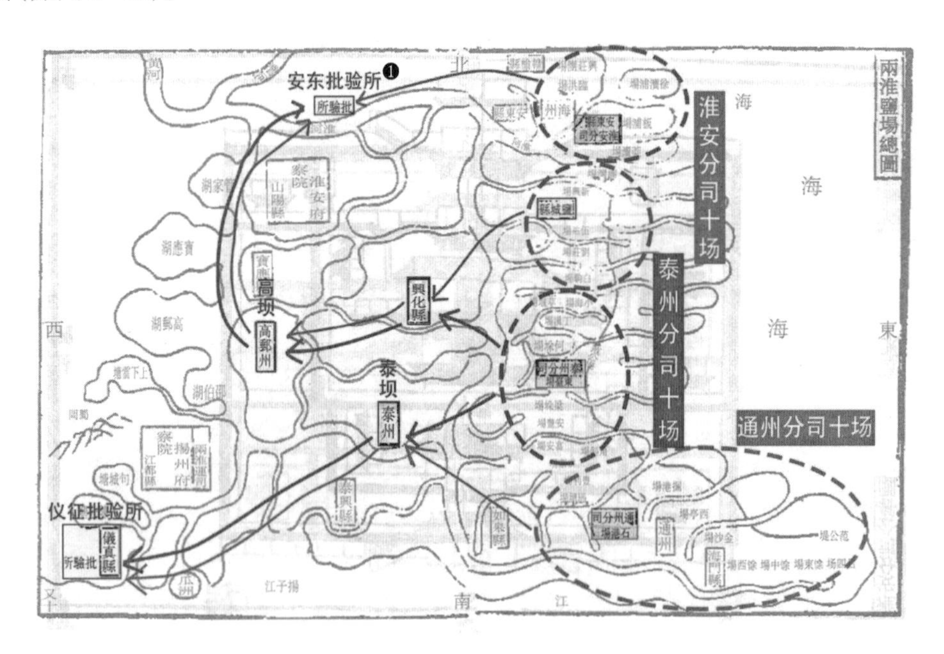

图 2-19 明代至清康熙两淮三分司运盐路线示意图

（笔者自绘，底图来源：[明]杨选，陈暹.（嘉靖）两淮盐法志[M].荀德麟点校本.北京：方志出版社，2010.）

❶ 安东批验所所在处，即包括安东坝掣验所和支家河头批验所。即掣验和批验均在此处。

根据明《(嘉靖)两淮盐法志》中的“兼理河道图”“淮安分司总图”“泰州分司总图”“通州分司总图”可基本明确三分司的运盐出场路线。其中“兼理河道图”中标注有:经高邮州高坝向东的河道可达“兴化、盐城、庙湾诸场”,经扬州过泰州泰坝向东的河道可达“通(州)、泰(州)二十盐场”,三个分司下辖盐场的出场运输线路有分有合。

淮安分司下辖十盐场,以淮河为界,淮北有五,淮南有五,但均需运至支家河头批验所。淮北地区的五场直接经淮北运盐河运至位于支家河头的批验所。淮南五场则较为迂回,需先经串场河向南至盐城,经盐城西侧之运盐河向西,经兴化至高邮的高坝掣验,然后由运商转入运河,折北至淮安支家河头批验所。

泰州分司所辖十场分为三组,由不同路线经泰坝或高坝掣验,然后均运至仪征批验所❶。北部草、小、丁三场为一组,由车路河运往高坝(高邮州)掣验,然后入运河向南至仪征;或先经串场河至东台,再向西经溱潼、过淤溪,至泰坝(泰州)掣验,再至仪征。中部何、东、梁、安、富五场为一组,均汇聚至东台,后经溱潼过淤溪,至泰坝掣验后,运往仪征;角斜、栟茶二场为一组,直接由通扬运河过海安,抵泰坝掣验,再运往仪征❷(如图 2-20)。

通州分司所辖十场均汇至老通扬运河,过如皋,至泰坝掣验,再由运商运往仪征。

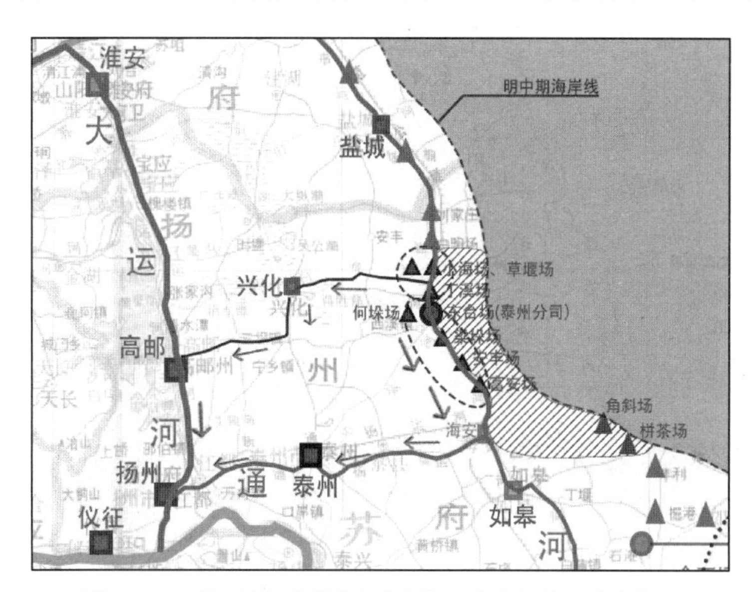

图 2-20　明至清初泰州分司草堰场至富安场的运盐路线图

(笔者自绘,底图来源:谭其骧. 中国历史地图集[M]. 北京:地图出版社, 1982.)

三、清雍正至清末的淮南盐出场运输路线

清初三分司各辖十场,看似数量均衡,但其辖区与运道却无法一一对应,如淮安分司跨淮河两岸,泰州分司跨通扬运河南北,导致泰坝和高坝并存,运输路线繁复。至清雍正时期,《(雍正)敕修两淮盐法志》❸卷之七《水道》记载:“淮南二十五场运盐河俱会于泰坝,淮北五场运盐河俱会于安东坝”,运输路线开始简化调整,不再途经高坝。

---

❶ 《(康熙)两淮盐法志》之《泰州分司十场灶地总图》。

❷ 康熙《淮南中十场志》第 348 页:“栟茶、角斜二场在如皋东九十里,出立发桥径达扬州矣,盖上官河也。”

❸ [清]噶尔泰.(雍正)敕修两淮盐法志[M]//于浩.稀见明清经济史料丛刊:第一辑.北京:国家图书馆出版社,2008.

运输便利和盐场产量的变化，最终导致清乾隆时期两淮三十场的裁并（见前文第二章第二节）。淮安分司仅剩三场，俱在淮北，经淮北运盐河至安东坝掣验，再至支家河头批验所。通扬运河以南十场俱归通州分司管辖，统一经通扬运河至泰坝。淮河以南、通扬运河以北的十二场均归泰州分司管辖，清《（嘉庆）两淮盐法志》卷九《转运四河渠》记载，“刘庄、伍佑、新兴、庙湾四场，未隶泰分司之先，其盐艘俱西南行经盐城、兴化诸河，高邮州北门以北，折入漕盐运河。自乾隆元年改隶后，并抵泰坝，非复故道”，即高坝废弃不用，十二场全部运盐至泰坝掣验。

泰州分司十二场的运盐出场路线分为两路。一路是串场河北段❶的九场，包括东台及其以北的何垛、丁溪、小海、草堰、刘庄、伍佑、新兴、庙湾，先通过串场河到达东台西之海道口，再统一向西由泰东河❷，经青浦、溱潼、淤溪，以达泰坝。另一路是串场河南段的南三场，包括富安、安丰和梁垛，其中梁垛由十八里河运往泰东河再到达泰坝，富安、安丰两场由大尖河❸运往泰东河抵泰坝（如图 2-21 至图 2-24）。

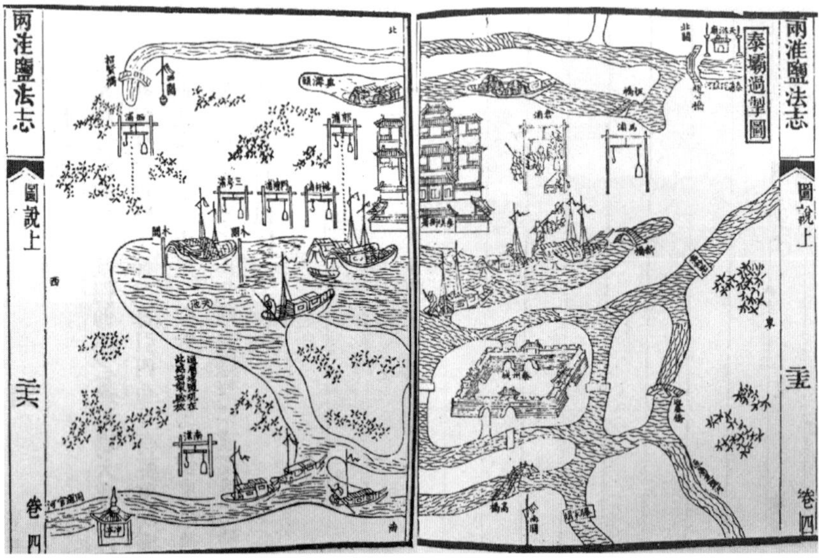

图 2-21　泰坝过掣图

（图片来源：清《（嘉庆）两淮盐法志》）

---

❶ 《（嘉庆）两淮盐法志》载：“……盖南自大泊，北抵射阳湖，其中巨细分支数百，而其有关盐运者，在北自庙湾射阳湖南岸入口，历盐城县至何垛场为北串场河，自何垛至富安为南串场河。”

❷ 东台场运盐至泰州的主要盐运河。又嘉庆《东台县志》卷之十《水利上》：“运盐河，在县治西，自海道口起迤西南，由时堰镇出青浦角，经溱潼、淤溪湖抵泰州，百二十里……所谓下河也。”

❸ 道光《下河水利新编》载：“大尖河名六十里河，又名三汊河，在县治南二十五里，自安丰串场河之李家港迤西南六十里，嘉庆十八年估挑至富安界止……”

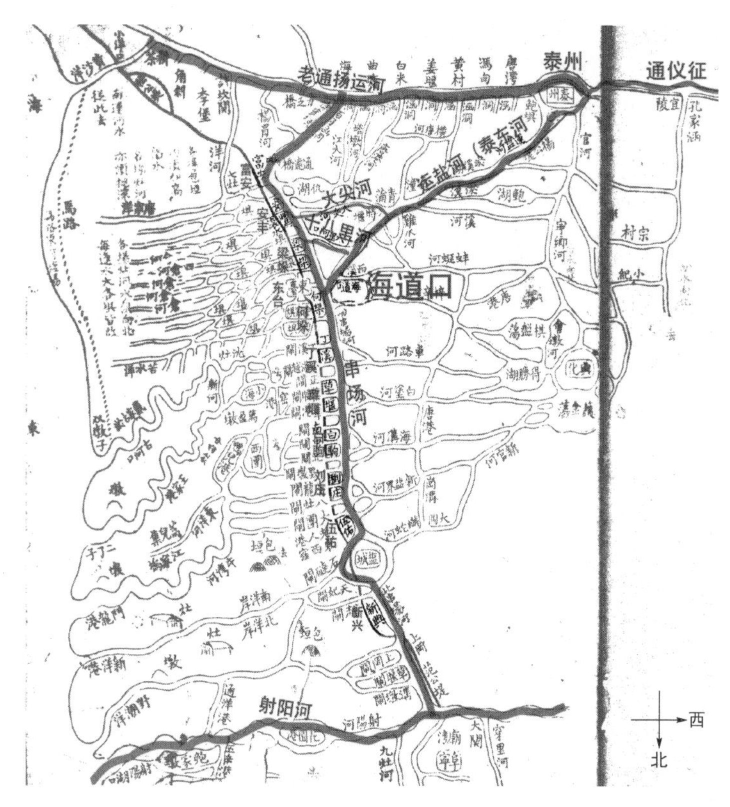

图 2-22　清中后期泰州分司运盐路线图

（笔者自绘，底图来源：清道光冯道立《淮扬水利图说》之《东台水利去路图》）

图 2-23　泰州泰坝衙署现状

（图片来源：https://know.baidu.com/question/6dc05ed8261997418dd541926ad8373d1f56bf9）

图 2-24　东台市内海道口现状

（图片来源：https://baike.baidu.com/item/%E6%B5%B7%E9%81%93%E5%8F%A3/779818?fr=aladdin）

第三章　场治聚落空间分布、商业发展和市镇格局

场治聚落是各盐场盐课司署的驻地，在整个运司的三级盐政聚落中属于最基础、数量最多的一级，但在各自盐场辖区内又是行政、经济和文化中心。场治聚落在空间上位于范公堤一线，呈线状不均匀分布，向西通过运盐河联系扬州盐运司、泰坝、高坝等盐政聚落，向东通过灶河联系沿海平原上的生产团灶，是组织整个淮南盐场聚落体系的主轴和关键。

本章在梳理淮南场治聚落的发展分化及其空间分布演变的基础上，重点分析了盐政改革带来的商业化进程，以及盐场大使和盐商主导下的市镇建设和经济发展，最后以泰州分司八场为例，总结了外堤内河中场治、因堤成街、以河通运等内部空间结构规律，以及场治内主要官方司署建筑和公共建筑的类型及特点。

第一节　场治聚落及其空间分布的演变

一、淮南盐场场治聚落的发展和分化

1. 明初至清初：盐场数量达到顶峰

由前文第二章第二节可知，明初承袭了元末的两淮 29 场，而后在淮北新增兴庄场，形成了两淮 30 场的格局，在数量上达到了顶峰。在空间上，从南到北覆盖了整个苏北沿海地区，被划分为南十场、中十场和北十场，分属通州、泰州、淮安三分司管辖。其中，淮河以南的 25 场，完全沿用了元代的数量、名称和场治位置，并一直保持到清雍正时期（见前文第二章第二节表 2-2，图 2-11）。

2. 清乾隆至道光：盐场数量逐渐减少

清乾隆时期，撤销了因长期海岸线变迁导致产量严重下降的白驹、马塘、余中三场，分别并入草堰、石港和余西三场，淮南 25 场撤并为 22 场，同时为便于运输而调整分司辖区，形成泰州分司 12 场、通州分司 10 场的格局。清嘉庆时期，又将小海场和西亭场分别并入丁溪场和金沙场，形成泰州分司 11 场、通州分司 9 场的格局，并一直延续到清光绪年间。在此期间，海岸线东迁带来持续增长的盐滩使得各盐场得以维持生产，同时，清时期社会较为稳定带来大量新增人口，使得范公堤以东的原有盐场灶地陆续被开垦为经济效益更高的农田。

3. 清咸丰至民国：淮南盐场逐渐谢幕

道光二十年（1840 年）鸦片战争爆发后，国力衰微和社会动乱导致盐政荒废，加之咸丰五年（1855 年）黄河北徙后盐滩停止增长，旧有产盐点的产量也大不如前，清政府于光绪二十五年（1899 年）同意在新兴、伍佑两场试行放垦，完全放弃了盐业生产❶。

---

❶ 丁长清，唐仁粤．中国盐业史（近代当代编）[M]．北京：人民出版社，1997.

此后，在近代实业家张謇等的推动下，淮南盐场掀起了大规模废灶兴垦的热潮，淮南盐业进入尾声。1907 年，张謇在海州创建了新式的济南盐场，至民国初年时产量高达 13.54 万吨，超过了淮南各盐场产量的总和，使得淮南盐业丧失了继续存在的必要性。

至民国初，淮南各场撤并为 11 场。民国二十年(1931 年)，仅剩丰掘、余中、安梁、草堰、伍佑、新兴 6 场。1953 年后，淮南盐场全部废灶兴垦，完全退出历史舞台，而淮北盐场延续发展至今[1]。

4. 淮南盐场各场治聚落的发展和分化

作为盐场盐课司署的驻地，淮南盐场各场治聚落均经历了不同程度的商业化和市镇化历程，但后来又随着淮南盐业生产的最终谢幕而相继发生分化。其中少部分因经济文化发展远高于周边乡镇，加之政治、军事等其他原因，而发展成为县城，如庙湾场在清雍正九年(1731 年)设阜宁县，东台场在清乾隆三十三年(1768 年)设东台县；大部分成为农商兼事的地方中心乡镇；还有一小部分因裁撤较早、规模较小等原因而沦为普通的农业村落(如表 3-1)。

表 3-1　两淮 30 场(按明朝的名称统计)场治今日建置对照表

区域	所属分司	序号	盐场名称	现代地名	现代建置
淮北盐场	(明)淮安分司	1	兴庄团	兴庄村	村
		2	徐渎浦	连云港市区东北	无
		3	临洪	临洪村	村
		4	板浦	板浦镇	镇
		5	莞渎	莞渎村	村
淮南盐场		6	庙湾	阜宁县	县
		7	新兴	新兴村	村
		8	伍佑	伍佑街道	街道
		9	刘庄	刘庄镇	镇
		10	白驹	白驹镇	镇
	(明)泰州分司	11	草堰	草堰镇	镇
		12	小海	草堰镇	镇
		13	丁溪	丁溪村	村
		14	何垛	东台市何垛桥社区	市(已被东台市区合并)
		15	东台	东台市	市
		16	梁垛	梁垛镇	镇
		17	安丰	安丰镇	镇
		18	富安	富安镇	镇
		19	角斜	角斜镇	镇
		20	栟茶	栟茶镇	镇
		21	丰利	丰利镇	镇
	(明)通州分司	22	马塘	马塘镇	镇
		23	掘港	掘港街道(属如东县)	街道

[1] 江苏省地方志编纂委员会. 江苏省志 · 盐业志[M]. 南京：江苏科学技术出版社，1997.

续表

区域	所属分司	序号	盐场名称	现代地名	现代建置
淮南盐场	(明)通州分司	24	石港	石港镇	镇
		25	西亭	西亭镇	镇
		26	金沙	金沙镇	镇
		27	余西	余西社区	社区
		28	余中	货隆镇(已撤销,属四甲镇)	镇
		29	余东	余东镇	镇
		30	吕四	吕四港镇	镇

(图表来源:李岚,李新建.江苏沿海淮盐场治聚落变迁初探[J].现代城市研究,2017,32(12):96-105.)

二、场治聚落空间分布的共性和差异

1. 共性:稳定在串场河和范公堤沿线

明清淮南25场的场治聚落在空间分布上具有显著的共性,即自北宋后就一直分布在串场河沿线。北宋天禧五年(1021年),范仲淹出任泰州监的西溪盐仓监,在“久废不治”的唐代捍海堰以西2～3里❶一线,修筑北自大丰刘庄、南至东台富安的海堤143里,“束内水不致伤盐,隔外潮不致伤稼”,使“滨海泻卤,皆成良田”❷,史称“范公堤”。后经北宋庆历、至和和元大德年间的三次接续,范公堤北起庙湾(阜宁),南到吕四,纵贯整个淮南盐场❸(见第二章第一节图2-2)。

串场河是在修筑范公堤的过程中,因取土筑堤而形成的复堆河,北起庙湾(阜宁)与古淮河相接,南至海安入运盐河(老通扬运河)连通运河和长江,成为串联淮南各盐场的水运干道,故称串场河。

范公堤堤身是海防大堤,堤顶是陆路交通干道。串场河西接上游运道和行洪水道,东接下游灶河水系,更是南北向各盐场间的水运干道。二者为淮南各盐场的防灾和运输提供了至关重要的基础设施,因而成为淮南盐场场治聚落空间分布的结构主轴,自宋至清,沿用不改(如图3-1,图3-2)。

图3-1 草堰段范公堤现状

(图片来源:笔者自摄)

图3-2 草堰段串场河现状

(图片来源:笔者自摄)

---

❶ 1里=0.5公里。

❷ [元]脱脱,等.宋史:卷九十七·志第五十·河渠七·东南诸水下[M].北京:中华书局,1977.

❸ 张芳.中国古代灌溉工程技术史[M].太原:山西教育出版社,2009.

2. 差异:整体南北不均和个别场治东迁

从空间分布上看,淮南盐场的地势总体存在南高北低的差异,其场治聚落分布存在南密北疏的差异(见图 2-11)。由于淮南盐场的地势整体低于串场河以西地区,其中地势较低的新兴场至何垛场之间(海拔 2～4 米)自然成为上游洪水的入海通道,导致其盐业生产发展受限,因此其盐场治所聚落分布的密度自宋代起就远低于地势较高的何垛场以南地区(海拔 4～5 米),在地势最低的新兴和庙湾之间(海拔 0～2 米)更是完全没有场治聚落(详见后文第四章第一节第二点)。

此外,明弘治年间黄河夺淮后,海岸线东迁,各场煎盐团灶日益逐海东迁,而绝大多数位于范公堤上的场治聚落并未迁址,出现了“治灶分离”的现象。仅有小海场和丁溪场的场治于清乾隆年间分别东迁至小海团和沈灶。究其原因,首先是这两场场治本来就蜗居并处在草堰一地(今草堰镇),随着各自团灶东迁,管理日益不便;其次是二者在淮南盐场中地势最低,饱受上游泄洪时的水患之苦,故而选择东迁场治(如图 3-3)。

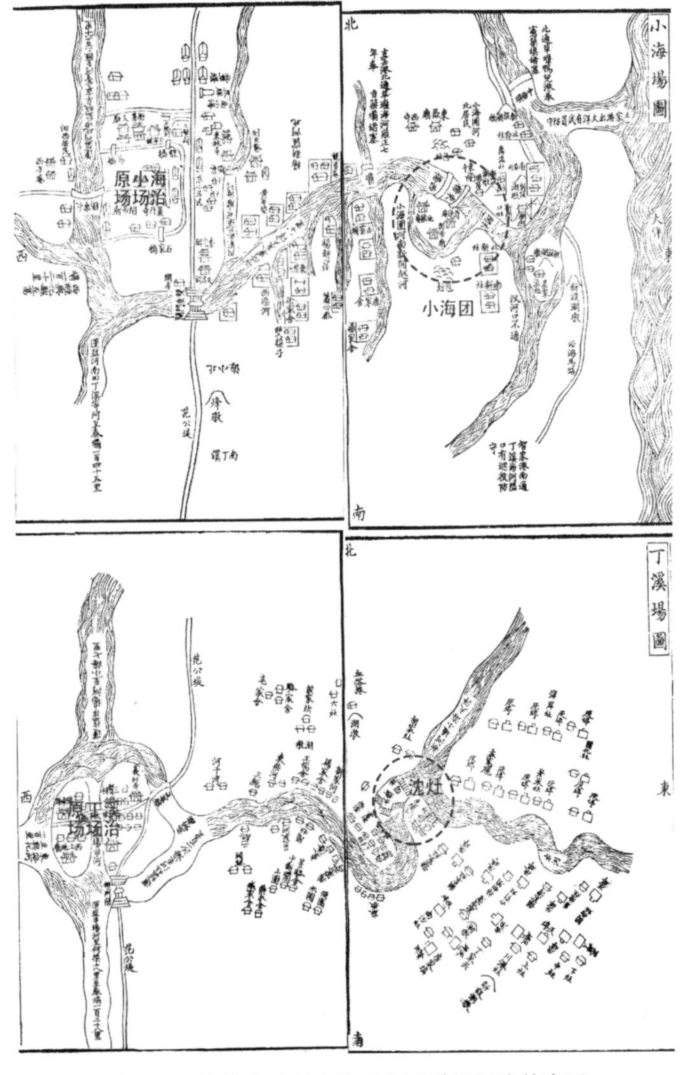

图 3-3　清乾隆时期小海场和丁溪场场治的东迁

(底图来源:清《(乾隆)两淮盐法志》)

第二节　场治聚落的商业化和市镇化

一、盐政改革带来的场治聚落商业化

1. 下场支盐:洪武年间的商业化开端

明初为巩固边防,在盐业管理上实行“开中制”[1],召商转运税粮,以盐偿付脚价[2],即朝廷出榜召集商人给边防驻军运粮,商人以此获得盐引——销售食盐的凭证,然后持盐引到指定盐区总仓领盐,再销往指定的区域,商人则从中获取利润。这一时期,淮南盐区的总仓设在泰州、通州和淮安三个分司内,商人到分司支盐,和盐课司所在的场治聚落并无直接关联。

明洪武二十一年(1388 年)取消了分司公署及其总仓,改为在各场盐课司署内设置官仓,以收取灶户所产之盐[3],商人持盐引“下场支盐”,即到各场盐课司领盐。如此一来,盐课司所在的场治不仅是灶户缴纳成品盐课和采买生活必需品的所在,更是商人为批发食盐而常相往来之地,因而带动了商业和服务业,成为场治聚落商业化的开端(如图 3-4,图 3-5)。

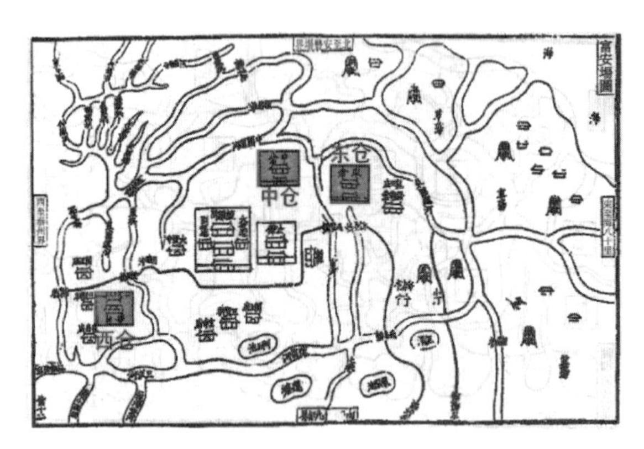

图 3-4　明嘉靖富安场内的西仓、中仓、东仓

(底图来源:[明]杨选,陈暹.(嘉靖)两淮盐法志[M].荀德麟点校本.北京:方志出版社,2010.)

图 3-5　明嘉靖征盐图

(图片来源:[明]杨选,陈暹.(嘉靖)两淮盐法志[M].荀德麟点校本.北京:方志出版社,2010.)

2. 开中折色和商收余盐:弘治年间的商业化发展

明弘治年间实行的“开中折色”和“商收余盐”,推动了场治聚落的第一次商业化高潮。弘治五年(1492 年),因边防稳定,改行“开中折色”,商人不用再到边疆用粮食换盐引,可以直接用银两到盐运司购买盐引,即盐商取得盐引、下场支盐的程序更为简便,激发了场治内盐商的积极性。

弘治二年(1489 年)开始允许“商收余盐”。所谓余盐,是灶户生产的食盐在缴纳完定额盐课(正课)之外余下的部分。弘治以前,灶户只能将余盐交盐课司以换取微薄的粮食(称为工本米)。弘治二年规定,“凡商无盐支给,则准其收买余盐,以补正引”[4],即允许灶户将余盐卖给

[1] 郭正忠.中国盐业史(古代编)[M].北京:人民出版社,1999.

[2] 同[1]。

[3] 《(弘治)两淮运司志》:“洪武二十一年广盈仓副使……盗卖官盐……革总仓,令各场自置仓收贮,商人自备船下场支盐,分司与仓遂废,……而分司督课径请十场公馆焉。”

[4] 《(嘉靖)两淮盐法志》载:“若果勤力灶户正课之外煎剩盐斤,自有商人买补及加带余盐之例,本院又或量为通融酌处,以勉恤贫灶,不在禁止之例。”[明]杨选,陈暹.(嘉靖)两淮盐法志:卷之五・法制二[M].荀德麟点校本.北京:方志出版社,2010.

商人。余盐之禁既开，商人和灶户之间可以直接在场治内进行交易，一方面使得灶户生产积极性大大提高，不少富灶开始私置锅鏾以扩大生产，另一方面也使得场治的商业化程度得到快速的提高❶。从图 3-6、图 3-7 可看出，作为泰州分司内上场之一的富安场，明嘉靖与清嘉庆时期对比，其建设量已经相当可观。从图 3-8、图 3-9 中安丰古镇和富安古镇古街的现状，可依稀窥见历史上其市镇建设程度在当时还是较高的。

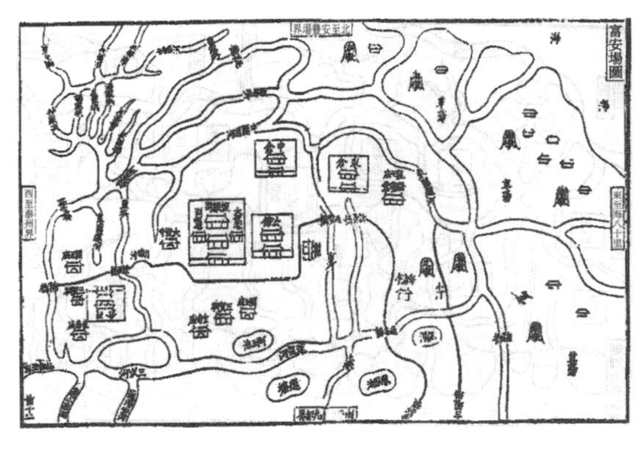

图 3-6　明嘉靖时富安场场治内部建设

（图片来源：[明]杨选，陈暹.（嘉靖）两淮盐法志[M]. 荀德麟点校本. 北京：方志出版社，2010.）

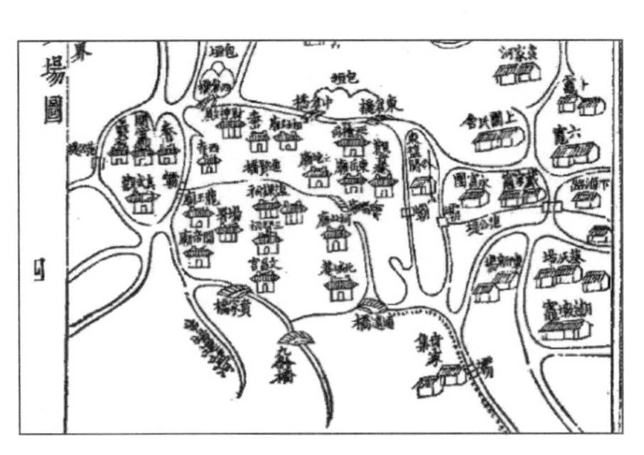

图 3-7　清嘉庆时期富安场场治内部

（图片来源：周右《东台县志》嘉庆二十二年刻本）

图 3-8　安丰古镇街道现状

（图片来源：笔者自摄）

图 3-9　富安古镇街道现状

（图片来源：笔者自摄）

3. 改征为折和纲法：万历之后的全面商业化

万历四十五年(1617 年)，全面实施“改征为折”和“纲法”。所谓“改征为折”，是指征收盐课(赋税)不再采用缴纳实物盐斤的形式，而是改成由实物盐课折算而来的银两(折色银)。从此官府不再向灶户收盐，改由商人向灶户收买成品盐，灶户用卖盐所得的部分银两来缴纳盐课❷。这一改革的背景是沿海滩地东扩，人口增长，加之余盐开禁带来的生产积极性提高，使得淮盐的产量日趋增多，远远超过了明初所定的官盐数量。由于贩卖私盐的利润远高于官盐，私盐日益猖獗，导致官盐滞销，朝廷无法从官盐销售中获取税收。因此，改官收为商收，官府完全放开

❶ [明]杨选，陈暹.（嘉靖）两淮盐法志：卷之六・法制三[M]. 荀德麟点校本. 北京：方志出版社，2010.

❷ 盐课：即盐税。

图 3-10　商垣捆盐图

（图片来源：清《（嘉庆）两淮盐法志》）

权力，由商人和灶户自行交易，官府只负责稽查和收税。换言之，由收取实物税改为收取贸易税，盐业生产也由完全计划经济改为政府监管下的市场经济，大大促进了生产力的提高。

“纲法”是一种政府指定的盐商专卖制度。官府指定具有盐业世袭包销权利的商人，并规定每个商人所分配的盐引（包销额度），编成纲册，分为十纲，每年一纲行税引，九纲行现引。官府不收盐只卖引，各盐场罢废官仓[1]，改由商人自置包垣收盐（如图 3-10），并可设立新灶、雇民煎煮，盐业生产实现了完全的商品化。

这两项政策的实施，使得盐商群体在明末直至整个清代，逐渐取得了在淮盐生产、收购及运销全过程中的支配地位，成为场治聚落商业化和市镇化的主要力量。

二、盐场大使和盐商主导的场治聚落市镇化

1. 盐场大使主导的场治市镇建设

场治聚落是盐场大使执掌的盐课司署驻地。明清盐场是有固定的辖区、土地、人口和独立司署的特殊行政区划，盐场大使作为盐场的行政长官，虽然品级较低（未入流），但有与州县官职掌相近的“牧民”之责[2]，不仅掌管盐场内的盐业生产和运销全过程，而且还要负责农业水利、人口赋役、治安诉讼、赈济灾荒和文化教育，并主导着场治聚落的市镇建设[3]。

明代场治聚落的市镇建设包括硬件和软件两方面。在硬件建设方面，包括疏浚场治内外的串场河、市河、灶引等河道，修筑街道、桥梁、闸坝、井泉等基础设施（如图 3-11，图 3-12），营缮盐课司公署、各类仓库、关卡等办公用房。在软件建设方面，盐场大使往往重视教育和宗教文化建设，新建文庙社学和各类祠庙寺观，并修志编书，对贤良孝节进行旌表和奖赏。

图 3-11　丁溪村古永丰桥现状

（图片来源：笔者自摄）

图 3-12　安丰镇现存义井

（图片来源：笔者自摄）

[1] 康熙《淮南中十场志》载：“明万历四十五年盐课改折，仓不贮盐，今盖废矣。”

[2] 李岚，李新建. 江苏沿海淮盐场治聚落变迁初探[J]. 现代城市研究，2017，32(12)：96-105.

[3] 何峰. 明清淮南盐区盐场大使的设置、职责及其与州县官的关系[J]. 盐业史研究，2006(1)：47-53.

综合明《(弘治)两淮运司志》和《(嘉靖)两淮盐法志》、清《淮南中十场志》(见附录3中)等史料进行对照分析,可以看到淮南各场治聚落在明代均已形成延续至清末的街巷格局,绝大多数衙署、桥梁等公共建筑和市政设施也始建于明代。由此推断,淮南场治的市镇化建设始于明代,并成熟于明代。

2. 盐商主导的场治市镇经济发展

明清时期,场治聚落内部人口组成包括盐课司官吏及其僚属、水乡灶户以及以盐商为核心的外来流寓人口。水乡灶户起源于明初编佥入灶的部分民户,他们居住在场治附近,“远居亭场,不谙煎晒”,只能从事农业或其他手工业,再纳银充当“折色盐课”❶。外来流寓人口是指并无灶籍,但在场治居住和谋生的流动人口,包括从事小型手工业和商业、服务业的民户以及僧、道、医等各色人等,但其中对场治发展起到核心作用的是盐商。

图 3-13 安丰古镇清代大盐商鲍氏大楼一角

(图片来源:笔者自摄)

明《(嘉靖)两淮盐法志》记载:“天下盐商在于扬州、淮安二府守支,子孙相继,住居者亦不下数千家。”❷盐商中最具实力的是引商和运商中的总商。引商垄断盐引购买权,大都脱离流通过程,靠出卖盐引,坐收“窝价”为生;运商中的总商垄断盐的运输和销盐地区的引岸权,通过控制盐价而获利最巨。引商和运商中的总商往往盘踞在扬州、泰州等盐运枢纽城市,于场治本身的影响不大❸。

活跃在淮南各场治聚落中的盐商主要是场商、水商和土商。场商又称垣商,他们居住在场治内(见图3-13),在场治内外设包垣,直接向盐户收盐,有的通过给盐户提供生产资料控制盐业生产,甚至直接购买或参股盐灶,雇佣盐工进行生产,对盐场的经济社会和市镇建设均有重要的影响力。水商是实力较低的运商,他们驻场承接自包垣经场治运往泰坝的水运业务。土商是本地小盐商,他们从包垣内购买盐包后拆散分销本地。

图 3-14 安丰古镇七里长街现状

(图片来源:笔者自摄)

这些盐商在场治内置办田宅房产,结交官员士绅,建造同乡会馆(如何垛场于清雍正年间所建的浙绍会馆),也有捐修书院寺观、刊刻图书、修建盐义仓、赈济灾民、浚河修路等义举,带动了场治聚落商业、服务业和市政建设的繁荣发展。以泰州分司为例,清乾隆时期安丰场已有九坝、十三巷、七十二庙堂、七里长街的繁盛(见图3-14)。草堰场主要商业街三里街“厦屋渠渠,开典当

❶ [明]朱廷立.盐政志:卷四·团灶[M].北京:国家图书馆出版社,2011.

❷ [明]杨选,陈暹.(嘉靖)两淮盐法志:卷之五·法制二[M].荀德麟点校本.北京:方志出版社,2010.

❸ 李岚,李新建.江苏沿海淮盐场治聚落变迁初探[J].现代城市研究,2017,32(12):96-105.

者七家，富庶甲于诸场”❶。至清乾隆三十三年(1768 年)，泰州分司驻地的东台场更是“爰分为县”❷，从场治发展为县城，下辖何垛场、东台场、梁垛场、安丰场、富安场五场。

第三节　场治内部空间格局和公共设施——以泰州分司八场为例

图 3-15　泰州分司内草堰场明清历史格局推测图

(图片来源：李岚，李新建．江苏沿海淮盐场治聚落变迁初探[J]．现代城市研究，2017,32(12):96-105.)

明初，盐场场治逐渐脱离生产功能，以盐业的收集、运输、交易和基层盐业管理为主要职责。场治聚落是明代以前历代的生产型地点转变为服务于盐业的场镇，且作为场治之下的团灶等聚落点的管理点。所以盐场场治聚落内部的水系与街道格局、市政建设、公共机构建设等都带有明显的服务于淮盐运输和集散以及管理的特色空间形态。

现仍以泰州分司的草堰至富安八场场治为例，探究其场治空间形态和淮盐特色的基础市政建设(如图 3-15)。

一、内部空间格局和基础设施

1. 场治中外堤内河的内部空间格局

如前文第三章第一节所述，范公堤和串场河串联了淮南各盐场场治聚落，同时也限定了各场治内部的主要空间结构，即以范公堤为场治聚落的外侧(靠近海岸)边界，以串场河为场治聚落的内侧边界，二者之间即为场治聚落的核心区域(如图 3-16)。

	草堰场场治	小海场场治	丁溪场场治	何垛场场治	东台场场治	梁垛场场治	安丰场场治	富安场场治
明嘉靖								
清康熙								
清雍正								
清乾隆								
清嘉庆								
	备注：最左侧蓝线表示串场河，其余蓝线表示其他河流，红线表示范公堤，黑色阴影表示场治内部建设区。							

备注：明嘉靖至清嘉庆的盐场图详见附录 4

图 3-16　草堰至富安场从明嘉靖至清嘉庆的场治聚落格局分析图

(笔者自绘)

❶ [清]林正青．小海场新志[M]//中国地方志集成。乡镇志专辑(17)．影印本．上海：上海书店，1992.

❷ [清]周右，蔡复午，等．东台县志[M]．嘉庆二十二年刻本．南京：江苏古籍出版社．1991.

尽管总体上呈南北走向，但具体到每一个场治聚落内部，范公堤和串场河既有南北走向，也有东西走向。以泰州分司的草堰至富安八场为例，草堰、小海、丁溪、何垛、梁垛、安丰六场的场治内范公堤与串场河呈南北走向，即范公堤在东，串场河在西；东台和富安两场场治内的范公堤和串场河呈东西走向，范公堤在北，串场河在南（如图3-17至图3-20）。

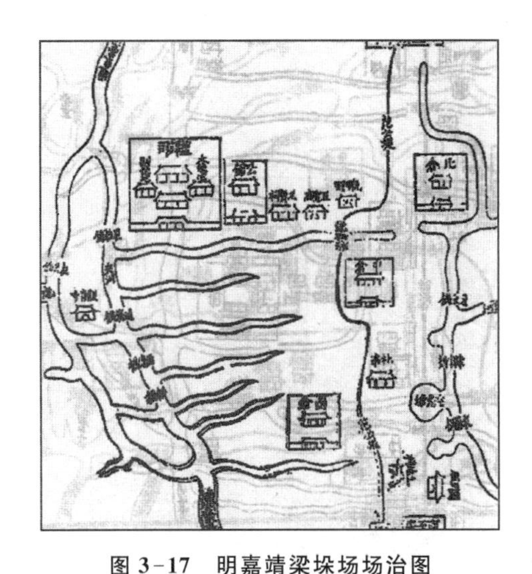

图3-17　明嘉靖梁垛场场治图

（图片来源：明《（嘉靖）两淮盐法志》）

图3-18　明嘉靖东台场场治图

（图片来源：明《（嘉靖）两淮盐法志》）

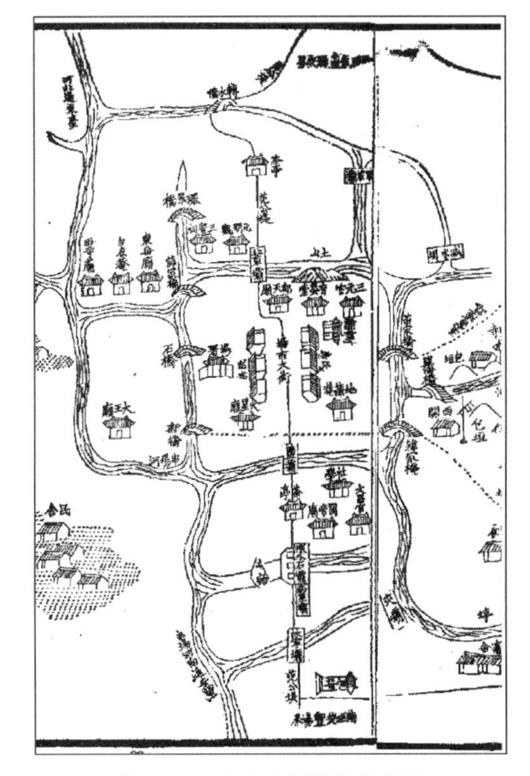

图3-19　清嘉庆梁垛场场治图

（图片来源：清嘉庆《东台县志》）

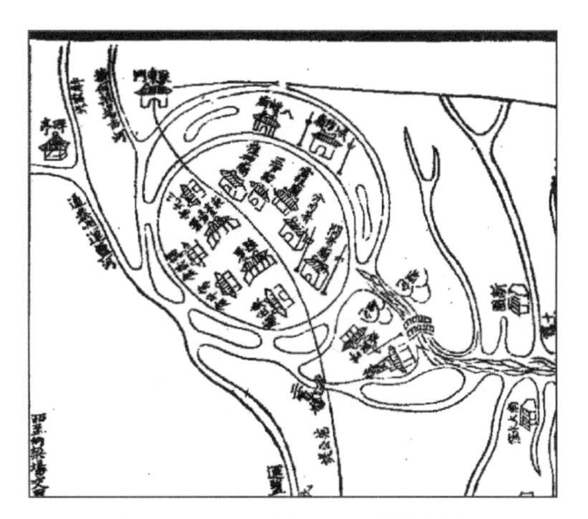

图3-20　清嘉庆东台场场治图

（图片来源：清嘉庆《东台县志》）

2. 因堤成街、以河通运的街巷和水系

范公堤在场治外侧(多为东侧),不仅起到屏蔽海潮的作用,也是联系各场治的陆路交通干道,加之盐场下辖的团灶均在范公堤外侧,因此还是灶民出入场治的集散中心。明万历后海岸线逐渐远离,海潮风险下降,范公堤作为交通和商业主轴的作用日益凸显,成为场治建设拓展的主轴,并逐渐跨过范公堤向外(指向东)发展。因此,范公堤往往成为场治聚落对外商贸集聚的主街,两边店铺林立,商贾云集。比如草堰场的三里街、安丰场的七里长街均是在范公堤的基础上发展而来(如图 3-21,图 3-22)。

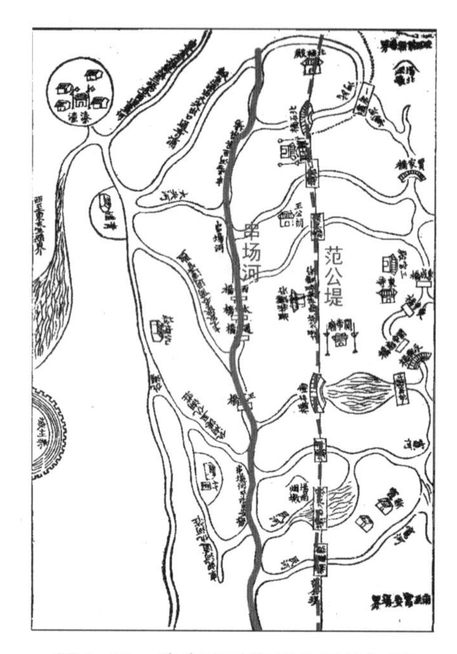

图 3-21 清嘉庆时期安丰场场治图

(底图来源:清嘉庆《东台县志》)

图 3-22 安丰镇 1969 年航拍图

(图片来源: https://earthexplorer.usgs.gov/)

串场河在场治内侧(一般为西侧)绕越,起到运盐和行洪的作用,与上游水系相连可达运河和泰州、扬州,与下游灶河相连可达滨海各团灶。此外,规模较大的场治因内部水运交通、居民饮用和防洪排涝所需,往往在场治内部开凿市河,首尾与串场河相接,形成环状水系(如图 3-23)。

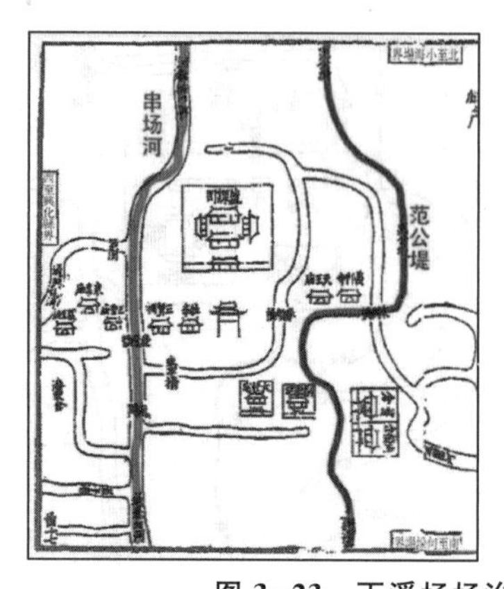

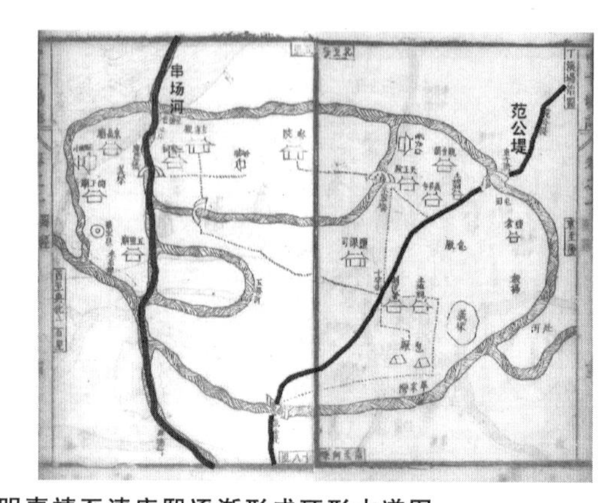

图 3-23 丁溪场场治从明嘉靖至清康熙逐渐形成环形水道图

(底图来源:明《(嘉靖)两淮盐法志》、清康熙《淮南中十场志》)

串场河上的桥梁是场治聚落与其他州县联系的必经之路，与范公堤直接相连或相交的街巷往往会成为场治内部生活性的主街，往往也会形成较为繁华的商业和服务业中心。

从泰州分司八场各时期历史舆图中可以看出，各场至明嘉靖时均已形成外堤内河的格局，但环状市河的建设却因盐场本身发展水平而有先后，其中发展最快的安丰场和富安场在明嘉靖已经形成环形市河，东台、梁垛、何垛、丁溪四场在明末清初形成类似格局，发展较慢的草堰和小海场则直到清康熙之后才出现环状市河。

3. 盐关、闸、坝等盐运基础设施

淮南盐场场治内多设有水关、闸、坝等基础设施，以服务于淮盐运输，同时也有泄洪、调节水利之用。水关是场治所设的盐运关卡，盐场所产食盐经灶河运至水关，经过盘查核验后才能运出场外，因此水关均设置在串场河与运盐出场的上游河道交汇处。

闸、坝是控制水位的水利设施，一般位于范公堤与下游灶河的交汇处。坝一般不可开启，其主要作用是隔断范公堤以内的串场河和范公堤以外的灶河，以保证串场河的水位足以通航，盐船过坝时需要先卸空，拖船过坝，然后再装船。闸可以开启，在关闭时作用与坝相同，在开启时则可以泄洪和通航。泰州分司八场中，南五场因地势较高而无需泄洪，故有坝而无闸；丁溪、小海和草堰三场地势较低，成为上游运河和洪泽湖的泄洪通道，设有小海正闸、小海越闸、草堰正闸、草堰越闸、丁溪闸五闸，并均设有闸署负责启闭和管理（如图 3-24，图 3-25）。

图 3-24　草堰古北越石闸现状

（图片来源：笔者自摄）

图 3-25　草堰鸳鸯石闸现状

（图片来源：笔者自摄）

二、盐业管理建筑和主要公共建筑

1. 盐业管理建筑：司署公馆和官仓商垣

作为盐场的行政管理中心，场治内最重要的建筑当属盐场大使办公的盐课司署，相当于州县衙署，一般均位于场治的中心区域，与之配套的大使宅、副使宅紧邻左右，形成场治内的行政中心。东台场因同时兼作分司驻地，除盐课司署外，还设有泰州分司署和察院行台。此外，梁垛和富安场治内还建有公馆，为接待巡盐御史等上级官员的临时驻所。

场治也是盐场团灶所产淮盐的集中存放之所。在明万历改折前，每场均设有官仓，官仓数量不一，视其产盐多寡而定[1]，多设置在靠近范公堤的两侧，且通常位于该场主要灶河的河口

[1] 《(嘉靖)两淮盐法志》载："自广盈之罢，其创于诸场者，视产盐丰啬，团灶远迩，为仓之大小多寡。"[明]杨选，陈暹.(嘉靖)两淮盐法志：卷之五・法制二[M].荀德麟点校本.北京：方志出版社，2010.

图 3-26 富安场包垣图

（图片来源：清嘉庆《东台县志》）

处。明万历四十五年(1617 年)改折之后，官仓废弃，各场场治内由场商自行建立包垣或商垣收盐，一般直接建于范公堤外灶河口处(如图 3-26)。

2. 主要公共建筑：社学文庙和寺观祠庙

淮南盐场场治内的主要公共建筑为社学、文庙和各种寺观祠庙，起到教化信仰之功。明弘治二年(1489 年)，泰州盐运判官徐鹏举在所辖 10 个盐场[1]均设置社学，以促进地方教育发展。文庙属于官方正祀，东台和石港两场因作为分司驻地而设有文庙，其他淮南盐场因“地附州县，不立庙祀”而不设文庙，仅有草堰场于清雍正七年(1729 年)将小海社学扩建为文庙。

在宗教建筑方面，淮南盐场场治聚落不同于以单一或少数家族为主的传统血缘型聚落，而是以盐业为中心形成的业缘和地缘型聚落，呈现出多元化的特点，龙王庙、关帝庙、义阡禅寺、玄真观、观音阁、火星庙等寺观祠庙类型丰富，尤以东台、富安两场最为密集(如图 3-27，图 3-28)。值得注意的是，淮南各场治中普遍建有范公祠或三贤祠，前者专门祭祀范公堤的建造者范仲淹，后者合祀为修筑范公堤作出过主要贡献的范仲淹、张纶和胡令仪，堪称淮南盐场祭祀建筑的特有类型。此外，安丰场治中建有纪念王艮的王心斋祠，王艮出生于安丰场，亦属灶籍，后成为阳明心学泰州学派的创始人，是淮南盐场走出的文化名人。

此外，部分场治还有一些公益慈善建筑，如清雍正时期东台场的慈济院、清乾隆时期东台场的盐义仓、清嘉庆时期梁垛场的育婴堂等等，也是场治聚落市镇化水平较高的标志之一。

图 3-27 富安镇内关帝庙遗址

（图片来源：笔者自摄）

图 3-28 安丰镇现存明代东岳宫

（图片来源：笔者自摄）

[1] 即草堰、小海、丁溪、何垛、东台、梁垛、安丰、富安、角斜、栟茶 10 场。

第四章　团灶聚落的地理、人口和生产组织基础

团灶聚落是海盐生产的基层单位，在空间上占据了淮南盐区绝大部分的土地，在性质上因其服务于海盐生产而不同于普通的村镇农业聚落，具有重要的研究价值。但现有的淮盐聚落研究主要关注场治聚落，缺乏对团灶聚落的系统研究。因此，本书将团灶聚落作为主要研究内容，分两章进行讨论。本章分析了影响团灶聚落发展的基础性要素，包括自然地理、人口以及盐业生产组织方式，分述各要素对团灶聚落形态发展的影响。

第一节　自然地理变迁对团灶聚落体系的影响

一、海岸线东迁导致生产团灶的东迁

1. 黄河夺淮导致的海岸线持续东迁

自古以来黄河便有"一石水，六斗泥"之说，江苏苏北海岸线的变迁与两次黄河夺淮有着直接的关系。第一次是南宋建炎二年(1128年)，为阻止金兵南下，决黄河堤防，黄河自泗夺淮入海，尽管此后黄河流向不定，仅部分入淮，泥沙对淮河入海口岸线的影响并不明显[1]，却使河床不断加高，影响了大运河的顺利通航，也阻碍了上游淮河的顺利入海，以至于元代漕运不得不走海道北上。

明弘治七年(1494年)黄河全流夺淮后，输沙量大增，直接影响到了运河漕运畅通。直到明万历六年至万历十七年(1578—1589年)，潘季驯治理黄河，采取"束水攻沙、蓄清刷黄"的对策，筑造高家堰(今洪泽湖大堤)蓄积上游淮水(即清水)，壅高成为洪泽湖，再引湖水冲刷携带大量泥沙的黄河，使其全流夺淮入海，从此导致淮河口以南的苏北海岸延伸速度剧增，每年以215米的速度持续向东淤进[2]，直至清咸丰五年(1855年)黄河北徙，不再夺淮入海，苏北海岸线才恢复缓慢的自然淤进[3](如图4-1，图4-2)。

2. 新淤滩地促进团灶扩大生产和逐渐东迁

明弘治至清嘉庆年间的海岸线持续东迁，使得原宋代范公堤以东的土地面积不断扩大，首先在整体上为团灶聚落数量的增长提供了土地空间。其次，新淤的海滩为团灶生产持续提供新的盐滩(用于开辟亭场，即盐田)和草滩荡地(用作煎盐燃料和淋灰原料)，为原有团灶的扩大再生产提供了基础的资源条件，在弘治后盐业生产商业化、分散化的背景下，最终促进了团灶数量及盐产量的快速增长。

---

[1] 郭瑞祥.江苏海岸历史演变[J].江苏水利，1980(1):53-69.

[2] 张忍顺.苏北黄河三角洲及滨海平原的成陆过程[J].地理学报，1984，39(2):173-184.

[3] 东台市地方志编纂委员会.东台市志[M].南京:江苏科学技术出版社，1994.

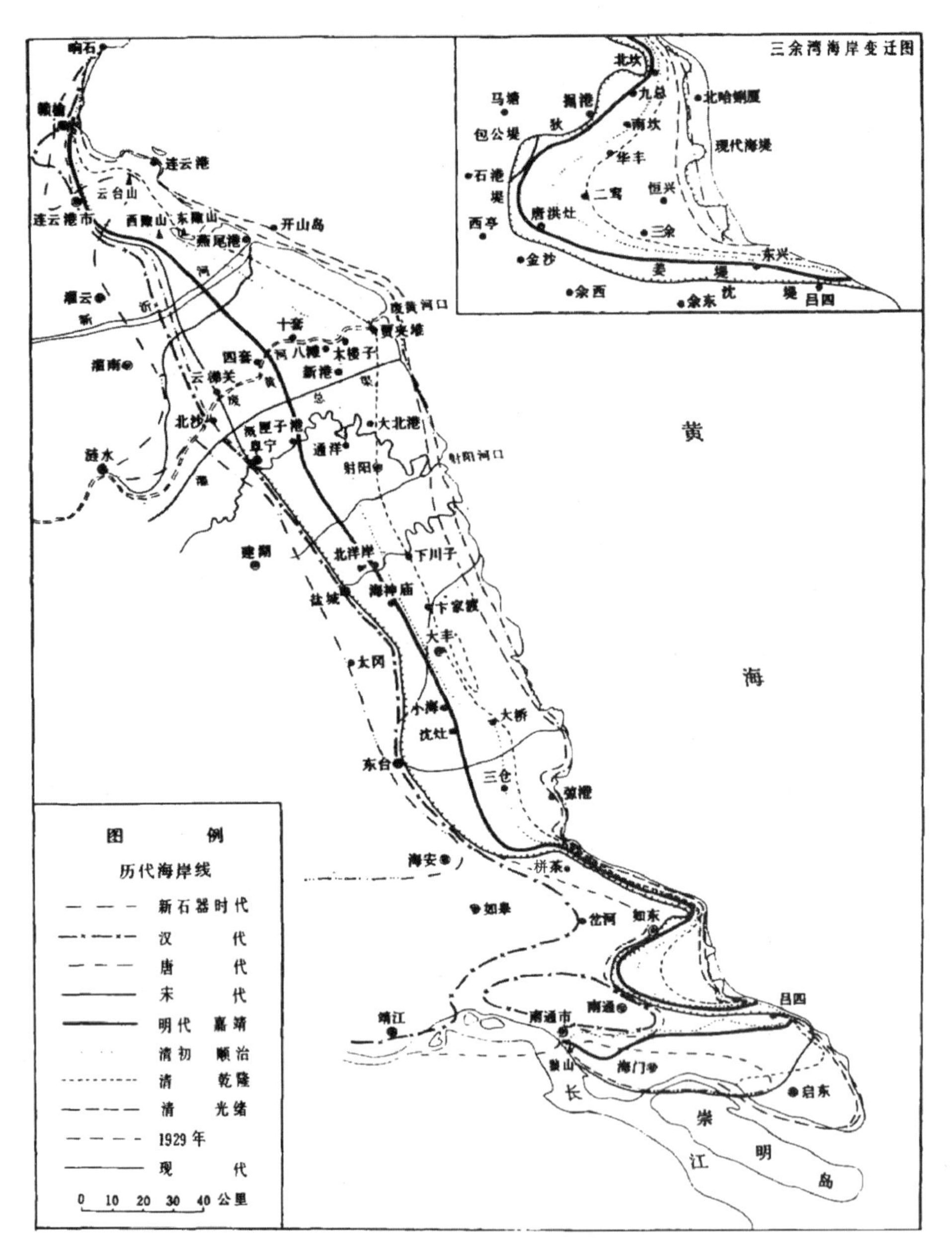

图 4-1 历史时期江苏海岸变迁

(图片来源:张忍顺. 苏北黄河三角洲及滨海平原的成陆过程[J]. 地理学报, 1984, 51(2):173-184.)

但与此同时,原有产盐的团灶也在不断远离海岸,必须开辟海河引入海潮浸灌才能保持正常生产。当距离远至无法接引海潮时,团灶原有的盐滩和草荡就会因日渐脱卤而“熟化”,无法继续生产,最终不得不随海岸东迁设立新的煎盐团灶,原有的团灶逐渐转化成普通的农业村庄。这一过程首先导致盐业生产团灶远离范公堤一线的盐场治所,即前文第三章所述的“治灶分离”,其次导致了盐业和农业聚落总量的持续增长(详情可见第五章图 5-10 至图 5-14 明代至清代的团灶聚落分布图)。

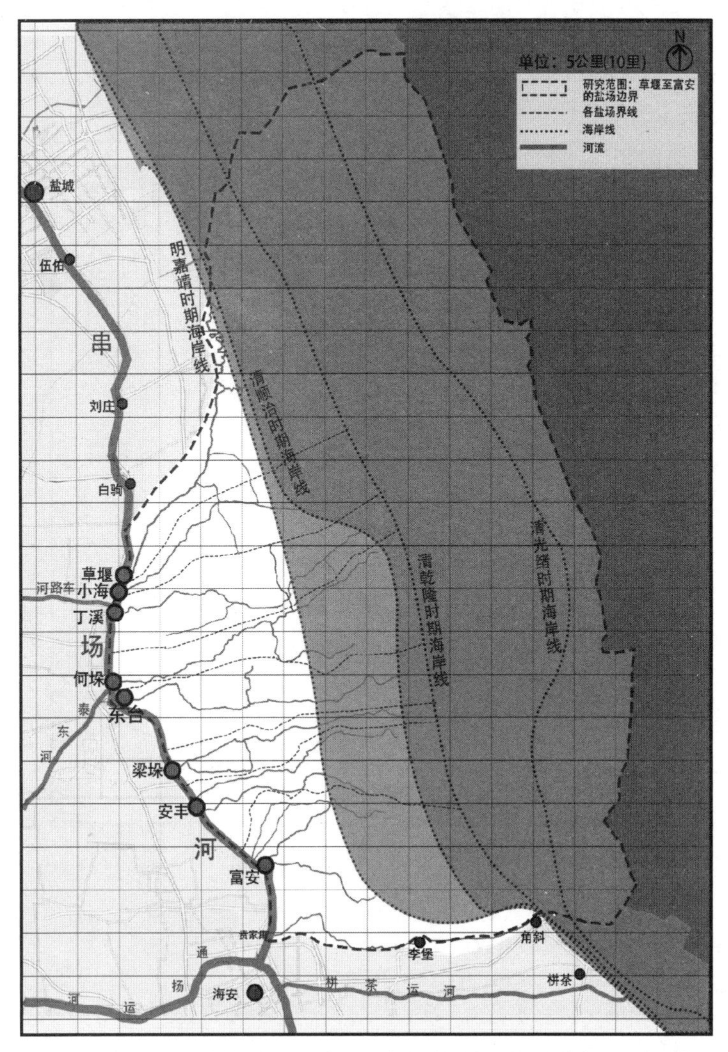

注：根据张忍顺《苏北黄河三角洲及滨海平原的成陆过程》中的历史时期江苏海岸变迁图，结合谭其骧《中国历史地图集》在现代底图上绘制

图 4-2　泰州分司草堰至富安八场从明至清的海岸线变化

（笔者自绘，底图来源：Mapbox 现代地形图）

二、地势差异导致南北团灶发展的不均衡

1. 南高北低的自然地势带来盐场发展条件的先天差异

淮南盐场地势总体平坦，但内部仍然存在差异。因黄河泥沙堆积，淮河南北两岸地势最高，地面高程在 5～10 米；何垛以南地面高程在 4～5 米；何垛至新兴之间以及庙湾至淮河之间地面高程在 2～4 米，而庙湾至新兴一线以东的地面高程一大半均在 0～2 米（如图 4-3）。这些地势差异虽然微小，但对两淮盐业聚落的发展却有着非常重要的影响。

黄河夺淮壅高河岸导致淮河南北两岸水运联系不便，应是清乾隆年间将原淮安分司在淮河以南的庙湾等场划归泰州分司的重要原因之一。由于大运河及其以西地区的地势整体高于其以东的里下河地区，在古代洪灾频发的情况下，淮南盐场地势较低的庙湾场至何垛场之间自然成为上游洪水的入海通道，导致其盐业生产发展受限，因此其盐场分布的密度自宋代起就远低于地势较高的何垛以南五场，在地势最低的新兴和庙湾之间更是完全没有设置盐场。(可对比前文图 2-11 和图 2-12 明清两代两淮三十场分布图)

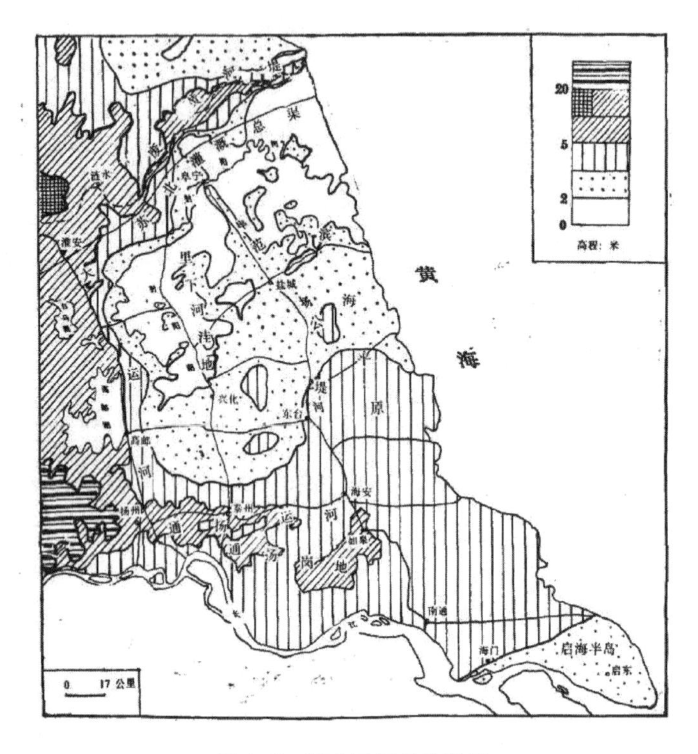

图 4-3 苏北平原的地势图

(图片来源：吴必虎. 历史时期苏北平原地理系统研究[M]. 上海：华东师范大学出版社，1996.)

此外，何垛以南五场距离淮河入海口较远，加之地势较高也可能导致大海洋流的减弱，淮河口泥沙冲击速度变缓而大量淤积，使得其新淤滩地的面积明显大于丁溪以北诸场，取得了盐业发展的相对优势❶。

2. "蓄清刷黄"加剧了团灶发展的不均衡现象

前述明代为保障漕运，壅高洪泽湖、高邮湖以"蓄清刷黄"，但在每年的洪水期，为保证运河水位和防止决堤，又必须通过开启里运河东堤的归海五坝(清康熙建)，泄湖水入海，而一旦泄洪则又会冲毁沿海盐灶。当时的朝廷在权衡利弊的情况下，选择与高邮湖相对位置齐平、水系相通且本身地势较低的丁溪、小海、草堰三场作为入海河道，扩建明代万历年间建设的丁溪闸和小海正闸越闸，并新建草堰正闸和越闸，而丁溪以南地势较高的五场则筑坝堵水，保证其盐产不受影响。换言之，即以丁溪、小海、草堰三场的灶河作为泄洪通道，并一直延续至清末(如图 4-4，图 4-5)。

清中期后，由于洪泽湖不能出清口，归海坝经常开放且时有决堤，不仅里下河地区几乎年年受灾，丁溪、小海、草堰的闸坝、灶河也经常宣泄不及而成为汪洋一片的洪水走廊，导致团灶发展严重滞后于地势较高的丁溪以南诸场(详见后文第五章第三节)(如图 4-6)。

❶ 鲍俊林. 明清江苏沿海盐作地理与人地关系变迁[D]. 上海：复旦大学，2014.

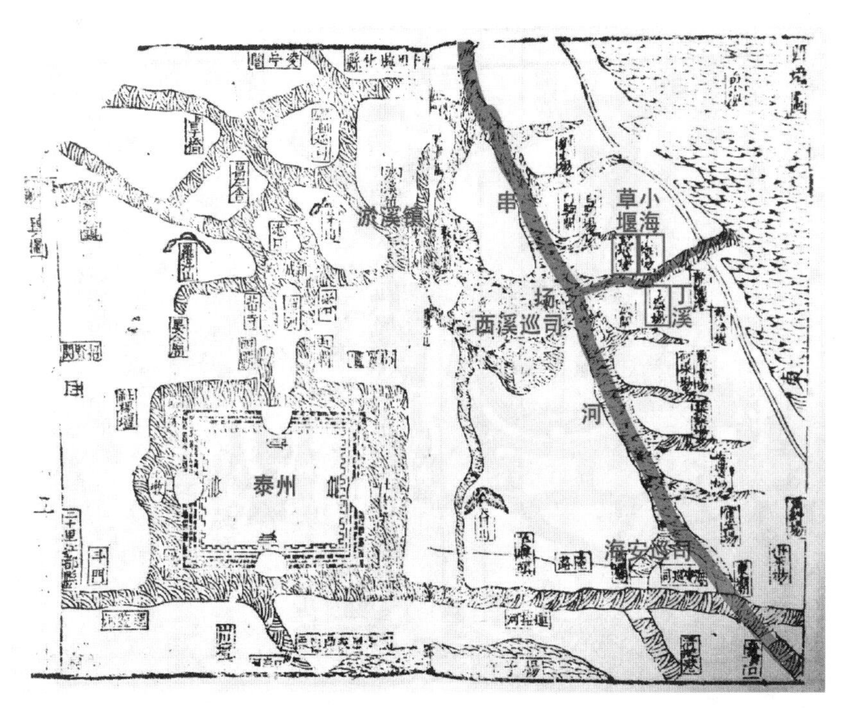

注：从图中可知仅将丁溪、小海、草堰三场作为入海泄洪通道

图 4-4　明崇祯泰州四境图

（笔者自绘，底图来源：明崇祯《泰州府志》）

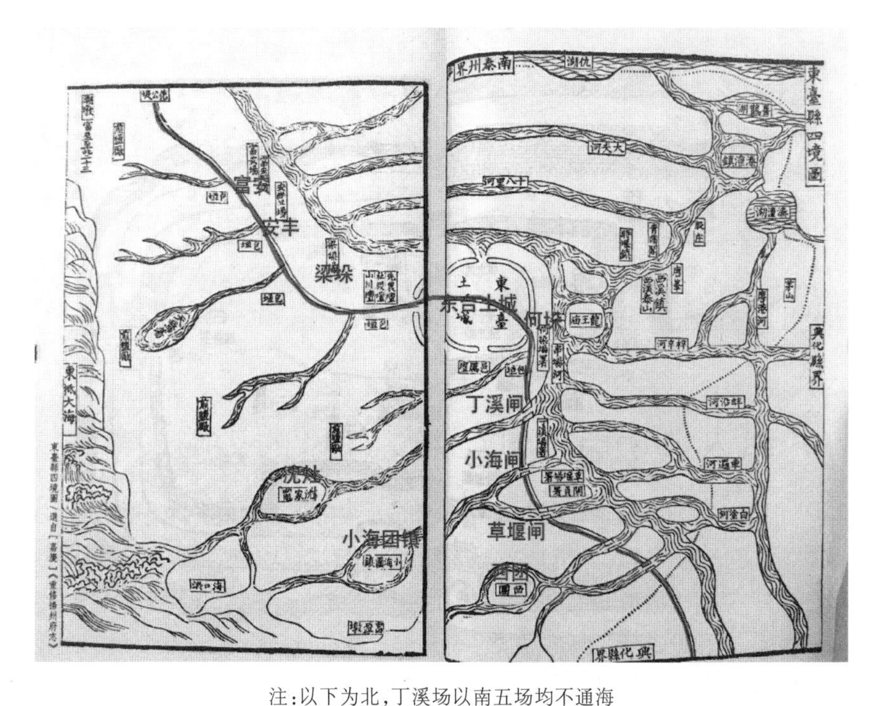

注：以下为北，丁溪场以南五场均不通海

图 4-5　清嘉庆时期丁溪至草堰水闸的位置示意图

（笔者自绘，底图来源：清嘉庆《重修扬州府志》）

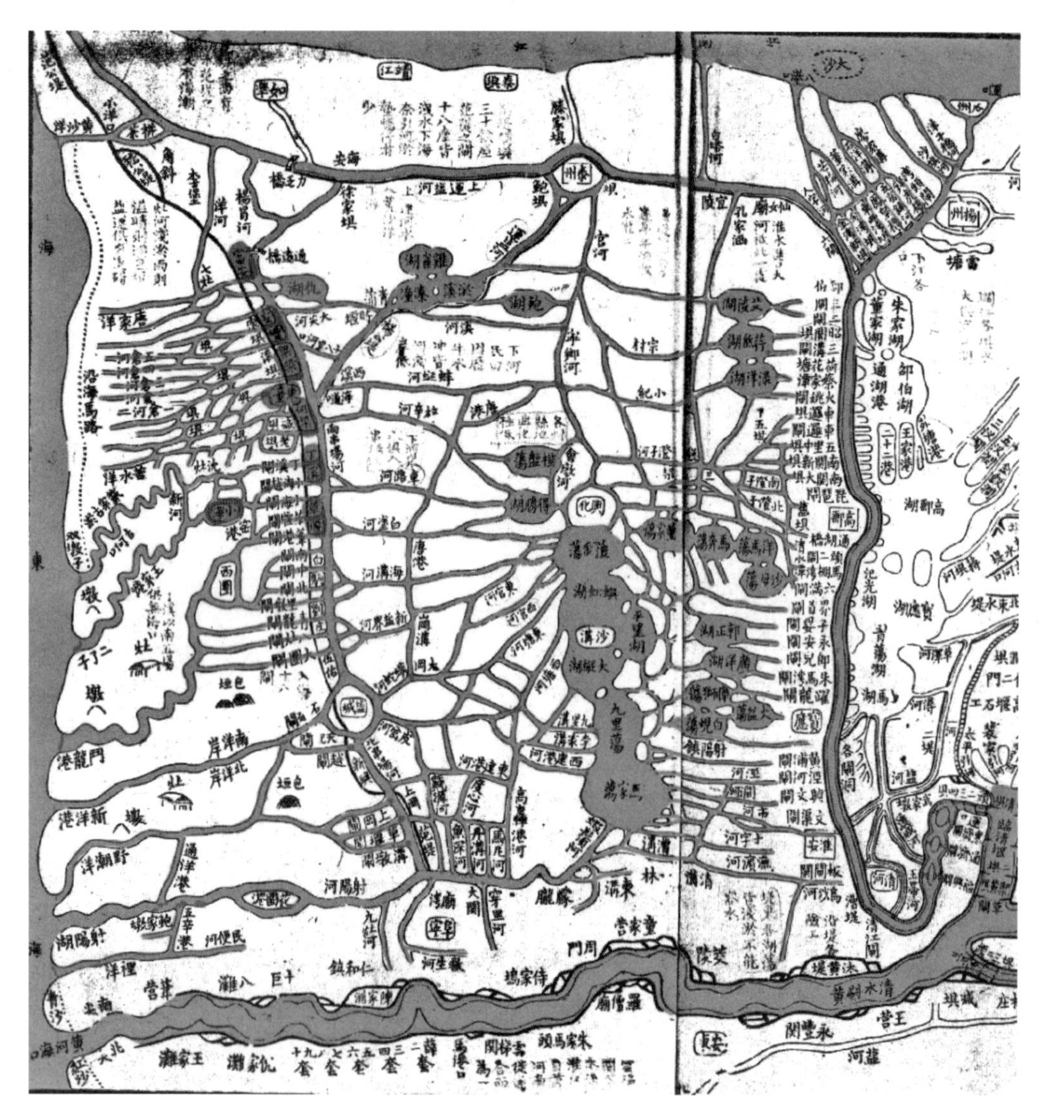

图 4-6　丁溪、草堰、小海场灶河设闸通海(下北上南)

(笔者自绘,图片来源:清冯道立《淮扬水利图说》之淮扬水利全图)

第二节　户籍人口迁徙对团灶聚落体系的影响

产盐聚落从根本上讲是先民对沿海土地资源的开发利用,它更多是一种人工建立的聚落,是盐民在与自然环境、社会环境、经济环境等不断互动的过程中慢慢建立起来的聚落。简而言之,聚落其实是一种人与环境不断互相发生作用的过程,一定规模与形态的人口,在一定的社会组织形式下,形成一定的乡村与城镇聚落。自然环境的海岸线和黄河夺淮的不断影响、人口因不断地迁徙而增长或减少、区域内盐法政策的不断变化等都是促进或抑制产盐聚落的因素。并且聚落的发展也不是单向的,产盐聚落的裂变、迁移或改变反过来又会对自然环境造成一定的影响。

这些煎盐聚落不同于农业以血缘因素聚集在一起,而是因强制性的盐产业利益最大化,即业缘因素被人为地聚集在范公堤以东的滨海平原上。因为明清海岸线的不断东迁，这些煎盐聚落的历史最早可以追溯到明代。由于淮盐昔日的繁盛，这片土地已经带有浓厚的人工痕迹，可以说是一种典型的因人工产业建立起来的聚落。

一、移民和签补构成团灶聚落人口的本底

1.“洪武赶散”和发配充灶中的强制移民

元末的战争使江淮平原一片萧条，明初扬州“土著始十八户，继四十余户”[1]，淮安城“仅存七家”[2]，淮南盐场原有灶民也逃绝一空。洪武初年，明朝政府主导了全国性人口大迁徙，包括以繁庶的江南地区人口充实人口稀少的中都凤阳和苏北地区。因此苏北民间普遍流传着“洪武赶散”，将自己的祖先追溯到苏州阊门[3]。具体到淮南盐场的人口，一般认为明初曾“从苏、松、杭、嘉、湖地区，强迁四千余户，到江淮充作灶丁”[4]，尽管有学者认为灶户来源于江南地区的说法只是一种“集体记忆”[5]，但明初淮南盐场灶丁以外来移民为本底，应是不争的事实。

此外，淮南盐场灶民中也有相当一部分是发配或避难的“罪民”。洪武十四年(1381 年)，明令徒刑罪犯发配盐场烧盐，规定两广、福建刑犯发江淮盐场；永乐初年“追燕皇靖难后，复徙苏松巨族，以实淮扬间”，其中又有部分苏州人迁来充作灶丁。明末以后由于沿海滩地扩张迅速，官府多次从外地发配“罪民”或募民来此煎盐。

这些带有强制性的移民措施，一方面为盐业生产提供了必要的劳动力资源，加之强有力的生产组织，使得淮南盐业在经历元末战乱后得到迅速恢复，仍占全国盐课的 30.7%[6]，另一方面也决定了淮南盐业团灶聚落的社会关系以业缘为主，不同于自然发展的农业聚落以血缘为主的特点。

2. 全面改折前的灶丁逃移和强制签补

明万历全面改折之前，灶户需按丁(16～60 岁男子)交纳本色盐课，每丁昼夜轮次煎煮，每日交纳煎盐 13 斤，每年生产 10 个月(严冬两个月不煎盐)，即每丁年办盐课 4 000 斤(20 小引)[7]。但煎盐对天气和草荡资源的依赖度极高，加之滨海盐灶东受海潮飓风冲击，西受洪泽湖泄洪垮坝水灾，灶丁的人身安全和煎盐产量均难以保障。如嘉靖十八年(1539 年)的海变就一次淹死漂没 15 461 人，其中承担盐课的正丁 4 614 名，而损失的盐课如无朝廷特许免除，就会分摊到其他灶丁头上。在繁重盐课和自然灾害的双重逼迫下，灶丁“较之军、匠、囚徒，苦加百倍”，身死、充军和逃移者众多。

在此情况下，为了保证充足的生产力以完成生产定额，就必须签补灶丁。签补灶丁大部分由佥民充任，从邻县[8]签补民户充作灶丁，也有政府发配的罪民或流民。但新签补入灶的灶民虽盐籍隶属于场，但民籍还是各属地方管辖，需要承担双重的赋税，“既被原籍州县官员逼迫，又被本管官吏、总催科害，日不聊生，因而逃窜者甚多”[9]。因此，直到万历全面改折前，灶户的

---

[1] [明]朱怀干，盛仪. 嘉靖惟扬志：卷八[M]//天一阁藏明代方志选刊. 影印本. 上海：上海书店，1981.

[2] 同[1]。

[3] 曹树基. 中国移民史：第五卷 · 明时期[M]. 福州：福建人民出版社，1997.

[4] 黄继林. 有关苏北“洪武移民”的几个问题[J]. 江苏地方志，2001(4)：27-30.

[5] 黄国信，叶锦花，李晓龙，等. 民间文献与盐场历史研究[J]. 盐业史研究，2013(4)：3-11.

[6] 郭正忠. 中国盐业史(古代编)[M]. 北京：人民出版社，1999.

[7] 见附录 4 中明嘉靖时期的相关数据表。

[8] 对于泰州分司区域内的盐场来说，主要是从范公堤以西的高邮、兴化等县就近签补。

[9] [明]杨选，陈暹.(嘉靖)两淮盐法志[M]. 荀德麟点校本. 北京：方志出版社，2010.

逃亡现象从未终止。

万历全面改折后,灶户可以纳银代替交盐,生产的自由度加大,灶丁逃移现象逐渐减少。明末清初时,甚至出现开辟不断新增的盐滩,官府"募民为灶,准免一死",导致"富民争买灶籍"❶的现象,这些富民为得免死而加入灶籍,需缴纳折价银,但不必在团灶煎盐,成为特殊的"水乡灶户"(详见前文第三章第二节)。

二、户籍和赋役改革对团灶聚落的促进

封建政府采取的强制签补这种非常手段是对盐业人口的一种管控制度,更残酷地说,封建政府的强制签补是促进盐灶聚落建立的主要推动力。

1. 户籍管理和人口增长提供的劳动力基础

淮南盐场人口的主体是灶民,又称盐民,在盐灶煎盐为业,从户籍而言属于灶籍。明代延续元代户役制度,实行配户当差制,将全国良民分为民户、军户、匠户、灶户四种基本户籍(另有丐户、乐户、疍户等贱民户籍)❷。《明史》有"凡军、匠、灶户,役皆永充"之说,淮盐盐场灶民的盐籍不可更改,必须世袭其役,即使通过科举做官也必须缴纳盐课。清初废除了匠户制,清中期以募兵制取代了军户制,但灶户制度一直延续到清末,其原因首先在于盐业是民食必需和赋税所倚的"军国要需",其次是盐业尤其是海盐生产需要在盐田长年劳作,类似于农业生产,必须保持稳定的劳动力来源。

明初淮南盐场灶户为移民而来,尽管在理论上"每户始于一丁,不数年生齿盈门,即成巨族",但由于上节所述的人口漂没、充军和逃移现象,人口增长一直较为缓慢。两淮三十场洪武初人口总计 4 859 户,人口 35 254 人,到嘉靖十五年(1536 年)总人口 45 512 人,增长不足 30%,而至嘉靖二十九年(1550 年)时,两淮灶户人口已有 72 572 人❸,已达到洪武初年的 2 倍。由人口数量可知明嘉靖时期两淮人口数量增速已显露出上升之势。其中尤以本书重点考察的泰州分司八场人口增长最快,从附录 4 中各时期的数据表中人口数据可见,明嘉靖时人口数量是弘治时的 4 倍,清康熙时人口数量又是明嘉靖时的 3 倍,清乾隆时又是康熙时的 3 倍,乾隆以后增速才放缓甚至部分盐场出现了人口数量回落现象。

在户籍管理上,明初实行的是与团煎制相适应的总催和甲首制度,由灶户中的上户轮流担任总催、甲首,对灶户进行管理,"一团设总催十名,每名有甲首""各总下灶户多寡不一,或编二十名,或编三十名,务使灶舍相近,草荡相连"❹。在万历改折、团煎制废除后,两淮盐区率先实行了和州县民户管理一样的保甲法,"凡州县场司俱令设立十家保甲,互相稽查"❺。乾隆九年(1744 年),对淮盐区又详细制定了保甲法规条,并同时新定编查法。其保甲法规条规定:"凡编保甲,户给以门牌,书其家长之名与其丁男之数而岁更之。十家为牌,牌有头;十牌为甲,甲有长;十甲为保,保有正。稽其犯令作匿者而极焉。……所雇工人随户另注,令场员督查。"编

---

❶ [明]谈迁. 枣林杂俎·智集[M]. 北京:中华书局,2006.

❷ 高寿仙. 关于明朝的籍贯与户籍问题[J]. 北京联合大学学报(人文社会科学版),2013,11(1):25-35.

❸ 明洪武初、嘉靖十五年人口数据来自《(嘉靖)两淮盐法志》卷之六《法制三》"补盐丁"一节;嘉靖二十九年人口数据来自《(嘉靖)两淮盐法志》卷之七《户役》。

❹ 《(嘉庆)两淮盐法志》卷 1《历代盐法源流考》。

❺ 《清朝文献通考》卷 28《征榷三》,第 5106 页。

查法与保甲法相辅相成，亦制定有详细的规条，主要在于编定灶籍，清查灶户❶，令"每一户姓名并亲丁男妇若干名口，僮仆若干名口，现办何处引盐，有无执业，灶地第几总，均于门牌内逐一开载"，悬挂门首，以便于保甲长、场官等检查❷。

总之，明末清初之时快速增长的人口以及严格的户籍管理，为盐业生产提供了充足的劳动力，加之海岸线东迁后迅速增长的灶地自然资源，全面改折后盐民和盐商可以根据市场情况自由发展生产，促进了新的亭灶聚落的产生。

2. 赋役折色和摊丁入亩促进生产商品化

灶民的户役就是盐业生产，其所纳赋税就是盐课。明代中前期，淮南盐场的灶户以其所生产的盐作为赋税，称为本色。为了保证充足的盐业生产，由官府直接划拨柴薪荡地、盘铁锅镦等生产资料，"每盐场有团有灶，每灶有户有丁，数皆额设"❸，实行集中劳作的团煎制，是一种以完成产品定额为目标的计划性生产方式。

明中期后，淮南盐场人口比明初大大增加，新增的劳动力因属灶籍而只能从事盐业生产，实际盐产量远远超出了所需缴纳的盐额，超出盐额以外的"余盐"成为私贩牟利的源头，破坏了盐业专卖并扰乱盐价。为此，明弘治五年(1492 年)实行余盐法，商人可向盐民收取盐课以外的余盐，盐业生产开始逐渐商品化。

到明万历实行全面改折后，商人全面替代官府向灶户收购成盐，灶户向官府缴纳的盐课由实物盐(本色)改为折价后的银两，盐业生产完全商品化。与之相适应，政府退出了对盐业生产过程的直接干预而专注于盐课赋税(折价银)和专卖管理，盐商和灶民可以自主决定生产地点和产量，具有了一定的市场经济特点。受此影响，盐商和富灶的生产积极性提高，生产力得到了极大的释放，在持续增长的海滩上新设亭灶，并逐渐发展成聚落。

清初实行摊丁入亩的税收政策，废除人头税，统一按照清丈田地的面积交纳赋税，并规定"滋生人丁永不加赋"。对于淮南盐场而言，荡地成为计算盐场和灶户交纳折色银赋税的主要依据。以资料较为翔实的小海场为例，乾隆年间小海场盐课总计征收折价 1 732 两，其中依据草荡征收 1 265.37 两，占比 73%。其计算方法如下，小海场草荡共计 1 769.5 顷，每 27.96 亩办盐 1 引(200 斤)，办本色盐约 6 326 引，每引纳银 2 钱，共需纳银约 1 265.37 两。将清乾隆与明弘治时期相比，明弘治时小海场人口 432 人，草荡 1 836 顷，盐额 8 626 引，清乾隆时期人口已达 12 925 人，草荡 1 769.5 顷，纳银换算本色盐 6 326 引❹，可见清代以草荡为依据赋税总额和计算方法和明代基本接近，但人均赋税下降为明代的 1/30，客观上极大促进了人口数量和生产积极性的高涨，成为农盐聚落激增的关键因素之一。

此外，值得注意的是，灶户之间出现了贫富分化和较普遍的雇佣劳动关系，与此前国内学术界论述明代中期资本主义萌芽时主要关注江南丝织业有异曲同工之妙，也带有一定的资本主义萌芽性质。

---

❶ 郭正忠. 中国盐业史(古代编)[M]. 北京：人民出版社，1999.

❷ 《(嘉庆)两淮盐法志》卷 29《场灶三》。

❸ [明]朱怀干，盛仪. 嘉靖惟扬志：卷九[M]//天一阁藏明代方志选刊. 影印本. 上海：上海书店，1981.

❹ [清]林正青. 小海场新志：卷六[M]//中国地方志集成 · 乡镇志专辑(17). 影印本. 上海：上海书店，1992.

第三节　生产过程决定的聚落基本形态

淮南盐业生产聚落以海盐生产为主要职能，其选址、规模、构成要素均服务于海盐生产过程的需要。中国古代海盐的生产技术经历了煮海成盐、淋卤煎盐、晒海成盐三个阶段。宋代发展的"刮咸淋卤法"的海盐煎盐技术一直沿用至清末，其间虽有试卤技术等局部改进，但生产技术原理并无本质上的改变。明代"淮南之盐熬于盘，其形散。淮北之盐晒于池，其形颗"，即在淮北盐产区出现了晒盐法，而本书所研究的淮南盐区直到清末一直采用的是煎盐法[1]。

煎盐法包括晒灰取卤、淋卤、试卤、煎晒成盐四道主要工序[2]，在盐业史中已有大量相关研究。本节对煎盐技术本身不再赘述，重点通过煎盐生产过程对明清淮南盐业生产聚落的选址、规模和构成要素进行研究。

本节所引史料除了明清两代盐法志外，还重点参考引用了元代陈椿在浙西下沙盐场为官时所撰的《熬波图》[3]。《熬波图》是目前所见的第一部比较全面的海盐生产著作，对浙西盐场煎盐生产过程记载详尽、图文并茂，且多次提及两淮和两浙的相互影响和异同，对于理解明初承袭元代团煎制的聚落形态等具有不可替代的作用。

一、煎盐聚落选址三要素：海水、卤地、草荡

1. 接引海潮、开辟亭场——逐海而居

海水是海盐生产最基本的原料，所以盐业生产聚落的选址必须临近海岸。但与春秋时期直接煮海水成盐的做法不同，淮南盐场在宋代以后直至明清一直采用淋卤煎盐法，即先通过开辟亭场、摊灰淋卤以取得高浓度的卤水，然后通过煎煮卤水而成盐。因此，煎盐聚落的选址既要可以"接引海潮"，又要有可用于开辟摊场的卤地(即长期受海水浸灌的滨海滩地)，二者缺一不可。

开辟用于摊灰淋晒的亭场(即摊场，又称盐田)，是煎盐法生产的第一步，一般要经历一年时间方可筑成。《(嘉庆)两淮盐法志》称："淮南之盐，卤从土出，灶丁择卤旺之地，坚筑如砥，一年后土密卤起，遂成亭场。"元《熬波图》对此有更为详细的阐述，"盐事有先后，首当开摊场"，首先"择傍海附团碱地"(团为元代和明初盐业生产聚落，详见后文第五章第二节)，四围开挑沟渠蓄引海水，中用沟渠分隔为均匀的三片或四片；后"雇募人夫水车牛力于上耕垦"，务要保证摊场平正，再引海潮浸灌数次方能"咸味入骨"。待水干后敲泥拾草，使得摊场成为毫无杂草、碎泥铺就的平地。再引海潮浸灌长久时日后，再削土平正如镜面，方可摊灰晒之。摊场边修有四方形的土窟即灰淋[4]，旁掘卤井，都用土块筑垒，二者相通，供取卤用(见图 4-7 至图 4-12)。

---

[1] 关于为何淮南地区一直采用煎盐法，而未像淮北地区一样采用成本较低的晒盐法，这一点在盐业史中已有许多学者有丰富的研究，在此不继续深入探讨。

[2] 《明代后期盐业生产组织与生产形态的变迁》刊于《沈刚伯先生八秩荣庆论文集》，1976 年；陈诗启. 明代的灶户和盐的生产[J]. 厦门大学学报(社会科学版)，1957(1)：153-180.

[3] [元]陈椿. 熬波图：序[M]//文渊阁四库全书. 影印版. 台北：台湾商务印书馆，1986.

[4] [元]陈椿. 熬波图：卷之"裹筑灰淋"[M]//文渊阁四库全书. 影印版. 台北：台湾商务印书馆，1986.

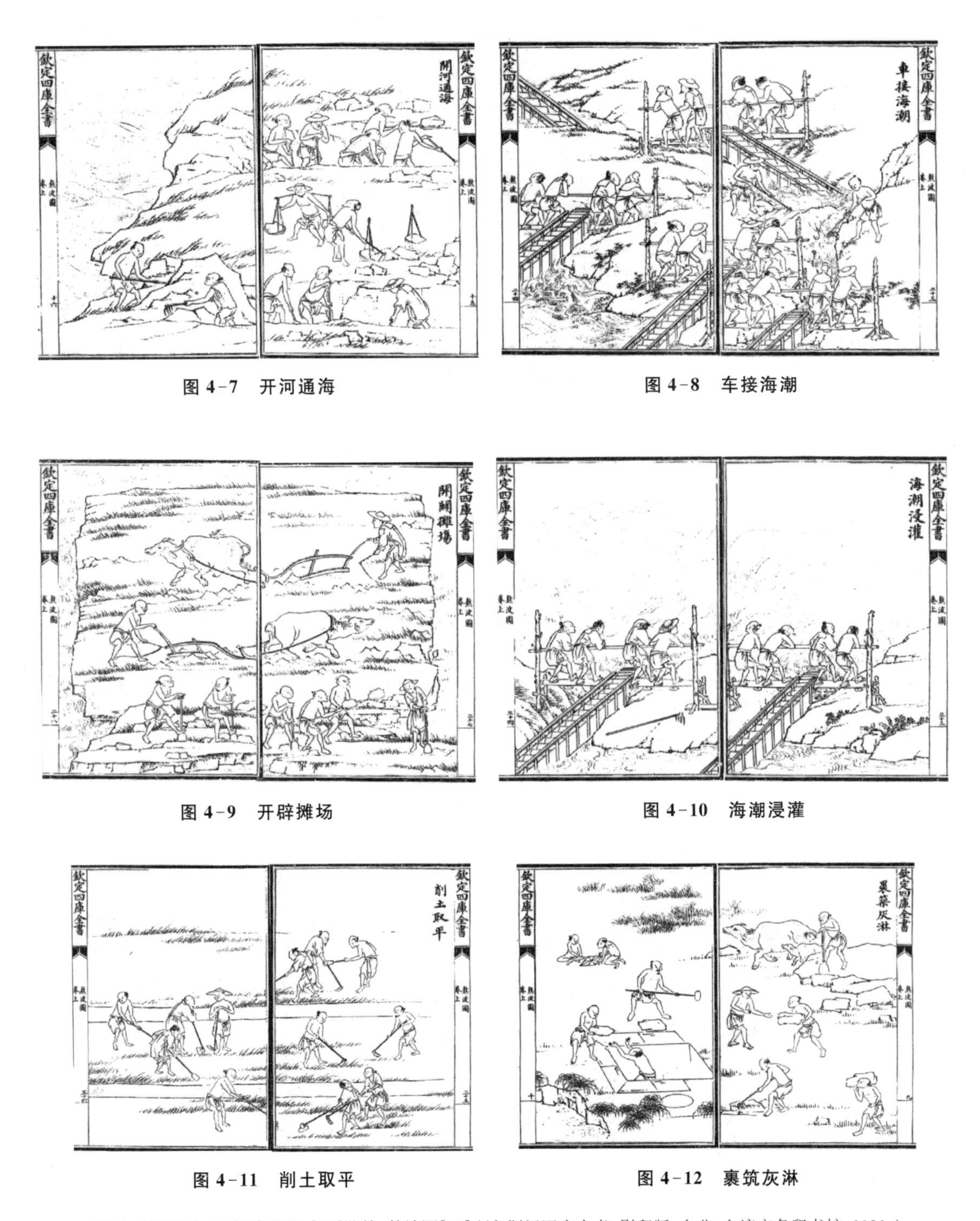

图 4-7　开河通海

图 4-8　车接海潮

图 4-9　开辟摊场

图 4-10　海潮浸灌

图 4-11　削土取平

图 4-12　裹筑灰淋

（图 4-7 至图 4-12 图片来源：[元]陈椿.熬波图[M]//文渊阁四库全书.影印版.台北：台湾商务印书馆，1986.）

如上所述，首先亭场的选址必须位于“傍海卤地”，因其“办盐全赖海潮”“晒灰煎盐，灌泼摊场，通船运卤，全赖海水”，所以必须离海岸不远。但同时亭场为人工筑造的生产场所，又不能离海岸太近，以免被海潮淹没和冲毁。所以亭场的选址一般“去海无十里”❶，通过开辟连通海

❶　[元]陈椿.熬波图：卷之“筑护海岸”[M]//文渊阁四库全书.影印版.台北：台湾商务印书馆，1986.

水的海河，以纳引日常海潮浸灌。当海潮较低而无法浸灌时，须筑坝堰蓄水，车接海潮。当海潮过大时，又需筑堤护岸，同时开挖月河以分泄大潮。加之“潮落三寸泥”，引海之海河沟渠每为沙泥淤塞，又需“频频捞洗之”。

其次，亭场的修筑过程类似于耕垦农田，故又被称为盐田，是盐民取卤劳作的主要场所，因此其位置必须“附团”，即必须靠近盐民所居住的生产聚落——团（万历四十五年后为灶，详见第五章第二节），类似于农田必须位于村庄的附近，以便于经年累月地劳作。因为亭地不仅需要不断引海水浸灌，还需留心气候变化，适时浸润亭场，类似于农民需时时留心节气变化照顾农田一样的道理。传统农业聚落的分布总是不会离农田太远，同理，灶户盐民的聚集聚落当然也不会离亭场太远，产盐与种田同样辛苦，都需时时照看。

综合上述两方面，亭场及其盐民所居住的团灶聚落都必须与海岸线保持适当的距离。因此，在明清两代淮南盐场海岸线持续东迁的过程中，盐业聚落也随之逐渐东迁。

2. 摊灰淋卤、上卤煎盐——以草为本

煎盐法的核心步骤包括摊灰淋卤和上卤煎盐，二者都依赖柴草这一重要的生产资料。煎盐以柴草为燃料，将燃尽的草灰摊铺在亭场之上，以使海水中析出的盐花凝结于草灰之上，即为“摊灰”。《（嘉靖）两淮盐法志》记载，“灰即煎盐之草灰，每场一面摊灰百担，递小递差。于天未明时摊之，夏日自寅至午即起盐花，春初秋末常须竟日，冬则盐花归土。必待风日连霁，卤气方凝，缚帚扫之或成行或成堆，舁（yú）入灰池，以足践实，灌以水。池三面排列，中安芦管，引水自管出，即为白卤；投石莲视其浮湛以试厚薄，而再淋之”“卤满草足，然后开煎”。

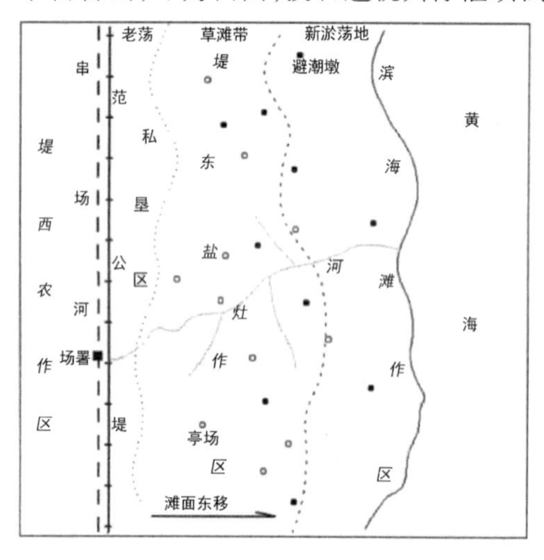

图 4-13　淮南盐场形态与盐作要素分布图

（图片来源：鲍俊林. 明清江苏沿海盐作地理与人地关系变迁[D]. 上海：复旦大学，2014.）

海水取之不竭，但草荡却是需要管理的相对有限的自然资源，其丰歉直接影响盐的产量，因而成为官府严格控制和分配的重要生产资料。《（嘉庆）两淮盐法志》卷四《引荡刈草图说》记载：“煮海之利以草为本，灶荡故皆官地，给灶丁按地配引，输盐于官，名曰额荡。明万历间改输盐为征课，仍按引起科，此折价之始。范堤外除古熟升科，尽属灶地，专令蓄草供煎，禁私垦及樵爨（cuàn，烧火煮饭），其草有红有白，白者胜而红次之，斫（zhuó）必以时，每五六月新草方茂谓之钻青，不多斫厚其殖也，草约计十束可煎盐一桶，故售草者皆以束或以煎盐桶数论值，视丰歉以低昂其价，而盐之消长随之，额荡之外凡新荡新淤均归场辖。”❶

上述草荡在煎盐过程中的极端重要性，使得煎盐生产聚落的选址必须以附近有充足的草荡为前提。草荡既不能生长于离海太近的光滩和茅草滩，也不能生长于完全去盐碱化的熟地，必须是位于一定范围内的盐碱地❷，也从另一侧面证明了盐业生产聚落距离海岸线宜在 10 里左右（如图 4-13）。此外，从元代《熬波图》中《人车运柴》一节中“运柴恐不迭，一日知几回”的记载看，至少在元代浙西的下

❶ [清]佶山，单渠，方濬颐.（嘉庆）两淮盐法志[M]. 影印版. 扬州：广陵书社，2015.

❷ 鲍俊林. 明清江苏沿海盐作地理与人地关系变迁[D]. 上海：复旦大学，2014.

沙场,草荡地离生产聚落“团”的距离应该较近,人力车都可以一日来回几趟(按照人力车低于步行速度,每小时按 5 公里计,日出而作日落而息,每天工作 12 小时,往返 3 次,距离当不大于 5 公里),可以推测淮南盐场也基本如此(见图 4-14 至图 4-17)。

图 4-14 明时期淋卤图

(图片来源:明《(嘉靖)两淮盐法志》卷之一《图说》)

图 4-15 淋灰取卤图

(图片来源:[元]陈椿. 熬波图[M]//文渊阁四库全书. 影印版. 台北:台湾商务印书馆,1986.)

图 4-16 明嘉靖草荡图

(图片来源:明《(嘉靖)两淮盐法志》卷之一《图说》)

图 4-17 樵斫柴薪图

(图片来源:[元]陈椿. 熬波图[M]//文渊阁四库全书. 影印版. 台北:台湾商务印书馆,1986.)

二、明前期的集中生产聚落:建团立盘、聚团公煎

1. 盐团——防卫严密的集中煎盐场所

明初延续元制,采用团煎法。《(嘉靖)两淮盐法志》提及了“(聚团煎)每一场分几团,一团分几户,轮流煎办,以纳丁盐”❶的盐法,但没有关于“团”如何建造和生产的记载。元代《熬波图》对此则有详细的记载和图说:“归并灶座,建团立盘,或三灶合一团,或两灶为一团❷,四向筑叠围墙,外向远匝濠堑,团内筑凿池井,盛贮卤水,盖造盐仓、柈❸屋,置关立锁,复拨官军守把巡警。”从中可以看出,元代的盐团是由官军把守、防卫严密的基本生产单位,集中管理煎盐的“灶”,以达到防止生产私盐的目的。明《(嘉靖)两淮盐法志》规定,“凡灶丁各照该团煎煮,但有灶丁离场私煎,及军民私自煎卖者,缉获问罪,枷号三个月……凡今后不在本团煎办,私立灶

❶ [明]杨选,陈暹. (嘉靖)两淮盐法志[M]. 荀德麟点校本. 北京:方志出版社, 2010.

❷ 此时的“灶”是指共用一口盘铁的一灶,即如图 4-18 所示,即一团内可能有两口盘铁或三口盘铁煎盐。

❸ 在元代《熬波图》中应是通“盘”,“柈屋”根据上下文之含义,应当指的是放置烧盐的盘铁的屋子,以便不论雨晴皆可煎盐。

者,就便拿问,枷号一个月",其目的也在于集中生产,防止产私盐。

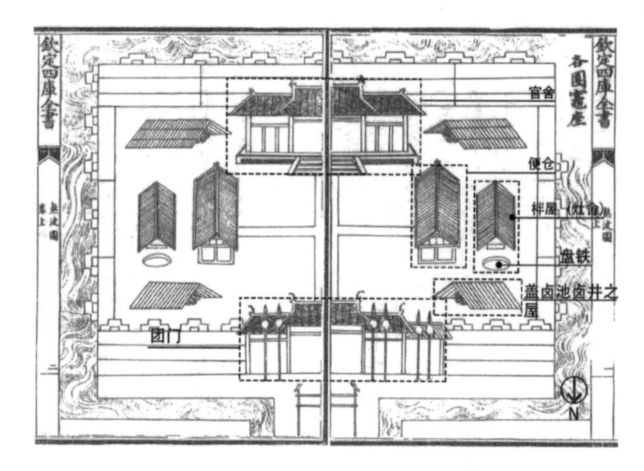

图 4-18 元代一团之内功能分布推测图

(笔者自绘,底图来源:[元]陈椿. 熬波图[M]//文渊阁四库全书. 影印版. 台北:台湾商务印书馆,1986.)

从《熬波图》中《各团灶座图》,也可以类推明代盐团内部的大致空间形态,四周有河道环绕以利于运输,周围团墙环绕,中设团门,团内建有官舍 1 座,仓屋❶ 2 座,柈屋(灶房)2 座(与前文"或两灶为一团"对应)❷,覆盖卤池、卤井和柴草的棚屋数间❸(如图 4-18)。其中值得一提的是,团内设有便仓,侧面说明盐团有可能与设于场治的场仓之间距离较远,所以需在团内建便仓以贮盐。总而言之,元末和明初的"团"是官方集中管理的煎盐和收盐的场所,是基本的生产和设防单位(详见附录 3 的元代《熬波图》)。

2. 盘铁——多户协作的公用煎煮器具

与团煎制相适应,明初淮南盐场采用盘铁为煎盐工具。《熬波图》记载了浙西盐场所用铁盘,"不方不圆合而分,样自两淮行两浙"(如图 4-19,图 4-20),可见淮南盐场自元代就使用盘铁。盘铁是一种大型铁铸煎盐器,由于盘铁非常大❹,必须由官府铸造,民众不允许也无力铸造盘铁。《(雍正)敕修两淮盐法志》记载:"明初之制,其造作动支运库钱粮,鼓铸盘铁,器厚而坚,数角始合一盘,发给各场灶户团煮,团煮者,众灶户纠合团聚,而共用此盘铁,轮流煎之,非一灶一丁之所有也。"❺

---

❶ 《熬波图》载:"各团所办盐额多寡不同,多者万引,少者不下五七千引,每日煎到火伏盐数,为因相离总仓,近则往回八七十里,远者往回二百余里,或河道缺水,或值聚雨所阻,岂能继即起运,各灶户自备木植砖瓦铁丁石灰工食等项物料,就团内起盖仓房,或五间或七间以便收贮,公私皆便,故以便仓名之。便仓以便民,规模在经始,地土既高燥,水港亦通济,砖壁连屋山,瓦沟建瓴水,众灶各设仓,公利私亦利。"即盐斤不能及时送往盐场总仓时,在团内建造的暂时储存盐斤的仓屋,也称之为便仓。

❷ 见附录 3 元代《熬波图》之《起盖灶舍》载:"自春至冬,照依三则火伏煎烧,晨夕不住,必须于柈上盖造舍屋以庇风雨……"

❸ 储存卤水的基础设施,卤水是加工后所得的高浓度盐水,取得卤水之后方可煎盐。

❹ [明]陆容《菽园杂记》卷 12 载:"大盘八九尺,小者四五尺,俱用铁铸,大止六片,小则全块。"

❺ [清]噶尔泰. (雍正)敕修两淮盐法志:卷之五 · 煎造[M]//于浩. 稀见明清经济史料丛刊:第一辑. 国家图书馆出版社,2008.

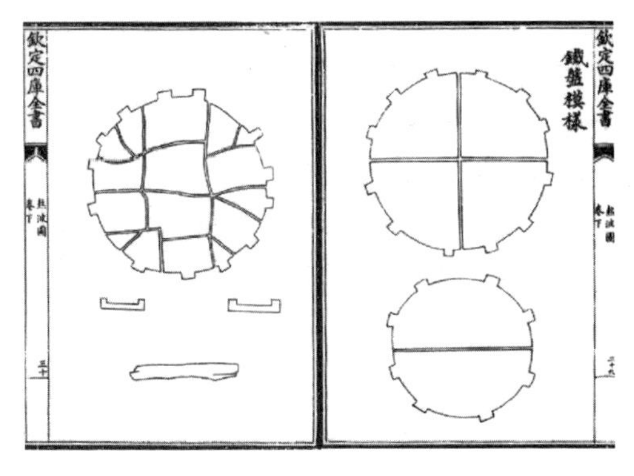

图 4-19 盘铁模样

图 4-20 排凑柈面

(图片来源:[元]陈椿.熬波图[M]//文渊阁四库全书.影印版.台北:台湾商务印书馆,1986.)

盘铁由官府生产提供给灶户,通常是几户共用,并且拆散于各灶户保存防止私煎,待到需要煎盐时则用“织苇拦盘上,周涂以蜃泥”[1]共煎。这种集体协作式的生产模式,与团煎制的生产管理办法互为表里,共同起到了集中生产、防止私盐的作用。

3. 灶房——安置盘铁的公用生产用房

在万历四十五年(1617 年)之前,“灶”或者“灶房”均指团内安置盘铁、煎卤成盐的生产用房。嘉靖《盐政志》[2]载有嘉靖五年(1526 年)巡盐御史戴金禁约曰:“看得各场设立灶房,安置铁盘,督令灶丁团灶煎煮,必修理齐备,斯煎办得所。”“跨卤池盘灶而屋之,以避风雨,谓之灶房。”[3]

灶房是煎盐的所在,亭场是淋灰成卤的所在。“亭场之隶泰州分司者,毗连于灶,煎丁以池蓄水,曰卤池;其隶通州分司者多居海壖(ruán),去灶远,以井贮卤,曰卤井,日久澄澈,卤色愈白,故通之盐洁于泰。”本书涉及的泰州分司各灶的亭场、卤池等取卤设施与煎盐设备灶房(即锅鏾煎盐处)是连在一起的(见图 4-18)。

4. 煎卤——昼夜轮办的全家劳作过程

煎煮是取得成盐的关键步骤,将存储在卤池中的高浓度卤水注入盘铁,在盘铁中煎干成盐。明初对盐产量有严格的定额要求,“各场灶丁,日办盐课”[4]“每日有限煎盐斤,不容一日误者”,其定额大体是灶丁“二三四人共一盘铁,或五六人共一盘铁,每一日该煎盐一十三斤”[5]。在每团之中还有总催督灶,灶头催煎,一旦延误则打骂常有。

共用一块盘铁的灶丁称为同灶,煎煮时首先要各灶丁共同拼装盘铁,“盘四角搘(zhī)为一”。然后“同灶人轮以煎卤,轮次未逮则煮鏾以需之,鏾形如釜而大”。也就是说,团煎制由灶丁轮流使用盘铁煎盐,但特殊情况下当灶丁无法按时使用盘铁,也必须采用小型的锅鏾煮盐,以完成每日额定的产盐量。

煎卤是一个长期连续、日夜不停、全家参与的高强度劳作过程。

---

[1] [清]佶山,单渠,方濬颐.(嘉庆)两淮盐法志[M].影印版.扬州:广陵书社,2015.

[2] [明]朱廷立.盐政志[M].北京:国家图书馆出版社,2011.

[3] [明]杨选,陈暹.(嘉靖)两淮盐法志:卷之三·地理土产[M].荀德麟点校本.北京:方志出版社,2010.

[4] 《(嘉靖)两淮盐法志》载:“各场灶丁,日办盐课,旧有定规,一日不在则欠一日之盐,一丁既差则少一丁之课。”[明]杨选,陈暹.(嘉靖)两淮盐法志:卷之六·法制三[M].荀德麟点校本.北京:方志出版社,2010.

[5] 陈仁锡《皇明世法录》卷 29《盐法·聚团煎办》。

就每年而言，淮盐的煎盐旺季在“每岁三、四、五、六月”，此时“地气上升，卤液腾涌，产盐为多，谓之‘旺煎月’。秋气渐肃，则盐渐减。冬冱寒气敛，卤缩，而火始住焉”❶，即春季至秋季的每一天均要持续不断地煎煮。

就每天而言，煎盐“自子至亥谓之一伏”，即灶丁轮流煎煮，昼夜持续不歇。就每户而言，虽然煎盐定额以灶丁的数量计，每户一般仅有 1～2 名灶丁，但实际煎煮中则需要全家“男妇老幼昼夜赴棚力作，候卤气始凝谓之起楼，旋投皂角晶莹成盐矣；用锨以起散盐，用锹以起礓片谓之直镦，当礓片未起时加以热卤谓之双脱，则盐色洁而礓厚，当起楼时加以冷卤谓之搀汤，则盐色青，而礓亦成块矣”(如图 4-21，图 4-22)。

图 4-21 明嘉靖煎盐图

(图片来源：明《(嘉靖)两淮盐法志》卷之一《图说》)

图 4-22 上卤煎盐图

(图片来源：[元]陈椿. 熬波图[M]//文渊阁四库全书. 影印版. 台北：台湾商务印书馆，1986.)

5. 民舍——绕团而聚的盐民住宅

明代《盐政志》中御史雷应龙总结了盐业生产的五个要素，“灶丁办盐以丁力为主，以卤池为本，以草荡为资，以盘铁为器，以灶房为所。五者，一有未备，则盐业有妨”❷，但和其他明清时期盐业史料一样，均未提及广大盐民居住的民舍。

通过前文对团煎制生产组织和生产过程的分析，可知一团之中的所有灶户一年之中四分之三的时间都在进行生产工作，且煎盐工作需要多户合作且必须在规定的地点——团里进行，取卤的工作也是在靠近团和海边的亭场，每日有规定的盐斤任务量，煎卤过程多户轮流、昼夜不停，每户男女老幼均需参加生产，还有专人监督促煎。

因此，本书认为在这种生产组织和工作强度之下，一团之中的灶户必须相对集中地居住在盐团附近。民舍与团的距离可以大致匡算如下：

“一团分几灶”，一灶为一块盘铁，盘铁按四角计算，则分为四户。“自子至亥谓之一伏”，约为 22 小时，其间 4 户轮流煎煮，则每户在团劳作时间为 5.5 小时，扣除睡眠、吃饭、家务等时间 12 小时，则用于路程往来的时间约 4 小时，单程约 2 小时，按照全家老幼平均步行速度每小时 3 公里计算，则住宅距离团最远不超过 6 公里。

综上，以本书重点考察的泰州分司辖区为例，团煎制下，各团的亭场一般在距离海岸 5 公里左右，聚团公煎的团和亭场毗邻，盐民所住的民舍分布在以团为中心的 6 公里半径范围内。

---

❶ [明]杨选，陈暹.(嘉靖)两淮盐法志：卷之三·地理土产[M]. 荀德麟点校本. 北京：方志出版社，2010.

❷ [明]杨选，陈暹.(嘉靖)两淮盐法志：卷之五·法制二[M]. 荀德麟点校本. 北京：方志出版社，2010.

由于有严格的聚团公煎的制度，在明代海岸线持续东迁的情况下，盐团聚落也必然随之整体向海边迁移(如图 4-23，图 4-24)。

图 4-23 元代《熬波图》中疑似在团附近的盐民住所

(笔者自绘，图片来源：[元]陈椿. 熬波图[M]//文渊阁四库全书. 影印版. 台北：台湾商务印书馆，1986.)

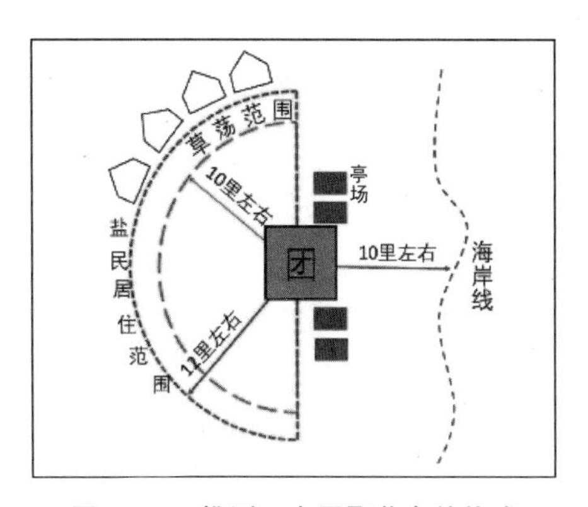

图 4-24 推测一个团聚落点的构成

(笔者自绘)

三、明中期之后的分散生产聚落：锅𨯙火伏、亭灶散煎

明初实行的聚团公煎制度，在明中后期逐渐松弛。先是弘治五年(1492 年)“开中折色”(详见前文第三章第二节)后，官府收取灶户正课(即定额)，盐商可以直接购买灶户额外生产的余盐(又称余盐法)，海盐生产开始商品化。至万历四十五年(1617 年)“改征为折”(详见前文第三章第二节)后，官府不再收盐，而只承担监管的责任，灶户和商人自行交易并向官府缴纳折色银作为盐课，生产的商品化程度和自由度进一步扩大。在盐业生产逐渐商品化的过程中，原来建立在官办盘铁、聚团公煎基础上的集中生产模式，开始向使用轻型锅𨯙、相对分散煎煮的分散生产模式转变，官府从全面控制生产地点、生产工具、组织方式和生产过程，转向稽查盐的产量。加之灶户人口滋生，有大量多余劳动力，因而在团外新设的亭灶生产聚落日益增加。

淮南煎盐地区的煎盐工具由多户共用的笨重的盘铁正式转变为各户自用的轻便的锅𨯙，煎盐工具的转变对灶户聚落的聚集程度、分布位置和规模等都有直接的影响。

1. 锅𨯙——轻便灵活的自用煎煮工具

前文所述明万历前的团煎制以盘铁为主要煎煮工具。明代盘铁皆为官铸，如两淮即在泰州官设盘铁厂，由“官置铁炭，每一盘铁四角，一角该铁五千斤”[1]，即一盘总重 2 万斤，故又俗称“大盘”。盘铁的生产能力较大，“一角昼夜一伏火，凡六乾，得盐六百斤，共计二千四百斤，所出甚多，非锅𨯙可比”[2]。“大盘难坏，而用柴多，便于人众”，所以必须多户协作方能使用。由于盘铁铸造工费甚巨，很少开铸，因此两淮“富安等场盘铁，俱系洪武、永乐中铸造”。

锅𨯙是小型煎煮器具，每口重 140 斤左右，形如釜，为温卤之器。以锅成盐者，俗称“镬子盐”。𨯙，则系锅之宽浅者。“小盘易坏，而用柴少，便于自己”[3]，更适宜于灶户的家庭性生产(如图 4-25)。

---

[1] 明《(弘治)两淮运司志》，又见清《(乾隆)两淮盐法志》卷 18《场灶 · 灶具》。

[2] [清]王世球，等.(乾隆)两淮盐法志[M]//于浩. 稀见明清经济史料丛刊：第一辑. 北京：国家图书馆出版社，2008.

[3] [明]陆容《菽园杂记》卷 12。

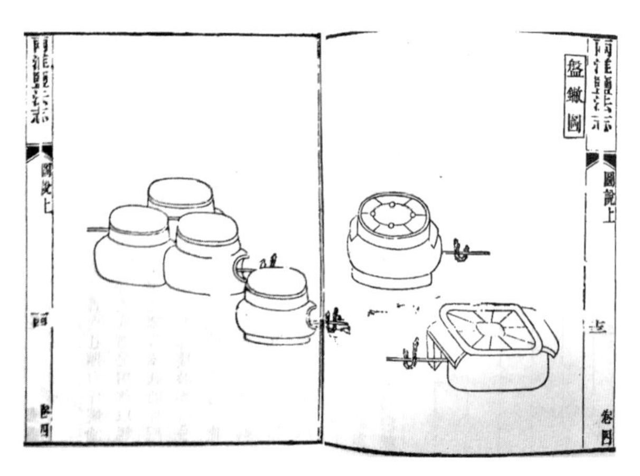

图 4-25 盘鏾图

(图片来源:清《(嘉庆)两淮盐法志》卷四 · 图说上)

锅鏾在明代规定只能由官府铸造,并在盘铁轮煎不及的情况下用于煎盐以完成每日定额。但因其轻便易用,在弘治“开中折色”后,因“盘铁重大而难于修补,锅鏾轻省而便于制造,且盘煎之盐青而锱,锅鏾之盐白而洁,商人有取舍焉”,商人和富灶向官府申请置买私鏾。明隆庆年间,“擅买私鏾者,络绎纵横,……是以各场富灶家置三五锅者有之,家置十锅者有之,贫灶为之佣工,草荡因而被占”❶。这些擅买私鏾的富灶,可能逐渐发展成为最早独立于团之外的盐灶聚落(详见后文第五章第二节),团煎之制逐步瓦解。至明万历全部改折后,政府完全不收盐斤而只收折色银,盐商和富灶可以自设亭灶,自置锅鏾,团煎之制完全废除。

清初,“团煎之制久废,……盘铁所存无多,……通用者锅鏾而已”❷。作为此后的主要煎煮工具,锅鏾明确无需官府统一铸造,改为商人出资,呈明开铸,分卖于灶户,或灶户出资呈明铸造,场官与官府的责任主要是审批稽查。

2. 火伏——稽查产量的生产管理制度(雍正五年,即 1727 年)

万历改折后,明清官府不再强制进行集中煎盐,而是通过“火伏法”稽查煎盐产量,核算应收折色银,防止私盐生产和贩卖。

“火伏”之名,指“自子至亥”的煎煮时间单位,在明代即已出现。清雍正五年(1727 年),巡盐御史噶尔泰在淮南正式推行火伏法,在淮南“通、泰所属各场,按灶地亭鏾之繁简,酌设灶长、灶头、巡商、巡役、磨对、走役,又委场商督率稽查”(按:乾隆二十九年,因巡商、巡役安居街市,并不前往灶地巡查,遂裁汰之,令场大使督率场员巡查)。既稽查灶户的生产工具,又核定每一火伏的煎盐数额,凡灶户名下,盘几角,鏾几口,“每盘鏾一火伏得盐若干,即为定额,造册立案”❸。这也就是所谓的“盘鏾与火伏,相为表里”❹。

火伏法对灶户生产过程进行严格的稽查,“每户给印牌一面,于同灶中选举数人为灶头,分管各户。又于数灶中选举一人为灶长,统辖各灶头。各户印牌,灶长收藏”。印牌是控制灶户煎盐时间的关键,“灶户起火煎前,报明灶头,向灶长领牌,悬于煎舍,煎毕止火,将印牌缴还灶

❶ 《总理江北等处盐屯右佥都御史庞尚鹏为清理盐法事题本》,出自庞尚鹏《清理盐法疏》,载《皇明经世文编》卷 357。
❷ [明]佶山,单渠,方濬颐.(嘉庆)两淮盐法志:卷三十 · 场灶四[M].影印版.扬州:广陵书社,2015.
❸ 同❷。
❹ [清]李澄.淮鹾备要:卷二 · 灶间灶具[M].影印版.扬州:广陵书社,2015.

长。其灶头照领牌、缴牌时刻,登记一簿,按时刻赴煎舍盘查。如有缺额,立同报场官查究。又预给用印根票、联票,存于灶长,逐日将各户起、伏时刻,应得盐数,填入根单存查,即于联二印票前页内,填明灶户姓名、盐数,给该灶运盐入垣。又于各商垣总汇之处,分设磨对公所,灶户运盐经过,将联票交磨对挂号,截存前一页,将后页仍给灶户赴垣,场商量收若干桶,一面给发盐价,一面于后页内注明收盐数目。磨对日遣走投赴各垣收比后票,与前票核对。灶长仍每月十日一次,将逐日所填根单,赍送磨对。与各票核对,一有参差,立即察明查究”❶。由此可见,火伏法制度十分严密,“实为防杜透漏良规”。

从火伏法具体过程看,各灶灶头在每日煎盐过程中需要多次向灶长领取和交还印牌,因而一个灶长所管辖之内的灶户需要灶舍相近,也是划分盐灶分布结构的方式之一(如图 4-26,图 4-27)。

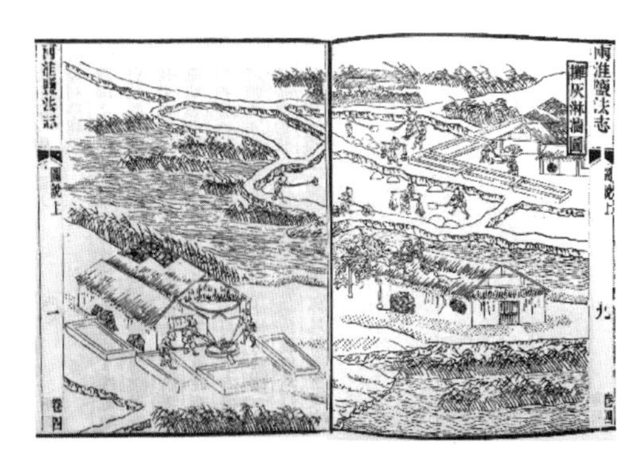

图 4-26　摊灰淋卤图

图 4-27　煎盐图

(以上两图片来源:清《(嘉庆)两淮盐法志》卷四《图说上》)

3. 亭灶——自由发展的盐业生产聚落

明万历四十五年(1617 年)官府改革盐法,将原来的“官专卖引法”改为“专商卖引法”,即将官府收盐改为专商收购,盐灶、亭场由盐民和专商置办,其中由盐民置办的称民灶或民亭,由专商置办的称商灶或商亭。如此既免去政府添修生产工具的麻烦,又不增加官府财政开支。官方(盐署)只负责督煎、监运、征税,从此官不收盐,取消官盐仓,改由官府批准的专商在指定的场灶设垣❷。

明末清初,垄断收盐权力的垣商开始介入亭灶的置办。首先是通过发放贷款,支持盐民设立“商本民灶”,依附于某垣商名下,产盐交某盐商收购。其次,是直接购买或新置民灶,成为直接归属垣商的“商灶”,盐民沦为商灶的佣工。在淮南盐场,由于灶民很少具备独立设置亭灶的经济实力,所以大部分亭灶为商灶,即使是民灶最多的安丰、梁垛两场,民灶也只占亭灶总数的 30%左右❸。

明弘治至清乾隆时期,淮南盐场的人口持续快速增长。从附录 4 中数据可见,明嘉靖时人口数量约是弘治时的 4 倍,清康熙时人口数量又约是明嘉靖时的 3 倍,清乾隆时又约是康熙时的 3 倍,乾隆以后增速才放缓甚至部分场出现了人口数量回落现象(详见附录 4)。万历改折

❶ [清]李澄. 淮鹾备要:卷二·灶间灶具[M]. 影印版. 扬州:广陵书社,2015.

❷ 东台市地方志编纂委员会. 东台市志[M]. 南京:江苏科学技术出版社,1994.

❸ 同❷。

后,对灶户和盐额的定额管理已经废除,盐民和盐商可以根据市场情况自由发展生产,大量的新增人口可以为开辟新的亭灶提供充足的劳动力。

因此,团煎制被家庭作坊式散煎模式代替,商业资本的介入以及人口的增长,使得作为生产聚落的亭灶设置具有更大的自由度,只要靠近海边、草荡丰足并解决运输问题,就可以设置亭灶。随着明清时期淮南盐场的海岸线持续东迁,官府多次在新淤荡地招商办盐,盐业生产聚落从明代数量较少、相对集中的团,逐渐演变为清代数量日益增加、随着海岸线不断东迁的分散数量的灶(详见后文第五章第二节)。

第五章　团灶聚落的等级、数量和空间分布结构

——以泰州分司八场为中心

本章在第四章分析团灶聚落发展的自然地理、人口以及盐业生产组织方式等基础上，以本书重点研究的淮南泰州分司八场为中心，详细梳理历代盐法史料中的文字、数据和历史舆图，结合 1920 年代 1∶50 000 地图，1960 年代航片、1980 年代各县地名录、现代地图和相关研究文献，试图厘清团灶聚落的等级和职能、数量和规模、空间和分布及其结构和形态（如图 5-1 至图 5-4）。

注：盐场范围根据明至清历代盐场舆图叠加到现代地图上得出，图 5-2 至图 5-4 同理

图 5-1　明嘉靖时泰州分司所辖十盐场

（笔者自绘，底图来源：谭其骧. 中国历史地图集[M]. 北京：地图出版社，1982.）

图 5-2 清初泰州分司所辖十盐场

（笔者自绘，底图来源：谭其骧. 中国历史地图集[M]. 北京：地图出版社，1982.）

图 5-3 清乾隆泰州分司所辖十二盐场

（笔者自绘，底图来源：谭其骧. 中国历史地图集[M]. 北京：地图出版社，1982.）

图 5-4 清嘉庆泰州分司所辖十一盐场

（笔者自绘，底图来源：谭其骧. 中国历史地图集[M]. 北京：地图出版社，1982.）

第一节 明以前团灶聚落的发展概况

盐业生产聚落因没有设置司署,其名称和数量较少见于历代正史记载,仅在部分地理志中有零星记载。

唐《元和郡县图志》“盐城县”条记载:“州长百六十里,在海中。州上有盐亭百二十三所,每岁煮盐四十五万石。”❶北宋《太平寰宇记》载,“(盐城监)元管九场,周……因之不改。……(现管)盐场九所……俱临海岸”❷,同时“(海陵监)管煎盐亭户七百一十八,丁一千二百二十,管盐场八”。三者相结合,可以推测唐代在盐监以下分盐场(因未设衙署治所,为区分元代设场大使的盐场,本书称之为“生产场”)、盐亭两级生产组织,每个盐监分为8～9个生产场,每个生产场下设12个左右的盐亭,每个盐亭有6户煎盐亭户,每户约2丁。

北宋基本延续唐制,只是盐亭的名称改为“盐灶”,即“生产场—盐灶”,到南宋的“催煎场—甲(3～10灶)—灶(20户左右)”。❸

元代两淮盐业没有专门的史料存世,但《熬波图》中明确记载了两浙盐场以“团”为生产组织单位,“或三灶合一团,或两灶为一团”,灶极有可能是指“数角始合一盘”的一盘,共用一盘即是共用一灶的意思。从《熬波图》记载盘铁是“样自两淮行两浙”推测,两淮和两浙情况较为接近。另据元代末年淮东监察部门的文书记载,有人于“五祐场广盈团蒋六三处,买到私盐一百余斤”❹。据此分析,可以判断至少在元朝末年两淮盐场也有以“团”为单位的生产型聚落点。盐民的身份以所属的“团”划分,而未出现“灶”,说明此时的“灶”尚未成为独立的聚落,既有可能是指用一口盘铁煎盐的“灶座”,一灶就是“数角始合一盘”的一盘,共用一盘即是共用一灶的意思。

明初沿用了元代的“场—团”管理等级体系并逐步发展为“盐场聚落—盐团聚落”的体系,明代的场团灶管理等级体系中的“团”是最小的生产单位,“一灶”应该指的就是一口锅的意思,但是后来“灶”逐渐出现了命名,并逐渐形成被冠以姓氏和数字的命名方式。

第二节 团灶聚落的名称等级和职能分化

一、团灶聚落的名称和等级演变

1. 团:明早期单一等级的生产聚落

明朝早期淮南盐业生产采用团煎制,以“团”为盐业生产聚落。洪武二十五年(1392年)“设盐课司,置官吏,编立团、总”❺。团是盐业生产聚落,“一场分几团,一团分几户,轮流煎办,以纳丁盐”。现存明代最早的两淮盐业史料《(弘治)两淮运司志》中,记载了各场的团,从本书

❶ [唐]李吉甫.元和郡县图志:淮南道[M].北京:中华书局,1983.

❷ [宋]乐史.太平寰宇记:淮南道二[M].北京:中华书局,2000.

❸ 根据《中国盐业史》中的记载,宋代在闽浙一带已经有盐团和盐栅的记载,即盐场之下以“团”或“栅”为生产单位产盐。但关于两淮盐场是否有团的记载还未可知。

❹ [元]刘孟保《南台备要》,收入《永乐大典》卷二千六百十一之《建言烧钞》。

❺ 《(弘治)两淮运司志》卷之五《建置沿革分野》之《十场建置沿革》。

重点研究的泰州分司八场来看,其中团数最多的东台场和梁垛场各有六团,最少的何垛场和小海场各有两团。

图 5-5 小海团内清代民居建筑

(图片来源:笔者自摄)

团下直接为户,可知这一时期的"灶"只是团内设置盘铁煎盐的灶房,并未成为独立的聚落点(详见前文第四章第三节)。《两淮运司志》记载的泰州分司八场中,也没有出现任何以"灶"命名的聚落,仅在东台场中记载有"梅家灶河"和"三灶河"。因该志记载史料截至弘治十二年(1499 年),即在弘治五年(1492 年)"开中折色"的七年之后,东台场作为泰州分司驻地,得风气之先,最早开始在团外设立独立的盐灶聚落。

团内下设的"总"并不是聚落名称,而是管理灶户的差役。每团有总催,即元百夫长,灶户中的总催、甲首,相当于民户中的里长、甲首[1]。总催一般由灶户中的上户承当(明朝继承宋元旧法,将灶户分为上、中、下三户等)[2],每五年一换(如图 5-5,图 5-6)。

图 5-6 西团镇(原草堰场西团)现状

(图片来源:笔者自摄)

2. 团—灶:明中期的两级生产聚落

弘治五年(1492 年)实行"开中折色"后,盐业生产开始商品化,逐渐出现盐商和富裕灶户在团外私置锅𬭚、设立盐灶的现象,催生了作为团下辖的独立生产聚落的"灶",形成了"团—灶"两级盐业生产聚落。

《嘉靖惟扬志》卷九《盐政志》中记载:"团灶,每盐场有团有灶,每灶有户有丁,数皆额设。"即每个盐场按照规定的额课数目划分为几团,每团划分为几灶,每灶有额定的灶户和灶丁数目。

《(嘉靖)两淮盐法志》记载,嘉靖十八年(1539 年)两淮三十场共计一百一十团[3],对各团下辖的盐灶聚落并没有专门记载,但从各场灶河的文字信息中,可以部分得到此时盐灶聚落的信息。在本书重点考察的泰州分司八场中,明确记载梁垛场有孙英灶、白家灶(属北团)、汤家灶(属新团)、苗家灶、李家灶(属中团)、黄家灶、张家灶、顾家灶、郁家灶等七个灶;东台场有梅家灶、房家灶和三灶等三个灶。从中可以看出,梁垛等场的盐灶聚落数量已经十分可观,而且其中绝大多数以姓氏命名,体现了以锅𬭚为工具、家庭或家族式生产的特点(见表 5-1)。

---

[1] 《明史》卷 138《杨思义传附范敏传》记载,洪武十四年(1381 年)户部尚书范敏提出编排里甲方案。原则是以"百一十户为里,丁多者十人为里长,鸠一里之事以供岁役,十年一周""余百户为十甲"。

[2] 汪珂玉《古今鹾略》所载《两淮恤灶事宜》。

[3] 《嘉靖惟扬志》载:"团灶……嘉靖十八年闰七月,海潮漂没,议处委官,督工修筑,过吕四等三十场各团,数不等,共一百一十团。"[明]朱怀干,盛仪.嘉靖惟扬志:卷九 · 盐政志[M]//天一阁藏明代方志选刊.影印本.上海:上海书店,1981.

表 5-1　明弘治至清康熙时期泰州分司八场下辖盐团聚落名称信息表

盐场名称	《(弘治)两淮运司志》(1499 年)	《(嘉靖)两淮盐法志》(1550 年)		(康熙)《淮南中十场志》(1673 年)	
		史料记载	图(见附录 3)	文字记载	图(见附录 3)
草堰场	4 团❶(北深团,其余三团名称未知)❷	4 团❸(北胜团,其余三团未知)	北胜团	4 团(东团、西团、北团、南团)	北胜团
小海场	2 团❹(万盈团、大庆团)	2 团❺	大庆团、万盈团	2 团(万盈团、大庆团)	小海团
丁溪场	5 团❻	5 团❼	(未标注名称)	5 团(便团、上团、正团、中心团、水团)	(非常多)
何垛场	2 团❽	大兴诸团❾	(未标注名称)	7 团(西下团、新团、天兴团、东西滔子团、西广盈团、东广盈团、杨家团)	(未标注名称)
东台场	6 团❿(新团、中团、大团、张家团、广储团、利用团)	6 团⓫(余庆团、利用团、丰盈团、大益团、永盛团、广储团)	5 团(新团、中团、张家团、利用团、广储团)	6 团(永盛团、余庆团、利用团、丰盈团、大益团、广储团)	5 团(新团、中团、广储团、利用团、张家团)
梁垛场	6 团⓬	3 团(北团、新团、中团)	(未标注名称)	5 团(新团、北团、丰盛团、杨家团、中团)	(未标注名称)

❶ 《(弘治)两淮运司志》载:"户口,总催四十名……"根据之前各场团数与总催数 1∶10 的关系,推测草堰场下辖 4 团。[明]徐鹏举,史载德,等.(弘治)两淮运司志:卷之五·建置沿革分野·草堰场盐课司[M].影印版.扬州:广陵书社,2015.

❷ 《(弘治)两淮运司志》载:"草荡,二段东至海,西至木场,南至北深团通刘家河界墩,北至白驹场界墩……"[明]徐鹏举,史载德,等.(弘治)两淮运司志:卷之五·建置沿革分野·草堰场盐课司[M].影印版.扬州:广陵书社,2015.

❸ 《(嘉靖)两淮盐法志》载:"草堰……中为草荡……南至北胜团刘家河,避潮墩散布于四团,凡八……"[明]杨选,陈暹.(嘉靖)两淮盐法志[M].荀德麟点校本.北京:方志出版社,2010.

❹ 《(弘治)两淮运司志》载:"大东河,场东北通万盈等团,运盐入场,其流入大海;北胜港,本场大庆团与草堰运河接界。"[明]徐鹏举,史载德,等.(弘治)两淮运司志:卷之五·建置沿革分野·小海场盐课司[M].影印版.扬州:广陵书社,2015.

❺ 《(嘉靖)两淮盐法志》载:"小海……避潮墩列于团,凡二……"[明]杨选,陈暹.(嘉靖)两淮盐法志:卷之三·地理土产[M].荀德麟点校本.北京:方志出版社,2010.

❻ 《(弘治)两淮运司志》载:"团河,场东有溪河三道通流五团,引入煎盐及运盐至场。"[明]徐鹏举,史载德,等.(弘治)两淮运司志:卷之五·建置沿革分野·丁溪场盐课司[M].影印版.扬州:广陵书社,2015.

❼ 《(嘉靖)两淮盐法志》载:"丁溪,……避潮墩散布于五团,凡十。"[明]杨选,陈暹.(嘉靖)两淮盐法志:卷之三·地理土产[M].荀德麟点校本.北京:方志出版社,2010.

❽ 《(弘治)两淮运司志》记载:"户口,总催二十名……"又记载:"仓库……南仓……北盐仓……"推测何垛场此时应是下辖两团。[明]徐鹏举,史载德,等.(弘治)两淮运司志:卷之五·建置沿革分野·何垛场盐课司[M].影印版.扬州:广陵书社,2015.

❾ 嘉庆《东台县志》载:"镇海塔:何垛场东三十里大兴团遗址仅存。"[清]周右.东台县志:卷十九·物产[M].嘉庆二十二年刻本.《(嘉靖)两淮盐法志》记载:"灶河,发于官河者,径于大兴诸团,散于七十四灶。"[明]杨选,陈暹.(嘉靖)两淮盐法志:卷之三·地理 土产[M].荀德麟点校本.北京:方志出版社,2010.

❿ 《(弘治)两淮运司志》载:"新团河,去本场十二里;古官河,去场七里;中团河,去场十五里;大团河,去场三十里;张家团河,去场四十里;三灶河,去场十里;广储团河,去场五十里;梅家灶河,去场六里;利用团河,去场七十里。"[明]徐鹏举,史载德,等.(弘治)两淮运司志:卷之五·建置沿革分野·东台场盐课司[M].影印版.扬州:广陵书社,2015.

⓫ 《(嘉靖)两淮盐法志》载:"灶河,凡九河,曰余庆团河、利用团河、丰盈团河、大益团河、永盛团河、梅家灶河、广储团河、房家灶河、新河。"[明]杨选,陈暹.(嘉靖)两淮盐法志:卷之三·地理土产[M].荀德麟点校本.北京:方志出版社,2010.

⓬ 《(弘治)两淮运司志》载:"户口,本场六团,额设总催六十名……"[明]徐鹏举,史载德,等.(弘治)两淮运司志:卷之五·建置沿革分野·梁垛场盐课司[M].影印版.扬州:广陵书社,2015.

续表

盐场名称	《(弘治)两淮运司志》(1499年)	《(嘉靖)两淮盐法志》(1550年)		(康熙)《淮南中十场志》(1673年)	
		史料记载	图(见附录3)	文字记载	图(见附录3)
安丰场	5团[1](北盛北团、北盛南团、南丰北团、南丰南团、新兴团)	(未记载团名)	(未标注名称)	4团(北胜团、南丰团、新丰团、王家团)	(未标注名称)
富安场	3团[2](东团、中团、西团)	3团[3](东团、中团、西团)	(未标注名称)	5团(东团、中团、西团、上团、下团)	1团(下团)

注:笔者根据明《(弘治)两淮运司志》的史料记载、明《(嘉靖)两淮盐法志》的文字记载和舆图、清康熙《淮南中十场志》的文字记载和舆图整理得出。详细舆图可参见附录3

3. 灶、镦、锅等:明末之后扁平化、多元化的生产聚落

明万历四十五年(1617年)全面改折之后,团煎制彻底解体,盐业生产力得到解放,人口快速持续增长,加之此时海岸线距离范公堤以东50里并仍在持续东迁,在原有的团和不断新淤出的海滩之间,新设立的以盐业生产而兴起的聚落(判断是否盐业生产聚落的标准详见后文第五章第二节)数量日益增加。

从等级上看,这一时期的团灶聚落之间互不隶属,在行政上直接归盐场管辖,在生产中各自独立生产,在运输上各自独立运盐至公垣卖给垣商,呈现出一种扁平化的结构。

这些新增盐业生产聚落的地名丰富多样。就地名中的通名而言,最常见的仍是"灶",其次是以煎煮工具命名的"镦"和"锅",以总催命名的"总",此外还有以所在地形地物命名的"墩""滩""环""湾""洼""尖""洋""荡""港""坝""舍"等。就专名而言,最常见的仍是以"李家""廖家"等姓氏为主,体现了家族或家庭生产的特点;其次是以"十一""廿三"等数字命名,体现建设先后或所在总催或里甲的序号;其他还有使用"东""西""南""北""上""下"和姓氏、地形相结合的专名(见附录1、附录5中清雍正至清嘉庆八场内的聚落名称)。

二、农盐职能分化的过程和分界

1. 职能从盐业生产向农业生产的分化过程

明清团灶聚落以盐业生产为主,但也一直存在少量的农业生产。明初部分原系民户的"丁产殷实人家"改入灶籍,其名下的民田也随之入灶,称为灶田,灶民制盐之余,可以在灶田内合法从事农业生产,并交纳税粮田赋。但灶田的面积只占草荡面积很小的比例,相应的农业生产与盐业相比微乎其微,约占1%～5%。以明嘉靖时小海场为例,有草荡1 836顷,灶田1 682亩(相当于16.8顷),需纳赋麦49石、豆120石、米5石[4]。灶田以外的滩涂荡地定额划拨给每个灶丁作为煎盐燃料,但明初亦允许在不影响煎盐的前提下少量开垦为农田,且无需升科(交税)。

---

[1] 《(弘治)两淮运司志》载:"五团运河,北盛北团河自天鹅荡发源至盐仓,北盛南团河自天鹅荡发源至盐仓,南丰北团河自海洋发源至盐仓,南丰南团河自南新河发源至盐仓,新兴团河自鳖鱼港发源至盐仓。"[明]徐鹏举,史载德,等.(弘治)两淮运司志:卷之五·建置沿革分野·安丰场盐课司[M].影印版.扬州:广陵书社,2015.

[2] 《(弘治)两淮运司志》载:"三团运河,东团自南洋至盐仓,中团自北洋至盐仓,西团自北洋至便仓,三洋俱通大河。"[明]徐鹏举,史载德,等.(弘治)两淮运司志:卷之五·建置沿革分野·富安场盐课司[M].影印版.扬州:广陵书社,2015.

[3] 《(嘉靖)两淮盐法志》载:"三团运河,东团自南洋抵仓,中团、西团自北洋抵仓。"[明]杨选,陈暹.(嘉靖)两淮盐法志:卷之三·地理土产[M].荀德麟点校本.北京:方志出版社,2010.

[4] [明]杨选,陈暹.(嘉靖)两淮盐法志:卷之三·地理土产[M].荀德麟点校本.北京:方志出版社,2010.

但随着海岸线东迁，不断出现新的滨海盐滩和草荡，煎盐聚落不断向东迁移，远离海岸的原有灶地因卤淡盐薄，潮汐不至，土地不断熟化，盐业效率低下，越来越多的草荡被开垦为收益更高的农田。至明正德年间(1506—1521年)，不得不允许将原本专供煎盐的草荡开垦为农田，并按照开垦面积“升科纳粮”。至明万历时，“草堰场东西南北四团并四十总，开垦逃亡草荡十万亩有奇”[1]，占到明初草堰草荡定额的一半，以致对盐业生产造成威胁。此后，清康熙时期为保证盐赋收入而几次禁止私垦草荡，但因为农作获利十倍于盐，而且明万历后官府已不再直接控制盐业生产的具体过程，所以虽盐法禁垦，而人民私垦者日多，农业生产比重提高的趋势已经无法逆转，并最终导致了清末淮南盐场的全面放垦。

在此背景下，团灶聚落从明初全部以盐业生产为主，逐渐分化出部分以农业生产为主，其中靠近范公堤一线的早期团灶聚落大部分转化为农业聚落。与此同时，前述自明弘治开始至清乾隆年间人口数量增长24倍(见附录4的表格)，而规定生产的盐额数量基本没有变化，大量新增人口并不必要从事盐业生产，因而也促使靠近范公堤一带出现了大批新增农业聚落(从后文第五章第三节图5-14可看出至清中期时已出现了大量的农业聚落)。

2. 公垣是盐业聚落和农业聚落的空间分界

团灶聚落的盐业和农业职能分化是随着海岸线东迁而不断加剧的，因此总体上来说，沿海平原农业聚落分布在远离海岸、靠近范公堤的西部，盐业聚落分布在靠近海岸的东部，大致以明嘉靖时期海岸线(即团煎制废除前的海岸线)为空间分界。从明万历改折后的盐业生产和收运管理角度看，则可将公垣位置视作盐业聚落和农业聚落的空间边界(如图5-7)。

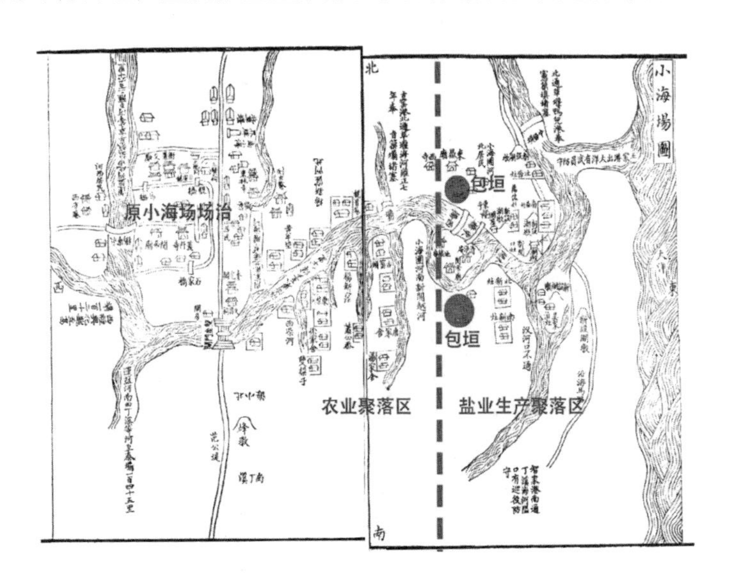

注：结合地名以及清乾隆《小海场新志》中对场内每个聚落点的人口户籍统计得出，灶户人口都在包垣以东的聚落

图5-7　包垣分隔农盐区

(笔者自绘，底图来源：清《(乾隆)两淮盐法志》中的小海场图)

公垣又称盐廪、包垣，是垣商向灶户收购盐斤的堆场(如图5-8)。为稽查盐业产量以防止私盐和逃税，顺治十八年(1661年)规定，“盐场设立公垣，场官专司启闭，凡灶户煎盐，俱令堆

[1] 郭正忠. 中国盐业史(古代编)[M]. 北京：人民出版社，1999.

贮垣中与商交易，如藏私室及垣外者，即以私盐论”❶。每座公垣可容数万担，垣外筑圩，故又称包垣。后各场场商和富灶陆续设立公垣，根据产量不同可设多处公垣，如泰州分司产盐最多的东、何、安、梁、富五场，清嘉庆年间共设有商垣 75 处❷，平均每场达 15 处，而产量较低的小海场仅有 3 处商垣。

图 5-8　灶盐归垣图

(图片来源:《(嘉庆)两淮盐法志》)

由于所有盐灶产盐均须通过灶河运至公垣，公垣之盐则由运商负责运至各场治，由场官核对引数后，再经串场河、运盐河、运河至扬州、淮安转运。从运输效率分析，公垣必然沿灶河而设，位置处于产盐团灶和场治之间，且尽量靠近产盐团灶。换言之，盐业生产为主的团灶聚落位于公垣以东，大部分农业生产为主的团灶聚落位于公垣以西(如图 5-9)。

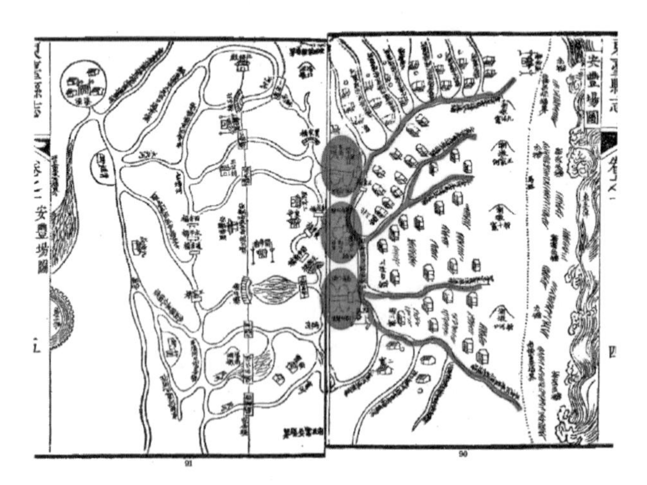

图 5-9　安丰场包垣与灶河的关系

(笔者自绘，底图来源:清嘉庆《东台县志》)

❶ 《(嘉庆)两淮盐法志》卷 31《场灶五》。

❷ 东台市地方志编纂委员会. 东台市志[M]. 南京:江苏科学技术出版社,1994.

第三节　团灶聚落的数量消长和规模差异

一、团灶聚落的数量消长

根据泰州分司内草堰至富安的八场从明至清所有团灶聚落的分布情况，可大致将其分为明初至明万历四十五年(1617年)(改折)的逐渐增长期、明万历至清初的稳定发展期、清初至清嘉庆的鼎盛期以及清嘉庆至清末的逐渐衰落期。

在数量上，从各时期两淮盐法志的记载来看，清雍正至乾隆间盐业生产聚落的数量增长最为迅速。在本书重点考察的泰州分司八场中(详见附录1、附录5)，从清雍正到乾隆间的盐业生产聚落都有明显增长，其中增长幅度最大、数量最多的是富安、东台和何垛三场，数量最少的是草堰和丁溪两场(如表5-2)。

表5-2　明弘治至清嘉庆泰州分司八场盐业生产聚落数量一览表　单位:个

历史时期	草堰场	小海场	丁溪场	何垛场	东台场	梁垛场	安丰场	富安场
明弘治	0	0	0	0	2	0	0	0
明嘉靖	0	0	0	0	3	9	0	0
清康熙	0	0	15	6	3	9	0	0
清雍正	0	0	15	6	2	25	0	0
清乾隆	4	7	21	28	65	25	16	119
清嘉庆	13	13	22	77	119	25	16	94

1. 明初至明万历四十五年(1617年)是聚落的逐渐增长期

有明一代(1368—1644年)，泰州分司一直是十个盐场的区域范围。在第四章第一节中已经提到明弘治七年(1494年)海岸线迅速向东扩张，至嘉靖时已经在现在的西团小海一带。所以不断有新的煎盐亭舍从场中向东迁移至海滨处，即“移亭就卤”。同时盐场的管理功能(盐课司仍在场中)和煎盐功能开始分离，称为“治灶分离”。

正是在这样的动因之下，草堰至富安各个盐场内的煎盐地域不断扩大，煎盐点不断增多并逐渐形成聚落。随着海岸线东迁，煎盐点不断地向东迁并逐渐增多形成新的聚落，同时原先靠近范公堤的土地因为“海远卤淡”逐渐被农垦化，加之明廷鼓励有力灶户或水乡灶户耕种，渐渐有许多农业聚落靠近范公堤增加。

这一时期的聚落在“团煎制”下不断向东增长，包括大量的团聚落和少量的灶聚落(如图5-10)。

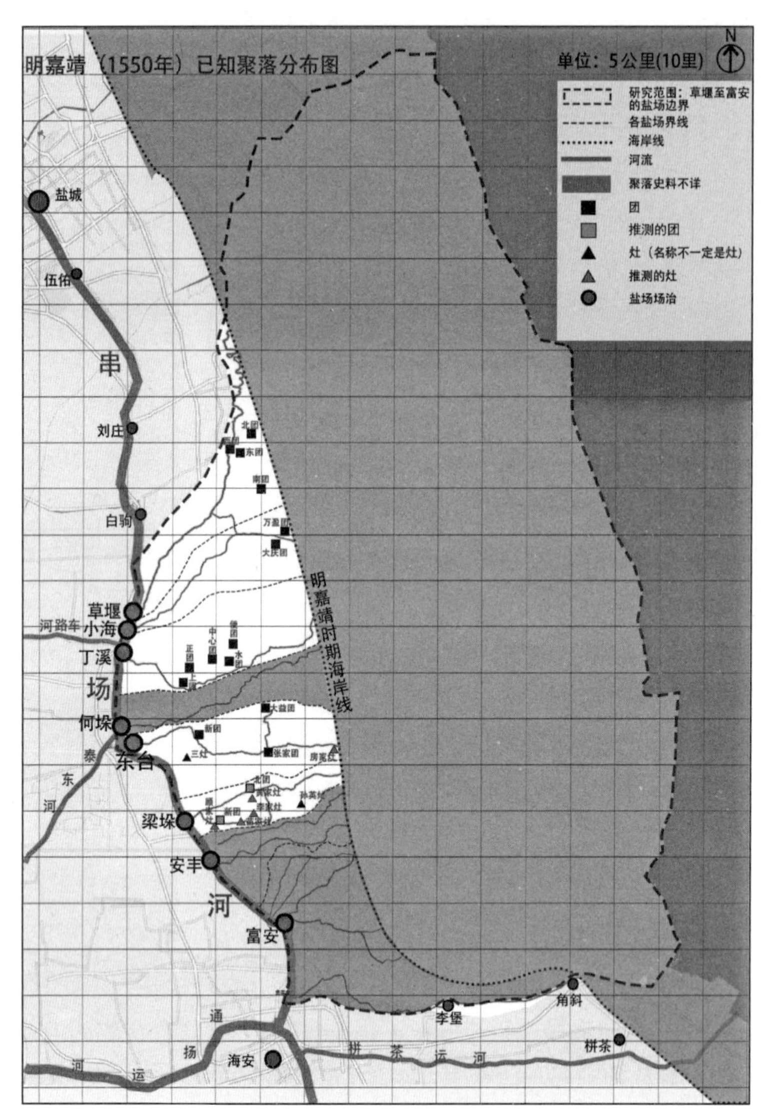

注：图 5-10 至图 5-14 是笔者在搜集整理了明嘉靖、清康熙、清雍正、清乾隆、清嘉庆、清光绪历代盐场舆图的基础上，根据同名、音近或音似、河流道路等位置，结合民国 1920 年代历史地图、1980 年代大丰市和东台市地名录、现代地图叠加得到的聚落分布图

图 5-10 明嘉靖已知团灶聚落分布图

（笔者自绘，底图来源：Mapbox 现代地形图）

2. 明万历四十五年(1617 年)至清初是聚落的稳定发展期

至清康熙时实际产盐供课只有五场,即何垛、东台、梁垛、安丰、富安。但从明至清康熙的聚落图中可以看出,草、丁、小三场的范公堤与海岸线之间仍有聚落点的增加,但是主要是农垦聚落增多。何、东、梁、安、富五场的聚落则在废除团煎制之后以灶的形态迅速增长于范公堤和海岸线之间(如图 5-11)。

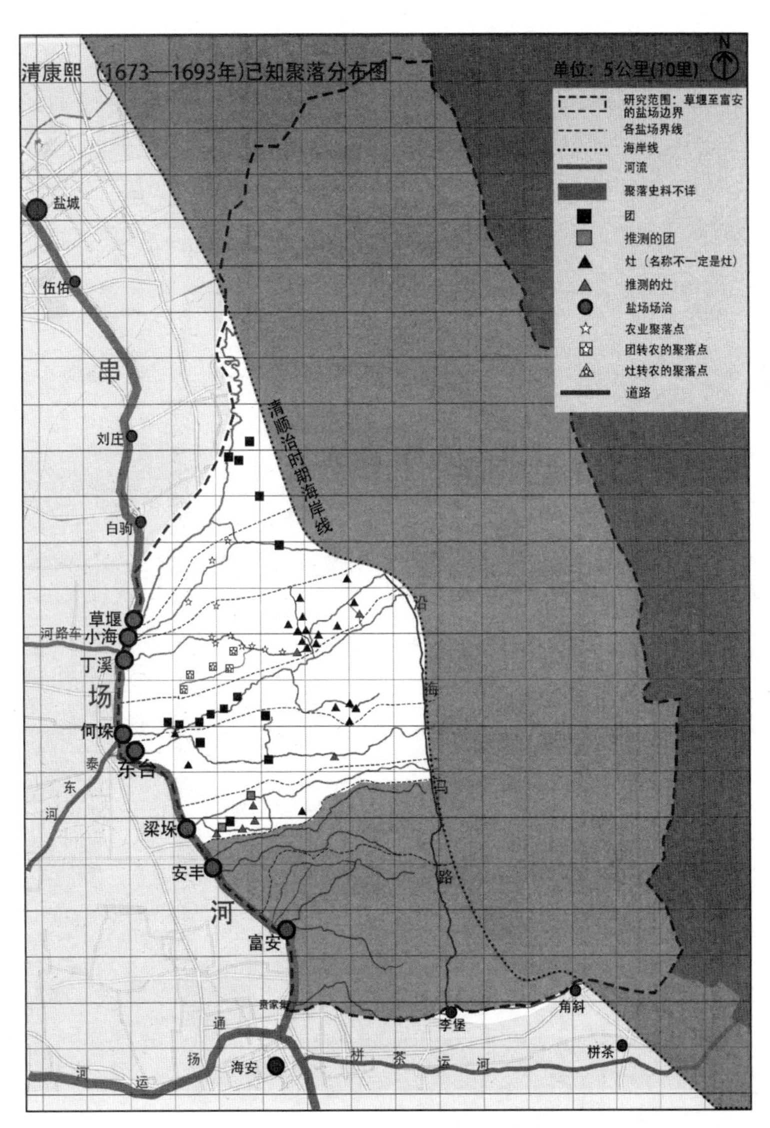

图 5-11　清康熙已知团灶聚落分布图

(笔者自绘,底图来源:Mapbox 现代地形图)

3. 清初至清嘉庆是聚落生长的鼎盛期

这一时期可以说是所有类型聚落的急剧增长期,不论是农垦聚落还是亭灶聚落都在非常密集地增加。可以看到在明嘉靖海岸线和清嘉庆海岸线之间亭灶聚落的密集程度远远高于明嘉靖海岸线与范公堤之间的区域。梁垛、安丰、富安三场由于古地图史料的缺乏未能在图上标注产盐聚落的分布情况,但从这三场制盐工具的数据和盐课额数可知,这三场的盐灶聚落点应该不亚于北边的东台等场(如图 5-12 至图 5-14)。

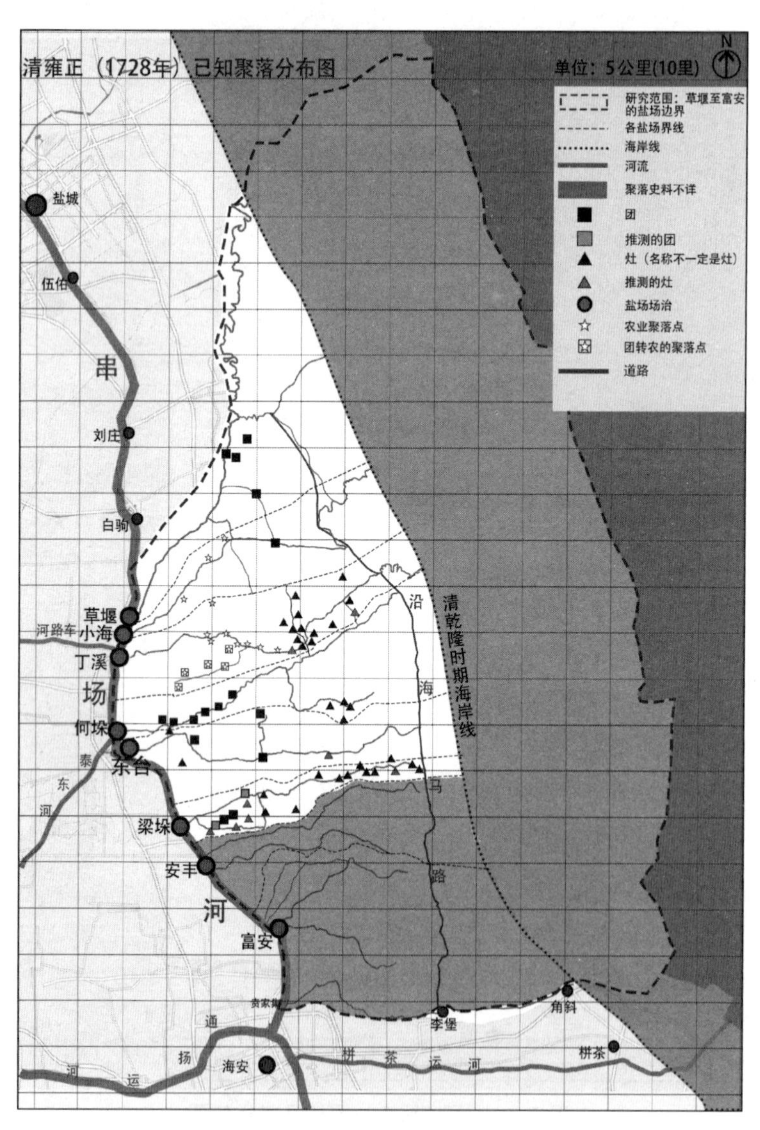

图 5-12 清雍正已知团灶聚落分布图

(笔者自绘,底图来源:Mapbox 现代地形图)

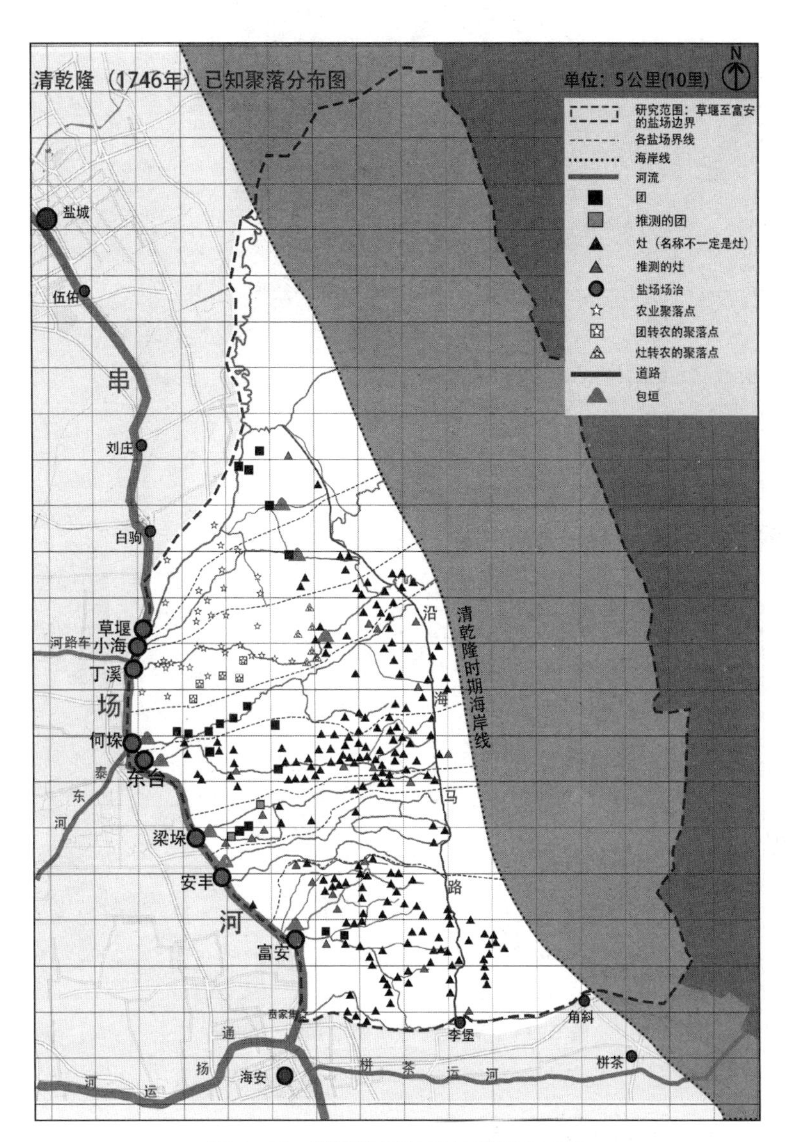

图 5-13　清乾隆已知团灶聚落分布图

（笔者自绘，底图来源：Mapbox 现代地形图）

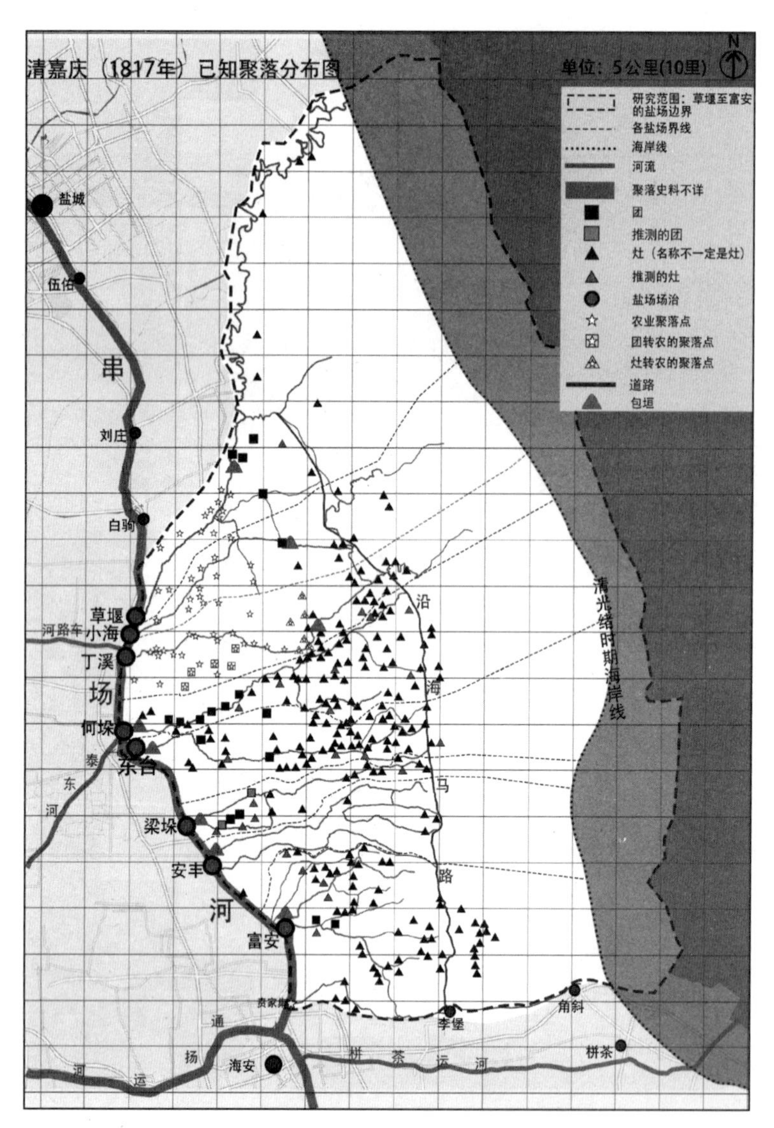

图 5-14 清嘉庆已知团灶聚落分布图

（笔者自绘，底图来源：Mapbox 现代地形图）

4. 清嘉庆至清末是聚落逐渐衰落期

虽然在清末可以看到随着海岸线的远离，还是有少量的盐灶靠海建立。但是从民国期间这一片区的图中可以看到，已经有大丰等处的盐垦公司开始对土地进行有规划的垦耕，同时，靠近范公堤的土地基本上已经是农垦区域，土地熟化严重，整个片区的盐灶聚落在逐渐地被农垦聚落吞并。

整体来说，从明至清这八个场的煎盐聚落是从西向东增加，后逐渐被农垦聚落从西向东吞并。

二、团灶聚落的规模差异

1. 盐团聚落的规模

如前文所述，明早期的团煎制时期，盐团聚落以有围墙护卫、集中煎煮的盐团为中心，为保证日常盐业生产的便利，亭场、草荡和盐民居住的民舍在距离盐团中心不超过 6 公里(步行 2 小时)的范围内。从户数方面看，明代团煎制下一团分 10 总，每总所辖的灶户数“多寡不一，或编二十名，或编三十名，务使灶舍相近，草荡相连”❶，即将居住较近，且与提供燃料的草荡地相邻近的灶户编为一总。以此推算，理论上淮南盐场每团 10 总，每总 20～30 户，总计 200～300 户。

明中期弘治年间“开中折色”后的“团—灶”两级生产聚落结构下，在盐团中心之外开始出现独立的盐灶聚落，新增加的灶压缩了盐团聚落本身的空间规模，从明《(嘉靖)两淮盐法志》中的东台场和梁垛场图中可以看出，盐灶都分布在团附近 3.5 公里范围之内(如图 5-15)。从户数看，附录 4 根据明弘治、嘉靖两个时期记载的团、总和灶户的数据统计，本书重点研究的泰州分司八场中，确有一团设 10 总的定制，但各场每总的户数差异较大，最少的嘉靖富安场和梁垛场每总只有 8.9 户，最多的嘉靖小海场每总有 35.3 户，大多数在 10～20 户之间，即每团灶户数在 100～200 户之间。但从人口看，由于人丁滋生迅速，户均人口增长迅速，弘治时户均约 2～3 人，到嘉靖时已达 5～10 人，因此这一阶段盐团聚落的总人口数增长了约 4 倍。

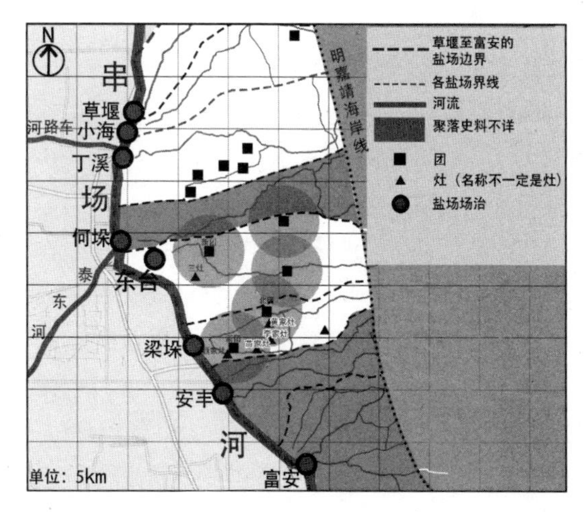

图 5-15　明嘉靖时期团和灶的距离约在 3.5 公里范围内

(笔者自绘，底图来源：Mapbox 现代地形图)

明末团煎制解体后，淮南盐场的总人口依然保持迅速的增长，原来盐团聚落的人口以及相应的空间规模必然也有明显扩大。

2. 盐灶聚落的规模

明中期出现独立的盐灶聚落，但在各时期的两淮盐场文献中，对盐灶聚落均没有详细的记载。唯有清乾隆《小海场新志》中对于该场各灶的煎户(即灶户)数量有明确记载，其中吴家泊灶 83 户，新开口灶 41 户，南舀灶 64 户，北舀灶 58 户，北新灶 9 户，南新灶 38 户，可见其人口规模相差较多，并无一定规律。以此推断，聚落空间规模也应无一定之规(如图 5-16)。

---

❶ [明]杨选，陈暹.(嘉靖)两淮盐法志[M].荀德麟点校本.北京：方志出版社，2010 年.

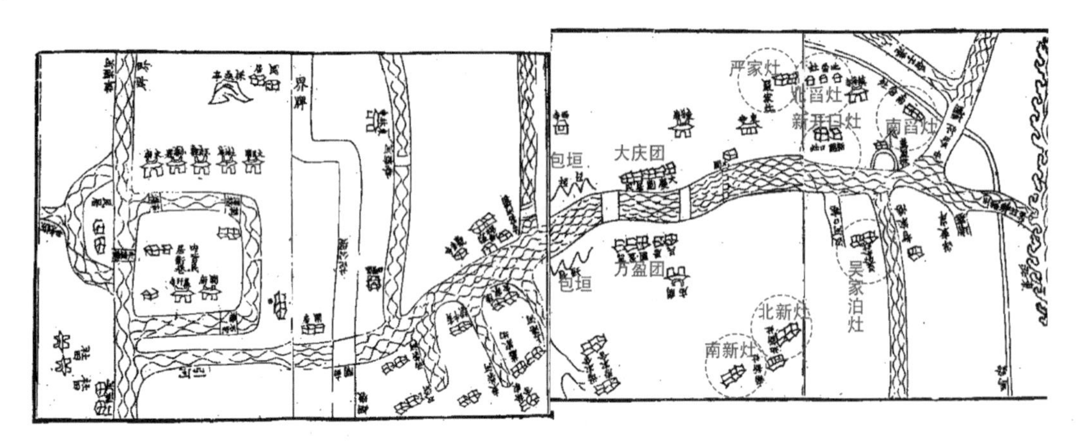

图 5-16 小海场图

(图片来源:清乾隆《小海场新志》)

第四节 团灶聚落的空间分布和结构形态

一、团灶聚落的空间分布特点

1. 以明嘉靖海岸线为轴、向东线状迁移的团灶聚落带

从明嘉靖至清嘉庆的现有史料叠加的泰州分司八场聚落分布图来看,在“西团—小海—沈灶”一线的明嘉靖时期海岸线上,至清乾隆时逐渐形成了一条仅次于范公堤沿线盐场的密集聚落带,分布着“蓄清刷黄”后随海岸线东迁的第一批团灶聚落。

团灶聚落的发展有一定的滞后性。明初聚团煎盐的盐团分布在范公堤以东 30 里范围之内。随着海岸线东迁,需开挖灶河接引潮水以保持生产。至嘉靖时海岸线距离盐场已达 50 里左右,部分灶河接引潮水的效率越来越低,而濒海新淤滩涂则卤旺盐丰,吸引产盐团灶向东扩张。明正德年间(1506—1521 年),小海场就在距离场治以东 35 里的海岸边新设了万盈团和大庆团(后合并为小海团,乾隆后成为小海场场治新址),和草堰场的东、西、南、北四团相先后,成为首批东迁至沿海的盐团聚落。东台、何垛两场虽团址未迁,但出现了濒海的独立盐灶,可以视作团煎制瓦解的先声(如图 5-17)。

这一聚落带形成于明万历改折前的“团煎制”时期,故基本上以团的方式沿嘉靖时期海岸线线性分布,以灶河连系靠近范公堤的明初盐团聚落。这批盐团聚落设立的时间相对较早,规模相对较大,其中的小海团、沈灶在清乾隆时期还分别成为小海场和草堰场场治迁移后的驻地,逐渐成为范公堤以东沿海地区的中心聚落,很多至今还是城镇体系中较大规模的镇级聚落。

2. 以清代沿海马路为界,向西片状填充的盐灶聚落带

从清初康熙、雍正时期图中可见,原来明嘉靖时期海岸线上新增了不少盐灶聚落,并有新的盐灶聚落继续向东延伸。同时,沿着清顺治时期海岸线出现了“沿海马路”。

在清乾隆时期图上,靠近海岸的盐灶聚落数量陡增,其中少部分位于沿海马路以东,绝大多数位于沿海马路内侧,并呈现沿灶河自东向西填充的趋势。这一时期团煎制已废除,人口大量增长,新增大量锅鏾零煎、规模较小、灵活分布的“灶”“锅”“鏾”等聚落,通过开凿连通灶河和海水的密集支线河网,成片发展。

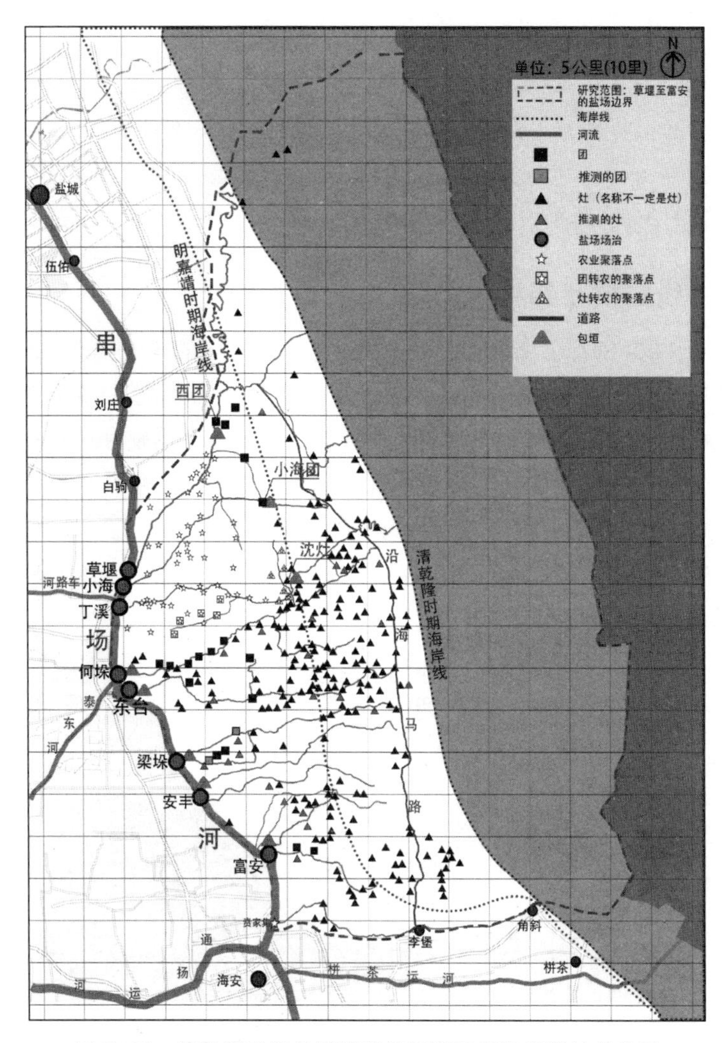

图 5-17　清乾隆时期的聚落带靠近明嘉靖海岸线轴状发展

（笔者自绘，底图来源：Mapbox 江苏省现代地图）

到嘉庆时期，这种向内填充的盐灶数量日益增多，加上远离海岸线的农业聚落也在同期增加，二者基本连接成片。这些规模较小的盐灶，大部分逐渐演变成今日苏北沿海的村庄，只有少数因近现代公路建设和区划调整而转变成乡、镇政府驻地（见前文图 5-14）。

3. 聚落分布的不均衡性：南多于北，东密于西

从明末至清嘉庆泰州分司八场团灶聚落发展图中，可以看到聚落分布存在南多于北、东密于西的不均衡性。南多于北，是指南部的富安至何垛等五场比北部的丁溪、小海和草堰三场的盐灶聚落增长更快、数量更多，其原因主要是前文第四章第一节所述的地势差异，在此不再赘述。

东密于西，是指明嘉靖时期海岸线以东至沿海马路之间的区域内，盐灶聚落的分布非常密集，明显高于明嘉靖时期海岸线以西至范公堤之间的区域。其主要原因在于这一区域与海岸线距离比较合适，离海岸和草荡都不太远，卤旺草丰，适于盐业生产，而明嘉靖时期海岸线以西至范公堤之间的土地卤气渐淡，且土地农垦化严重，已经不适合新设亭场煎盐。

另一个重要原因是清初修筑的沿海马路对聚落的屏障和保护作用。在清代史料中，马路往往与烟墩并称，如《皇朝经世文编》卷三十三中，论及赋役时提及修筑“烟墩马路，沿江海一带当之”。《世宗宪皇帝朱批谕旨》卷二十中,雍正二年(1724 年)镇海将军署理江苏巡抚印务何天培奏称,“有游僧投一字帖,称奉旨查看沿海马路墩台,由福建到江南,即便到京复命等语”,可见沿海马路的设置主要是为了沿海的军事防务,以便于军马调动。但在客观上,因马路路基高于海滩,也形成了类似范公堤一样的防潮屏障,对于盐业聚落具有保护作用,使得这一区域具有持续稳定发展的条件(见前文图 5-14)。

二、以灶河为主线的树状结构

灶河又称海河,既担负着引海淋卤的功能,又是运盐出场的唯一河流,所以灶河的开挖和管理是历代基层盐政的重要工作,也是防止私盐的重要通道。明以后各场之内煎盐聚落位置选择的基本条件就是临近各场的主要灶河及其分支,生产方式、运输和管理制度等因素使得产盐聚落大都靠近主要的河道。官府对灶河具有严格的管控权,灶河的开挖和走向都是由地方盐课司署决定,绝大多数都是沿着一条或两到三条主河,先从场治出发,再平行向东延伸,之后其余支流再从主灶河向外延伸,正是在这样的人为(官府)控制下,才逐渐形成了这片沿海平原的基本水网结构(如图 5-18)。

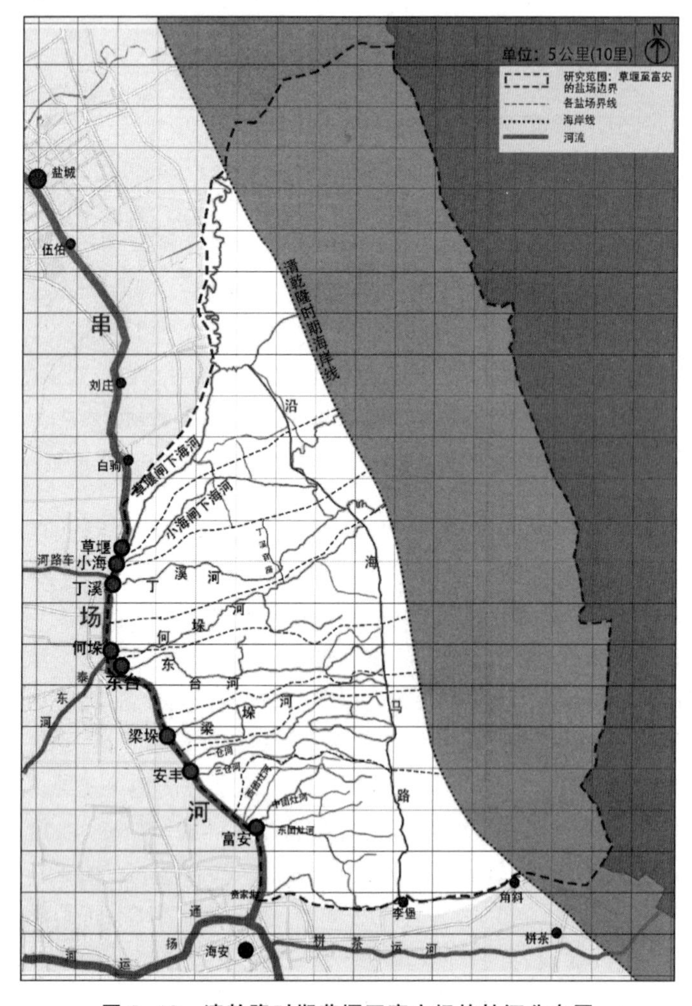

图 5-18 清乾隆时期草堰至富安场的灶河分布图

(笔者自绘,底图来源:Mapbox 江苏省现代地图)

1. 沟通“海—灶—场”的盐业生产命脉

灶河是团灶东接海潮、西通场治的通道,被《淮南中十场志》称为“亭民之命脉也,在团则赖以淋晒,来场则赖以装运”。

两淮盐场文献中,最早记载的灶河始于元代“两淮都转运盐使司书吏督办富安场岁课,因场距海远,潮不时至,盐丁负水取卤,力疲而赋不充,乃为相其地形,凿渠以通海潮,公私咸便之”❶。从中可见,灶河开凿的最初目的是通海潮。南宋黄河夺淮,导致元代的海岸线已经远离位于范公堤一线的盐场,而卤水的制作需要海潮浸润的土地,所以盐丁不得不在海边制卤,再将卤水背回盐场所在地煎烧,影响了生产效率。而开凿灶河,可以引海水浸润范公堤附近的盐场土地,从而维持盐业生产。

明代海岸线持续东迁,灶河也继续向东延伸。明弘治年间黄河全线夺淮之后,海岸线东迁的速度骤增,灶河也越来越长,范公堤一线的亭灶已经难以接引海潮,不得不东迁到近海处,灶河成为沟通场治、亭灶和海岸的水上交通和运输线路。

明末清初盐灶聚落数量激增且分布越发分散,部分不通灶河的亭灶一度用牛车装运,但用牛车运输,比走水路运输“劳费数倍”,终究不是长久之计,故而大都相继开凿了沟通盐灶和主线灶河的支线灶河,形成了枝状的灶河网络,作为运出成盐,运回柴草和粮食,以及出入场治的主要通道,所谓“输赋载薪,全藉灶河”❷。而淮南盐场“易盈易涸,雨旸稍愆(qiān),河流立枯,……地系沙土,其性善走,又形势浅狭,易至淤塞”❸,所以灶河的疏浚和管理一直是盐场大使的重要工作之一(如图5-19)。

注:可以看到图中的灶河非常浅,只及牛的小腿

图5-19　清嘉庆时期灶盐船运图

(图片来源:清《(嘉庆)两淮盐法志》)

---

❶ [元]黄溍.金华黄先生文集[M].北京:北京图书馆出版社,2005.

❷ [清]林正青.小海场新志[M]//中国地方志集成·乡镇志专辑(17).影印本.上海:上海书店,1992.

❸ [清]汪兆璋,杨大经.淮南中十场志:第二卷·疆域古迹[M]//于浩.稀见明清经济史料丛刊:第一辑.北京:国家图书馆出版社,2012.

2. 以场治为根基的树状水运结构

如前所述，灶河是“场—灶”之间的水运通道，但与大多数平原地区农业聚落四通八达的网状结构不同，淮南盐场灶河是以场治为根基的树状运输结构(如图 5-20、图 5-21)。

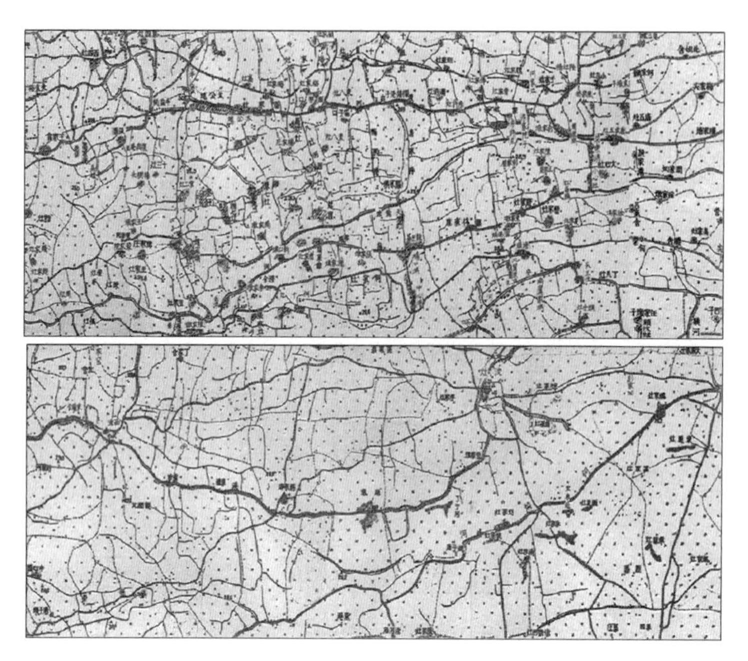

1920 年代 1∶10 000 地形图中的两种典型盐业区域肌理

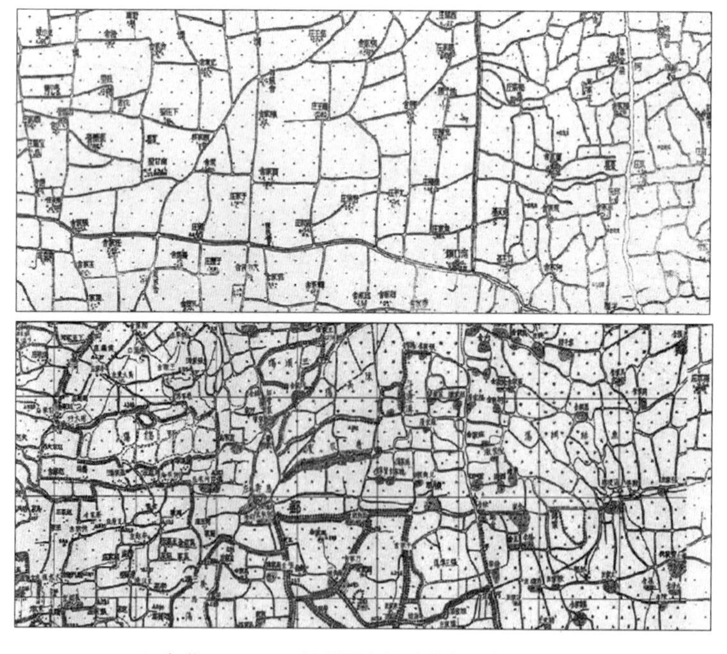

1920 年代 1∶10 000 地形图中的两种典型农业区域肌理

图 5-20　1920 年代树状结构的盐业肌理与网状结构的农业肌理对比

1960 年代美国军事卫星图中的盐业区域肌理图(范公堤以东的区域)

1960 年代美国军事卫星图中的农业区域肌理图(范公堤以西的区域)

图 5-21　1960 年代农盐聚落肌理对比图

树状水运结构的根基是位于串场河沿线的各场场治。在团煎制时期,各灶户所产盐必须运往设在场治的盐仓集中收贮,所以灶河通常是直达盐仓;改折后,各灶户先运盐至公垣,再由商人从公垣运至场治坝下稽核,然后经串场河、运盐河运至泰坝(见前文第二章第三节)。在灶河与串场河相交处设置闸坝(见前文第三章第三节),一为防止私盐,二为在产盐旺季蓄水利运,疏浚河道,三为隔绝堤西农业水道,防止盐水伤禾,淡水伤盐。

树状水网的主干是从串场河分出的主干灶河,有一条到多条不等(如图5-22)。团煎制时期各团和团内便仓均位于主干灶河沿线。改折后的各公垣一般也都位于主干灶河沿岸,从主干灶河上分出更多的支线灶河,联系各盐灶聚落。灶河数量的多寡和团灶数、盐产量之间也有一定的正相关性。从泰州分司草堰至富安八场的整体聚落分布情况来看,每个场之内由一条或两条主要的灶河构成,其中草堰的灶河为牛家河,通斗龙港出海,小海在清乾隆以前与草堰共用灶河,丁溪的灶河为丁溪河,何垛为何垛河,东台为东台河,梁垛为梁垛河。比较特殊的是安丰,有五条灶河,分别命名为一仓河至五仓河,“五团运河,北盛北团河自天鹅荡发源至盐仓,北盛南团河自天鹅荡发源至盐仓,南丰北团河自海洋发源至盐仓,南丰南团河自南新河发源至盐仓,新兴团河自鳖鱼港发源至盐仓”❶。富安有西运河、中运河、东运河三条灶河,“三团运河,东团自南洋至盐仓,中团自北洋至盐仓,西团自北洋至便仓”❷,相对应各仓,说明灶河是联系各团与场治盐仓的运河。

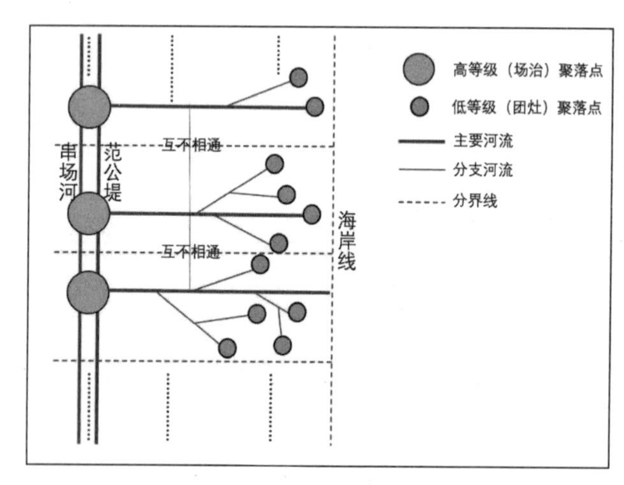

图5-22 树状水网结构图

为了便于控制和稽查各场所产盐斤的数量,防止私运荡草、卤水和成盐,不同盐场之间的灶河是相互独立的。即使部分支线灶河在空间上相连,也会在各场界之间以土坝阻隔,使其不能通运。这种强制性的、单一的运输通道形成了每个盐场各自独立的灶河水运树状结构,成为各团灶聚落空间组织的主线。

第五节 团灶聚落的肌理特征及现状遗存

一、区别于农业聚落的肌理特征

从第四章第三节中描述的盐作过程可知,淮南煎盐的生产设施包括用于晒灰取卤、面积较

❶ 明《(弘治)两淮运司志》。

❷ 明《(弘治)两淮运司志》。

大的亭场，与亭场相连、用于收集储存卤水的面积较小的卤池，以及用于煎卤成盐的灶房和用于盐民居住的房舍，因此亭场、卤池和房屋是形成盐灶聚落肌理特征的三大要素，在清《(嘉庆)两淮盐法志》摊灰淋卤图中对其进行了具象的描绘(如图 5-23)。

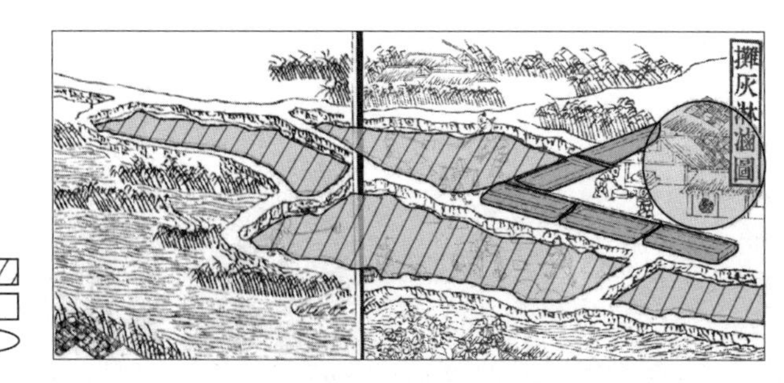

图 5-23　清《(嘉庆)两淮盐法志》摊灰淋卤图中对亭场、卤池和灶房的具象描绘

清《(乾隆)两淮盐法志》丁溪场图对每个聚落进行了抽象的图示。其中，东半部沿海为盐灶聚落，每个盐灶聚落均抽象成为三个符号，一个屋舍形状符号表示房屋，一大一小两个相连的方形分别表示亭场和卤池(如图 5-24)。西半部为农业聚落(详见第五章第二节)，每个农业聚落只用房舍符号表示。两相对比，可见亭场和卤池是盐灶聚落区别于农业聚落的肌理特征(如图 5-25)。

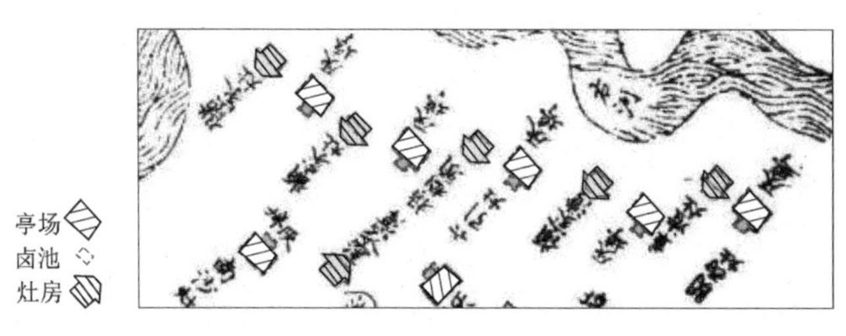

图 5-24　清《(乾隆)两淮盐法志》丁溪场图中对亭场、卤池和灶房的抽象表达

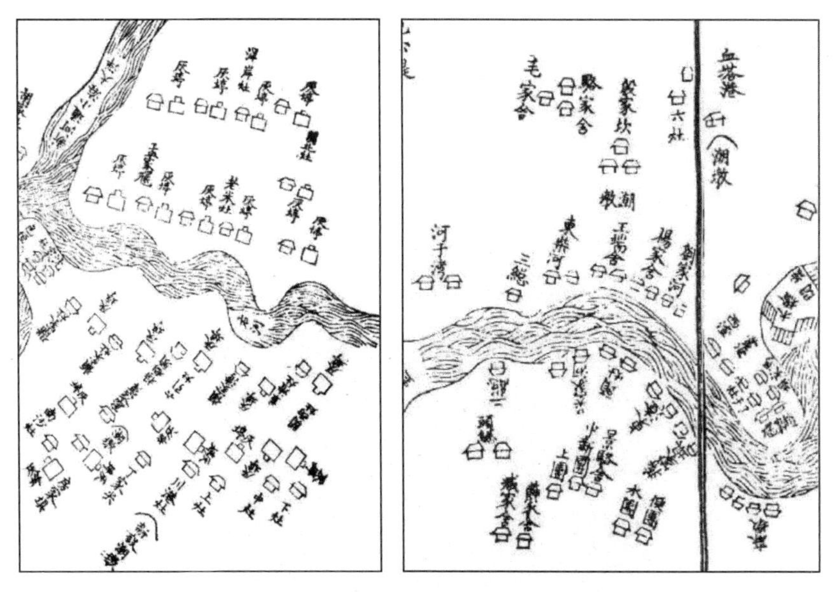

图 5-25　清乾隆十一年(1746 年)丁溪场盐作区域(左)与农业区域(右)对比

经过清末废灶兴垦和解放后的道路、农林水利和村镇住房建设发展，淮南盐场内的盐灶聚落虽名称和位置基本保持，但原有的空间格局和历史建筑已消失殆尽。对1960年代美国军事卫星照片的农盐区域进行对比，可以明显看到盐灶聚落周边均有大大小小、数量较多的池塘，而农业聚落的池塘则极为少见（如图5-26）。因此，本书认为这些数量众多的池塘就是亭场和卤池的遗存，反映了盐灶聚落的肌理特征，也为寻找目前尚存的盐灶聚落遗存提供了重要的线索。

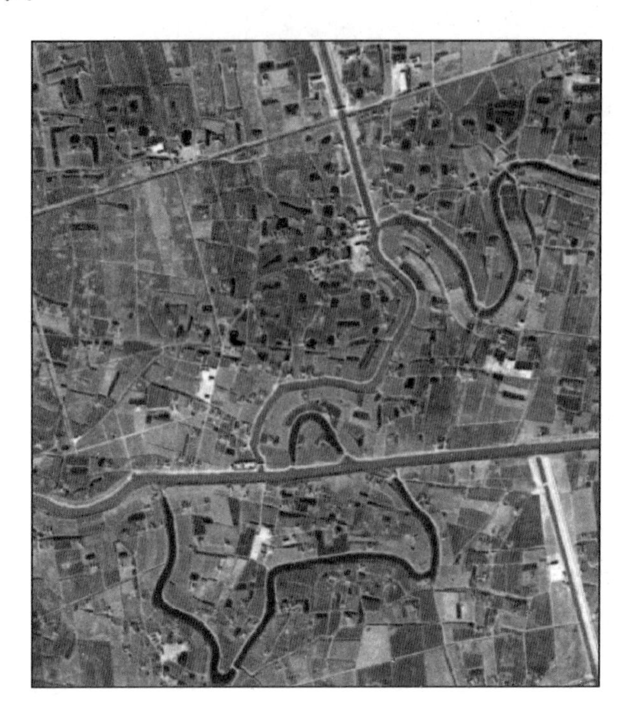

图5-26 1960年代美国军事卫星图中盐作区域（左）与农业区域（右）对比

二、团灶聚落的遗存

通过上文所述的主要发现，本书对所有已发现的团灶聚落（详见附录1）与1920年代地形图、1969年卫星图和现代地图进行对比梳理之后，发现以下十一个村庄可能尚有一定的煎盐遗存痕迹，具体见表5-3。

表5-3 现有的可能有遗存痕迹的村庄

序号	历史名称	卫星截图（2016年谷歌卫星地图）	现代地名
1	丁溪场下灶		下灶村（盐城市大丰区）

续表

序号	历史名称	卫星截图(2016 年谷歌卫星地图)	现代地名
2	丁溪场老米灶		米灶(盐城市大丰区)
3	何垛场王家灶		王灶(盐城市东台市)
4	何垛场马家灶		马家灶(盐城市东台市)
5	何垛场花家尖灶		花家尖(盐城市东台市)

续表

序号	历史名称	卫星截图(2016 年谷歌卫星地图)	现代地名
6	何垛场丁姚灶	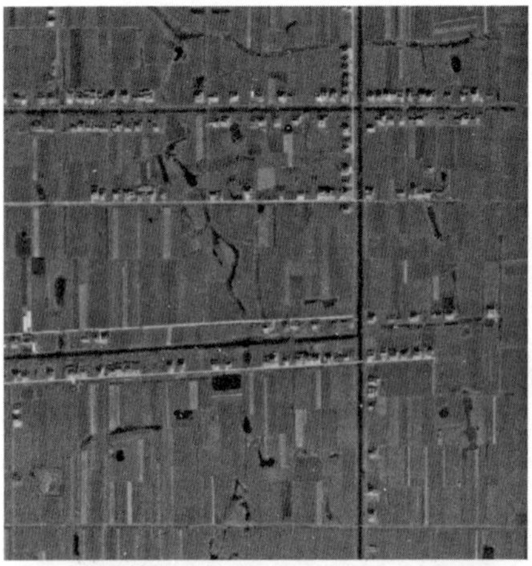	丁姚灶(盐城市东台市)
7	何垛场西夏灶		西夏灶(盐城市东台市)
8	何垛场章家灶	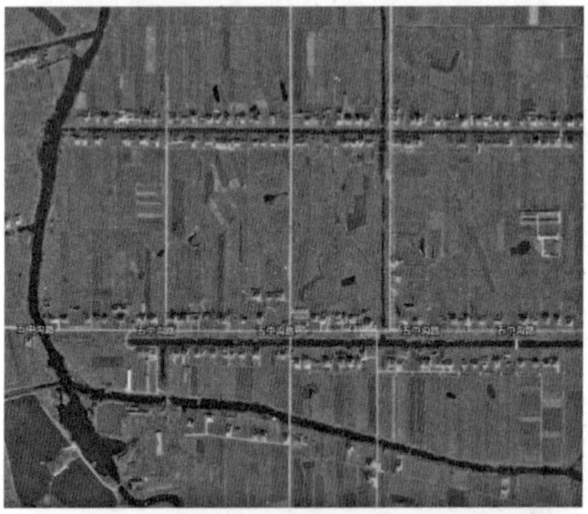	章家灶(盐城市东台市)
9	何垛场燕了灶		燕港村(盐城市东台市)

续表

序号	历史名称	卫星截图(2016 年谷歌卫星地图)	现代地名
10	何垛场洼灶	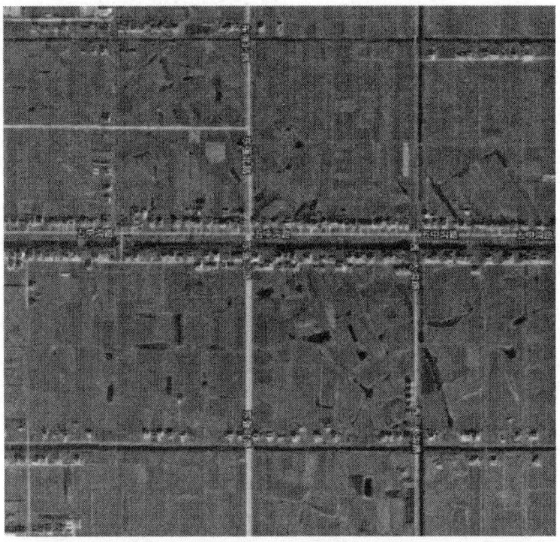	前洼灶(盐城市东台市)
11	东台场潘家洼	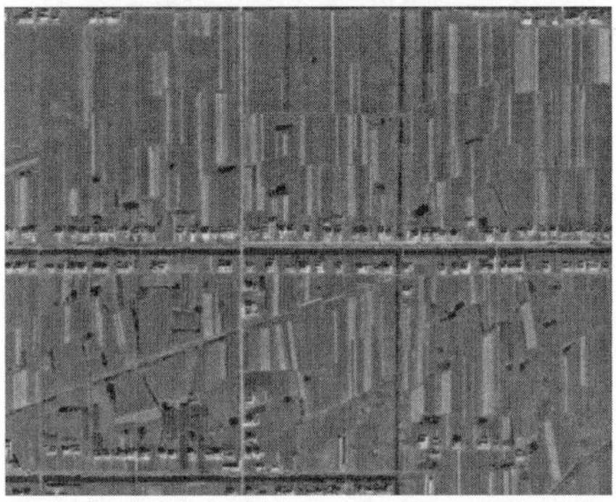	潘洼(盐城市东台市)

笔者在 2019 年 9 月对这些疑似还存有历史烧盐遗迹的村庄进行了为期三天的现场调研,很可惜现代地图上能看到的这些疑似卤池的水塘几乎全被人工造田的农业活动掩埋。在调研中发现这十一个村庄中的盐业遗存痕迹几乎没有,只有盐城市大丰区米灶村中与主要灶河相连的村内河道或疑似卤池的水塘(如图 5-27)较为完整,但河道几乎只能看到断断续续的连接形态,水塘也是被废弃的污水塘,在水塘周围甚至能够看到一些贝类躯壳(如图 5-28),村内也无历史建筑遗存,多是现代的农民自建房(如图 5-29)。通过对当地村民实地访谈得知,该区域确实为历史上的煎盐聚落,但现在基本上都是以农业为主的村落(如图 5-30)。

图 5-27　米灶村现存的疑似卤池的水塘

(图片来源:笔者自摄)

图 5-28　米灶村水塘边有许多贝壳类生物

(图片来源:笔者自摄)

图 5-29　米灶村内的农民自建房

(图片来源:笔者自摄)

图 5-30　米灶村内水塘边的田地

(图片来源:笔者自摄)

另外十个村庄内疑似河道或卤池的水塘几乎无存,都被农业土地填埋(如图 5-31 至图 5-33)。除了在走访东台市的前洼灶和丁姚灶这两个村庄时,与当地农民交谈得知,在大片规整农田中某个单独的不规则水塘周围是当初烧盐的地块(如图 5-34、图 5-35),在五六十年前其父辈们翻田耕种时确认该片区田地的泥土含盐度较高。

综合来说,米灶村是泰州分司内团灶聚落在现代仍有历史遗存的遗珠,可以考虑采取进一步的考古研究展示等文化遗产保护措施。

图 5-31　丁姚灶(现属于东台市)

图 5-32　天兴团(现属于东台市)

图 5-33　陈卜锅(现属于东台市)

(图片来源:笔者自摄)

图 5-34　前洼灶内不规则水塘

(图片来源:笔者自摄)

图 5-35　水塘边的玉米地

(图片来源:笔者自摄)

第六章 初步研究结论

本书通过对明清淮南盐业管理、榷税、运输、集散、生产等各方面的历史进行梳理，按照盐业管理和生产运作的不同层级和分工，对盐政聚落、场治聚落和团灶聚落三部分开展研究。各部分主要结论如下：

一、盐政聚落的等级和结构

1. 盐政聚落是中央政府下设的各级盐业管理司署所在的城镇，其等级结构与民政管理的府、州、县不同，从高到低分为“都转运使司治所—分司治所—场治”三级。

2. 盐政聚落等级和规模之间具有明显的正相关性：都转运使司驻地扬州长期是苏北经济文化中心；分司治所绝大多数为州、县规模；场治和同级别的批验所、巡检司等绝大多数为中心镇规模。

3. 盐政聚落的内在组织结构是以稽查盐税、防止私盐为目标的固定运销路线决定的，固定的运销水道决定了各盐政聚落的分布区位和交通联系。

二、场治聚落的结构和形态

1. 场治聚落是盐政聚落中的基层盐课司驻地，又是每个盐场的行政管理和经济文化中心，是淮南盐场聚落体系中的核心层级。

2. 盐课司署的设置及其职能运作，盐业榷税制度改革带来的盐商地位和影响力提升，促进了场治聚落的商业化和市镇化。

3. 范公堤和串场河是串联各场治聚落的空间轴线，也是最重要的运输和防洪基础设施。范公堤沿线北段的地势低于南段，成为上游洪水走廊，场治聚落分布稀疏。

4. 场治聚落的空间形态由内侧(多为西侧)串场河和外侧(多为东侧)范公堤界定，主要居民区位于二者之间，多有内接串场河、外接灶河的环形内河，沟通里下河地区的水网系统。

5. 场治聚落内部建筑以盐课司署为中心，范公堤为主要商业街道，串场河桥梁通向范公堤的街巷是主要生活中心，范公祠和三贤祠是场治特有的祭祀建筑类型。

三、团灶聚落的演变、等级、结构和形态

作为本书的研究重点，淮南盐场团灶聚落是煎盐生产组织在明清时期海岸线东迁和人口增加的双重影响下，在范公堤以东的沿海平原上不断增长和变化的基层生产聚落，目前尚无针对性的研究成果。

本书以泰州分司八场为中心，通过大量的文献、舆图互证并结合田野调查，首次厘清了明清各时期团灶聚落的数量、名称和空间位置，并对其演变、等级、规模、结构和形态等进行了系统研究，揭示其不同于传统平原农业聚落的体系化特征及其树状结构。主要结论如下：

1. 团灶聚落在明初以强制移民签补为人口基础，在明万历以前受到团煎制和计划式生产约束下被迫随海岸线东迁，是他组织的发展阶段。明万历改折后盐业生产进入商人主导的商品化生产阶段，团煎制解体，加之土地和人口的双重增长，逐渐进入了数量激增、布局自由的自组织发展阶段。

2. 盐业生产组织制度变革导致了盐场聚落等级演变，从明初的“场治—团”两级结构，到明中期出现过短暂的“场治—团—灶”三级结构，再到明中期之后“场治—灶/锅/锹”的扁平结构。

3. 淮南盐场的煎盐技术和生产组织制度是团灶聚落选址、规模和空间形态的决定因素。明初实行聚团公煎的生产组织方式时，团聚落的选址需要考虑海水、草荡和卤地，通常位于海岸线以西 10 里左右。团内设有便仓、盘铁、灶房、卤池等盐业基础设施，团外环绕河流，与该场内的主要灶河联系，亭场（盐田）也多附团，盐民绕团而居，多是在以团为中心的 6 公里范围内，明初期淮南盐场每团大约 200～300 户，且每团设两座潮墩以避海潮。明中期后实行锅锹制散煎的家庭作坊式生产，此时的产盐聚落称为“灶”。灶聚落的选址、规模都无一定之规，刚开始时围绕团建立，明末之后则多自由分散建立。灶聚落内必有亭场、卤池卤井、锅锹、灶房等盐业基础设施，多沿灶河或灶河支流而建。

4. 户籍管理和赋役制度是团灶聚落迅速增长的关键因素。灶户世袭的户籍制度保证了稳定的劳动力来源，“改征为折”和“摊丁入亩”的盐税制度，保证了明中期至清期间在人口大幅增加的社会背景下盐课正额几乎未变，促进了商人和灶户的直接交易，促进了盐业的商品化，极大刺激了劳动积极性，在沿海土地不断扩增的自然背景下，团灶聚落大幅度增长。

5. 灶河是团灶和场治之间强制性的、单一的运输通道，成为组织场治和辖下团灶聚落空间的主线。为便于稽查盐税和防止私盐相通，各场灶河互不相通，即使场与场之间有支流连接也会设坝堵塞，形成了具有强制性的树状空间结构，与传统平原聚落网状空间结构迥异。

6. 在文献和舆图对比研究的基础上，对泰州分司八场内尚存的十一处疑似团灶聚落的村庄进行实地勘查，最终发现仅有盐城市大丰区米灶村作为煎盐聚落盐业肌理特征保存相对完整，为下一步团灶聚落遗存的保护和展示提供了线索。

综上，本书厘清了两淮盐场团灶聚落空间分布及其演变过程，揭示了淮南盐场聚落之间具有明确的等级层次、职能分工和内在结构，共同构成了盐业生产、运销和管理系统，是相互联系、相互依存的聚落统一体，表现出比自给自足的传统农业聚落更为显著的体系化特征以及独具特色的树状空间结构，为深入理解中国古代城乡空间结构的多样性提供了例证。

参考文献

历史文献

[1] [汉] 司马迁. 史记[M]. 北京:中华书局,1959.
[2] [唐] 李吉甫. 元和郡县图志[M]. 北京:中华书局,1983.
[3] [唐] 李泰,等. 括地志辑校[M]. 北京:中华书局,1991.
[4] [宋] 欧阳修,宋祁. 新唐书[M]. 北京:中华书局,1975.
[5] [宋] 乐史. 太平寰宇记[M]. 北京:中华书局,2000.
[6] [宋] 徐松,宋会要辑稿[M]. 上海:上海古籍出版社,2014.
[7] [元] 脱脱,等. 宋史[M]. 长春:吉林人民出版社,2006.
[8] [元] 马端临. 文献通考[M]. 北京:中华书局,1986.
[9] [明]宋濂,等. 元史[M]. 北京:中华书局,1976.
[10] [元] 陈椿. 熬波图[M]//文渊阁四库全书. 影印版. 台北:台湾商务印书馆,1986.
[11] [明]徐鹏举,史载德,等. (弘治)两淮运司志[M]. 影印版. 扬州:广陵书社,2015.
[12] [明]朱廷立. 盐政志[M]. 北京:国家图书馆出版社,2011.
[13] [明]杨选,陈暹. (嘉靖)两淮盐法志[M]. 荀德麟点校本. 北京:方志出版社,2010.
[14] [清]汪兆璋,杨大经. 淮南中十场志[M]//于浩. 稀见明清经济史料丛刊:第二辑. 北京:国家图书馆出版社,2012.
[15] [清]谢开宠. 康熙两淮盐法志[M]//中国史学丛书. 台北:台湾学生书局,1966.
[16] [清]噶尔泰. (雍正)敕修两淮盐法志[M]//于浩. 稀见明清经济史料丛刊:第一辑. 北京:国家图书馆出版社,2008.
[17] [清]王世球,等. (乾隆)两淮盐法志[M]//于浩. 稀见明清经济史料丛刊:第一辑. 北京:国家图书馆出版社,2008.
[18] [明]佶山,单渠,方濬颐. (嘉庆)两淮盐法志[M]. 影印版. 扬州:广陵书社,2015.
[19] [清]林正青. 小海场新志[M]//中国地方志集成 · 乡镇志专辑(17). 影印本. 上海:上海书店,1992.
[20] [清]周右,蔡复午,等. 东台县志[M]. 嘉庆二十二年刻本. 南京:江苏古籍出版社. 1991.
[21] [清]方濬颐,等. 淮南盐法纪略[M]. 同治十二年淮南书局刻本//于浩. 稀见明清经济史料丛刊:第一辑. 北京:国家图书馆出版社,2008.
[22] 淮南盐务臆言[M]. 影印版. 扬州:广陵书社,2015.
[23] 两淮盐务议略[M]. 影印版. 扬州:广陵书社,2015.
[24] [明]朱怀干,盛仪. 嘉靖惟扬志[M]//天一阁藏明代方志选刊. 影印本. 上海:上海书店,1981.

[25] [清]李澄. 淮鹾备要[M]. 影印版. 扬州:广陵书社,2015.
[26] [明]郑若曾. 筹海图编[M]. 北京:中华书局,2007.
[27] [清]冯道立. 淮扬水利图说[M]. 影印版. 扬州:广陵书社,2015.
[28] [清]孙应科. 下河水利新编[M]. 影印版. 扬州:广陵书社,2015.
[29] [清]徐庭曾. 扬州水道图说[M]. 影印版. 扬州:广陵书社,2015.
[30] [明]胡顺华. (嘉靖)兴化县志[M]//单毓元. 中国地方志集成・江苏府县志辑. 影印本. 南京:江苏古籍出版社,1991.
[31] [明]郭大纶,陈文烛. (万历)淮安府志[M]//单毓元. 中国地方志集成・江苏府县志辑. 影印本. 南京:江苏古籍出版社,1991.
[32] [明]吕克孝. (万历)如皋县志[M]//单毓元. 中国地方志集成・江苏府县志辑. 影印本. 南京:江苏古籍出版社,1991.
[33] [明]李存信,黄佑,章文斗. (万历)泰州志[M]//单毓元. 中国地方志集成・江苏府县志辑. 影印本. 南京:江苏古籍出版社,1991.
[34] [明]杨瑞云,夏应星. (万历)盐城县志[M]//单毓元. 中国地方志集成・江苏府县志辑. 影印本. 南京:江苏古籍出版社,1991.
[35] [明]杨洵,徐銮. (万历)扬州府志[M]//单毓元. 中国地方志集成・江苏府县志辑. 影印本. 南京:江苏古籍出版社,1991.
[36] [明]欧阳东凤,严锜. (万历)兴化县新志[M]//单毓元. 中国地方志集成・江苏府县志辑. 影印本. 南京:江苏古籍出版社,1991.
[37] [明]刘万春. (崇祯)泰州志[M]. 影印本. 南京:凤凰出版社,2014.
[38] [清]王有庆,陈世熔,等. (道光)泰州志[M]. 影印本. 南京:凤凰出版社,2014.
[39] [明]杨瑞云,夏应星. (万历)盐城县志[M]. 万历十一年刻本. 扬州:广陵书社,2019.
[40] [清]雷应元. (康熙)扬州府志[M]//单毓元. 中国地方志集成・江苏府县志辑. 影印本. 南京:江苏古籍出版社,1991.
[41] [清]张可立. (康熙)兴化县志[M]//单毓元. 中国地方志集成・江苏府县志辑. 影印本. 南京:江苏古籍出版社,1991.
[42] [清]褚世暄,陈九昌,等. (雍正)泰州志[M]//单毓元. 中国地方志集成・江苏府县志辑. 影印本. 南京:江苏古籍出版社,1991.
[43] [清]黄垣,沈俨. (乾隆)盐城县志[M]//单毓元. 中国地方志集成・江苏府县志辑. 影印本. 南京:江苏古籍出版社,1991.
[44] [清]黄垣,沈俨. 盐城县志[M]. 乾隆十二年刻本. 油印本. 扬州:扬州古旧书店,1961.
[45] [清]杨受廷,左元镇,冯汝舟,等. (嘉庆)如皋县志[M]//单毓元. 中国地方志集成・江苏府县志辑. 影印本. 南京:江苏古籍出版社,1991.
[46] [清]任钰,等. 泰州新志刊谬[M]. 影印本. 南京:凤凰出版社,2014.
[47] [清]王有庆,刘铃,梁桂,等. (道光)泰州志[M]. 影印本. 南京:凤凰出版社,2014.
[48] 韩国钧,王贻牟. (民国)续纂泰州志[M]. 影印本. 南京:凤凰出版社,2014.
[49] [清]梁国棣,郑之侨,赵彦俞. (咸丰)重修兴化县志[M]//单毓元. 中国地方志集成・江苏府县志辑. 影印本. 南京:江苏古籍出版社,1991.
[50] [清]刘崇照,陈玉树,龙继栋. (光绪)盐城县志[M]//单毓元. 中国地方志集成・江苏府

县志辑. 影印本. 南京:江苏古籍出版社,1991.
[51] 林懿均,胡应庚,陈钟凡. 续修盐城县志[M]. 铅印本,1936.

专著

[1] 谭其骧. 中国历史地图集[M]. 北京:地图出版社,1982.
[2] 东台市地方志编纂委员会. 东台市志[M]. 南京:江苏科学技术出版社,1994.
[3] 江苏省地方志编纂委员会. 江苏省志・盐业志[M]. 南京:江苏科学技术出版社,1997.
[4] 江苏省地方志编纂委员会. 江苏省志・城乡建设志[M]. 南京:江苏人民出版社,2008.
[5] 江苏省地方志编纂委员会. 江苏省志・方言志[M]. 南京:南京大学出版社,1998.
[6] 江苏省地方志编纂委员会. 江苏省志・水利志[M]. 南京:江苏古籍出版社,2001.
[7] 吉成名. 中国古代食盐产地分布和变迁研究[M]. 北京:中国书籍出版社,2013.
[8] 葛剑雄. 中国移民史[M]. 福州:福建人民出版社,1997.
[9] 南京师范学院地理系江苏地理研究室. 江苏城市历史地理[M]. 南京:江苏科学技术出版社,1982.
[10] 费孝通. 乡土中国[M]. 北京:生活・读书・新知三联书店,1985.
[11] 傅宗文. 宋代草市镇研究[M]. 福州:福建人民出版社,1989.
[12] 王振忠. 明清徽商与淮扬社会变迁[M]. 北京:生活・读书・新知三联书店,1996.
[13] 张驭寰. 中国古代县城规划图详解[M]. 北京:科学出版社,2007.
[14] 孙家山. 苏北盐垦史初稿[M]. 北京:农业出版社,1984.
[15] 施坚雅. 中国农村的市场和社会结构[M]. 史建云,徐秀丽,译. 北京:中国社会科学出版社,1998
[16] 顾朝林. 中国城镇体系:历史・现状・展望[M]. 北京:商务印书馆,1992.
[17] 邹逸麟. 中国历史地理概述[M]. 3 版. 上海:上海教育出版社,2013.
[18] 张京祥. 西方城市规划思想史纲[M]. 南京:东南大学出版社,2005.
[19] 张修桂. 中国历史地貌与古地图研究[M]. 北京:社会科学文献出版社,2006.
[20] 郭正忠. 中国盐业史(古代编)[M]. 北京:人民出版社,1997.
[21] 唐仁粤. 中国盐业史(地方编)[M]. 北京:人民出版社,1997.
[22] 丁长清,唐仁粤. 中国盐业史(近代当代编)[M]. 北京:人民出版社,1997.
[23] 吴海波,曾凡英. 中国盐业史学术研究一百年[M]. 成都:四川出版集团巴蜀书社,2010.
[24] 郭正忠. 宋代盐业经济史[M]. 北京:人民出版社,1990.
[25] 曾仰丰. 中国盐政史[M]. 影印本. 上海:上海书店,1984.
[26] 陈然,谢奇,邱明达. 中国盐业史论丛[M]. 北京:中国社会科学出版社,1987.
[27] 陈然. 中国盐史论著目录索引(1911～1989)[M]. 北京:中国社会科学出版社,1990.
[28] 吴必虎. 历史时期苏北平原地理系统研究[M]. 上海:华东师范大学出版社,1996.
[29] 牛元莎. 时空梯度网络视角下的传统淮盐产业与城镇体系空间互动演进研究[C]//中国城市规划学会. 规划 60 年:成就与挑战:2016 中国城市规划年会论文集. 北京:中国建筑工业出版社,2016.

学位论文和期刊论文

[1] 李岚,李新建.江苏沿海淮盐场治聚落变迁初探[J].现代城市研究,2017,32(12):96-105.
[2] 陈饶.江淮东部城镇发展历史研究[D].南京:东南大学,2016.
[3] 鲍俊林.明清江苏沿海盐作地理与人地关系变迁[D].上海:复旦大学,2014.
[4] 徐靖捷.苏北平原的捍海堰与淮南盐场历史地理考[J].扬州大学学报(人文社会科学版),2015,19(5):70-76.
[5] 张忍顺.苏北黄河三角洲及滨海平原的成陆过程[J].地理学报,1984,39(2):173-184.
[6] 孟尔君.历史时期黄河泛淮对江苏海岸线变迁的影响[J].中国历史地理论丛,2000,15(4):147-159.
[7] 郭瑞祥.江苏海岸历史演变[J].江苏水利,1980(1):53-69.
[8] 佚名.关于大丰县已发现的34种民间家谱和76处宗祠遗址的情况介绍[J].刊名缺失,出版年缺失,卷缺失(期缺失):页码范围缺失.
[9] 黄国信,叶锦花,李晓龙,等.民间文献与盐场历史研究[J].盐业史研究,2013(4):3-11.
[10] 来琳玲.古泰州是淮南产盐重地的历史考证[J].兰州教育学院学报,2014,30(10):38-39.
[11] 吉成名.江苏海盐产地变迁[J].扬州大学学报(人文社会科学版),2016,20(1):78-86.
[12] 白广美.中国古代海盐生产考[J].盐业史研究,1988(1):49-63.
[13] 王红花.论林正青《小海场新志》的史料价值[J].盐城工学院学报(社会科学版),2011,24(4):1-4.
[14] 张玉坤,贺龙.人口和耕地要素作用下中国传统聚落规模的层级分布特点[J].天津大学学报(社会科学版),2015,17(3):261-264.
[15] 王红花.海陵监和西溪盐仓考[J].盐城工学院学报(社会科学版),2014,27(2):6-10.
[16] 陈诗启.明代的灶户和盐的生产[J].厦门大学学报(社会科学版),1957,7(1):153-180.
[17] 凌申.江苏沿海两淮盐业史概说[J].盐业史研究,1989(4):56-62.
[18] 何峰.明清淮南盐区盐场大使的设置、职责及其与州县官的关系[J].盐业史研究,2006(1):47-53.
[19] 鲍俊林.再议黄河夺淮与江苏两淮盐业兴衰:与凌申先生商榷[J].盐业史研究,2013(3):39-46.
[20] 邹迎曦.大丰市盐文化资源调研报告[J].盐城工学院学报(社会科学版),2006,19(4):6-12.
[21] 陈潇.盐城海盐文化资源及其保护与开发利用[D].南京:南京农业大学,2009.
[22] 王雪萍.文化线路视域下江苏淮盐文化遗产的保护[J].南京农业大学学报(社会科学版),2012,12(1):134-139.
[23] 孙晨蕾.草堰历史文化古镇保护规划探究[J].住宅科技,2014,34(11):31-34.
[24] 史为征.盐城盐业性集镇浅述[J].盐业史研究,2013(3):57-60.
[25] 吴克嘉.淮盐重要历史遗存:古海陵仓考[J].盐城工学院学报(社会科学版),2006,19(4):1-5.
[26] 徐永战,邱旸民,范占军,等.江苏石港古镇保护研究[J].小城镇建设,2009,27(9):99-104.
[27] 徐永战,邵耀辉.基于海洋观的栟茶古镇开发研究[J].创意与设计,2014(2):94-98.

[28] 凌申.地名与历史时期江苏海岸变迁的相关研究[J].海洋科学,2002,26(1):26-29.
[29] 于海根.民国期间苏北淮南盐区的废灶兴垦事业[J].盐业史研究,1993(1):49-59,63.
[30] 王志胜.论唐代的榷盐商[J].学术论坛,2003,26(6):116-118,138.
[31] 胡恒.清代巡检司地理研究[D].北京:中国人民大学,2008.
[32] 吴海波.清代两淮灶丁之生存环境与社会功能[J].四川理工学院学报(社会科学版),2009,24(5):16-20.
[33] 夏春晖.江淮东部沿海海盐发展的历史见证:串场河[J].盐城工学院学报(社会科学版),2008,21(2):9-12.
[34] 鲍俊林.苏北捍海堰与“范公堤”考异[J].中国历史地理论丛,2015,30(4):22-30.
[35] 费孝通.小城镇 苏北初探[J].瞭望周刊,1984(44):20-22.

附　录

附录 1　明嘉靖至清嘉庆泰州八场场治和团灶聚落分布图
附录 2　明嘉靖至清嘉庆草堰场至富安场聚落 1920 年代至今地图对照表
附录 3　历史舆图与卫星照片(元代—1969 年)
附录 4　明清淮南泰州分司八场盐业生产相关数据一览表
附录 5　明嘉靖至清嘉庆草堰场至富安场聚落数量统计表

扫码查看附录 1 高清图

扫码查看附录 3 高清图

附录 1　明嘉靖至清嘉庆泰州八场场治和团灶聚落分布图

所有聚落位置的复原依据：

1. 1920 年代地图中的村落名称与明清历史舆图中的团灶名称相同，再将 1920 年代地形图中的村落位置与 1980 年代地图和现代地图的位置相互叠加确定，从而得出明清历史舆图上的团灶聚落在现代地图上的位置。

2. 在聚落名称的对照中，通常会发现音近字（如“中心团”和“中新团”）、形近字（如“崔家坝”和“瞿家坝”）、省略写法（如“老米灶”和“米灶”）的情况，均统一按照各历史时期叠加后的位置一致为准，仅据名称相同不足以为证。

3. 将历史舆图与 1920 年代地图上的名称相互对照之后，仅在 1920 年代地图上出现，1980 年代地图和现代地图上无此名称的聚落，通过地图搜索之后在现代地图中出现该聚落，则再与各时期地图叠加判断位置是否一致再确定其位置。

4. 将历史舆图与 1920 年代地图上的名称相互对照之后，仅在 1920 年代地图上出现，1980 年代地图和现代地图上无此名称的聚落，但根据位置叠加确定其大概位置后在《东台市地名录》和《大丰市地名录》中均能找到其曾用名与历史舆图上的名称相同的，则可在现代地图上用现用名搜索其位置后与历史上的位置对照后确定。

5. 将历史舆图与 1920 年代地图上的名称相互对照之后，仅在 1920 年代地图上出现，1980 年代地图和现代地形图上无此名称的聚落，经地图搜索后仍无的一律不标出其位置。

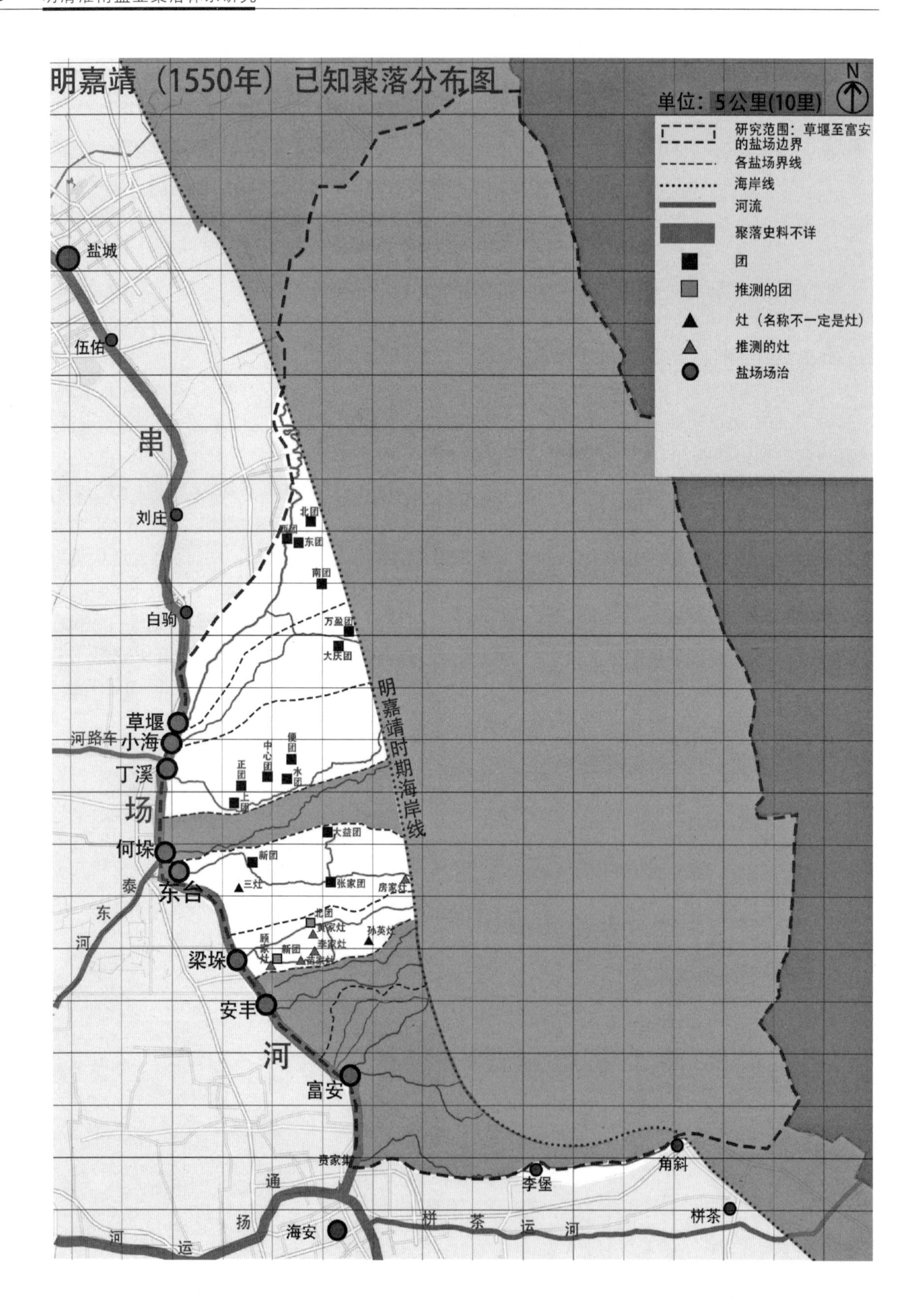
明嘉靖（1550年）已知聚落分布图
N
单位：5公里(10里)
研究范围：草堰至富安的盐场边界
各盐场界线
海岸线
河流
聚落史料不详
团
推测的团
灶（名称不一定是灶）
推测的灶
盐场场治
盐城
伍佑
串
刘庄
白驹
草堰
小海
河路车
丁溪
场
何垛
东台
泰
东
河
梁垛
安丰
河
富安
北团
西团
东团
南团
万盈团
大庆团
明嘉靖时期海岸线
正团
中心团
便团
水团
上团
大益团
新团
张家团
三灶
房家灶
北团
孙英灶
新团
李家灶
角斜
李堡
栟茶
海安
通
扬
河
运
栟
茶
运
河

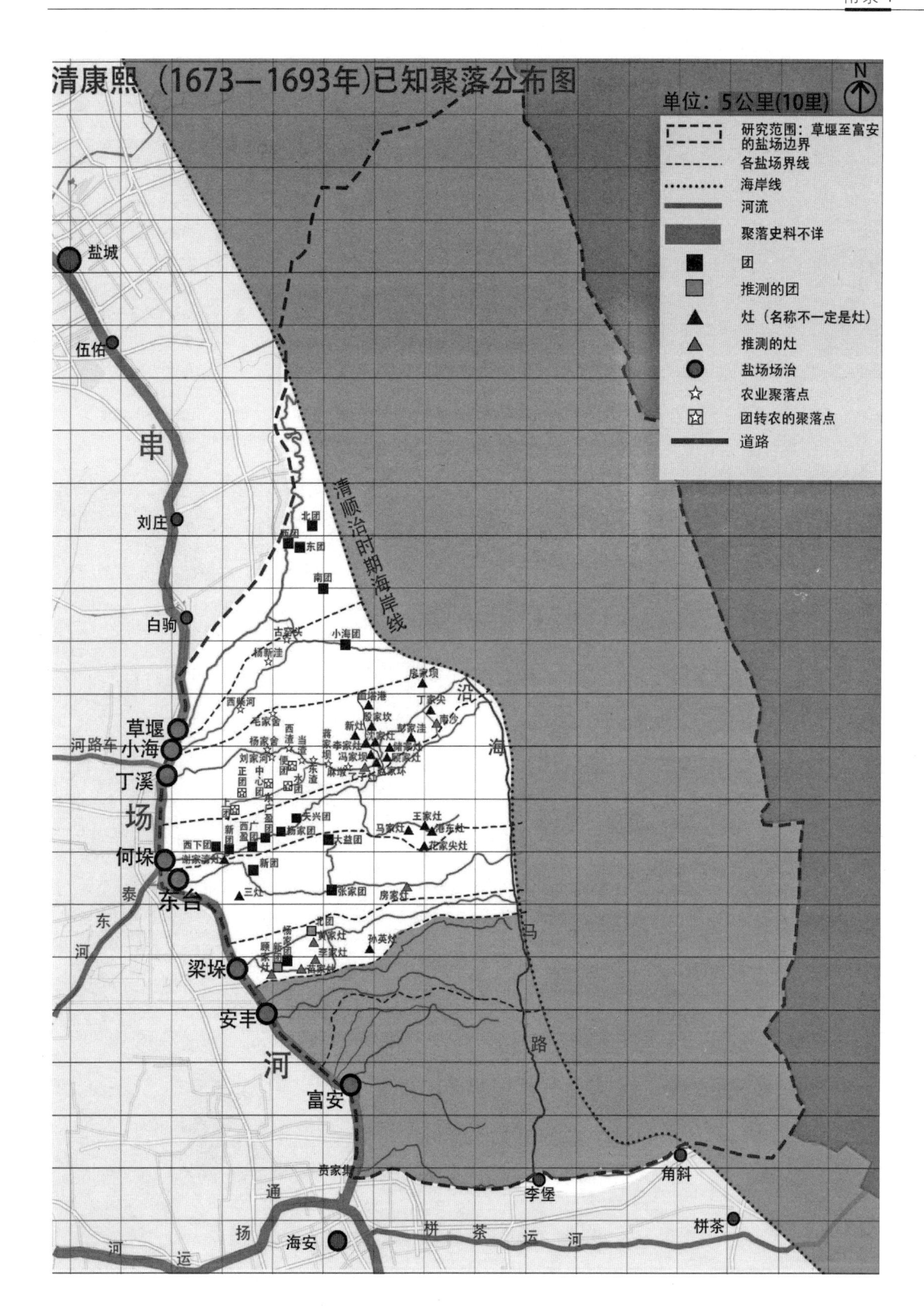

清康熙（1673—1693年)已知聚落分布图
单位：5公里(10里)
N
研究范围：草堰至富安的盐场边界
各盐场界线
海岸线
河流
聚落史料不详
团
推测的团
灶（名称不一定是灶）
推测的灶
盐场场治
农业聚落点
团转农的聚落点
道路
盐城
伍佑
串
刘庄
白驹
草堰
小海
丁溪
场
何垛
东台
梁垛
安丰
河
富安
泰
东
河
河路车
清顺治时期海岸线
沿
海
马
路
北团
东团
南团
小海团
张家团
新团
三灶
房家灶
孙英灶
王家灶
马家灶
李家灶
角斜
李堡
贲家集
栟茶
海安
通
扬
河
运
栟
茶
运
河

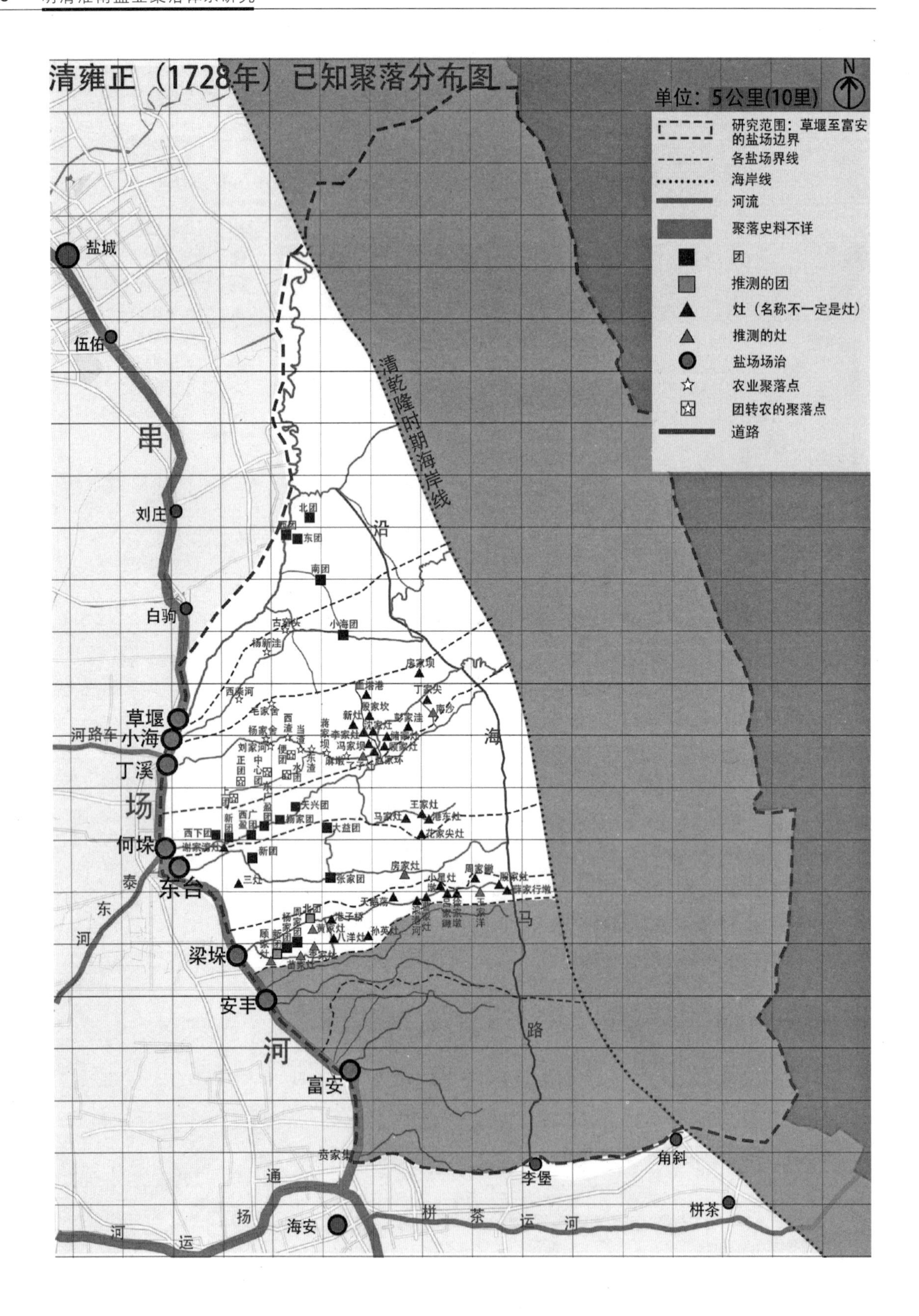
清雍正（1728年）已知聚落分布图
单位：5公里(10里)
N
研究范围：草堰至富安的盐场边界
各盐场界线
海岸线
河流
聚落史料不详
团
推测的团
灶（名称不一定是灶）
推测的灶
盐场场治
农业聚落点
团转农的聚落点
道路
清乾隆时期海岸线
盐城
伍佑
刘庄
白驹
草堰
小海
丁溪
何垛
东台
梁垛
安丰
富安
角斜
李堡
栟茶
海安
串
场
河
河路车
泰
东
河
沿
海
马
路
栟
茶
运
河
通
扬
运
河
北团
西团
东团
南团
小海团
古家坎
杨新洼
天兴团
杨家团
大益团
新团
张家团
西下团
三灶
房家灶
王家灶
马家灶
花家尖灶
房家坝
丁家尖
彭家洼
新灶
八洋灶
孙英灶
黄家灶

清乾隆（1746年）已知聚落分布图
N
单位：5公里(10里)
研究范围：草堰至富安的盐场边界
各盐场界线
海岸线
河流
团
推测的团
灶（名称不一定是灶）
推测的灶
盐场场治
农业聚落点
团转农的聚落点
灶转农的聚落点
道路
包垣
清乾隆时期海岸线
盐城
伍佑
刘庄
白驹
草堰
小海
丁溪
何垛
东台
梁垛
安丰
富安
李堡
角斜
栟茶
海安
河路车
串
场
河
泰
东
河
通
扬
运
栟　茶　运　河
沿
海
马
路
北团
西团
东团
南团
小海团
1.严家灶 2.远黄灶 3.葛家鏾 4.顾家灶 5.十五灶 6.居家洼 7.北许灶 8.西八灶 9.东八灶 10.拦路港 11.房家灶+南许灶
16.于何灶 17.六灶 18.祝家灶 19.孙家洼 20.小九灶 21.下三灶 22.九灶洼 23.姜家洼 24.林家洼 25.祝家洼 26.北胖头 27.焦河灶 28.五灶 29.西殷港+东殷港 30.周家坳 31.北腰舍 32.梅家尖 33.南腰舍 34.姜盈舍 35.蒋家泊

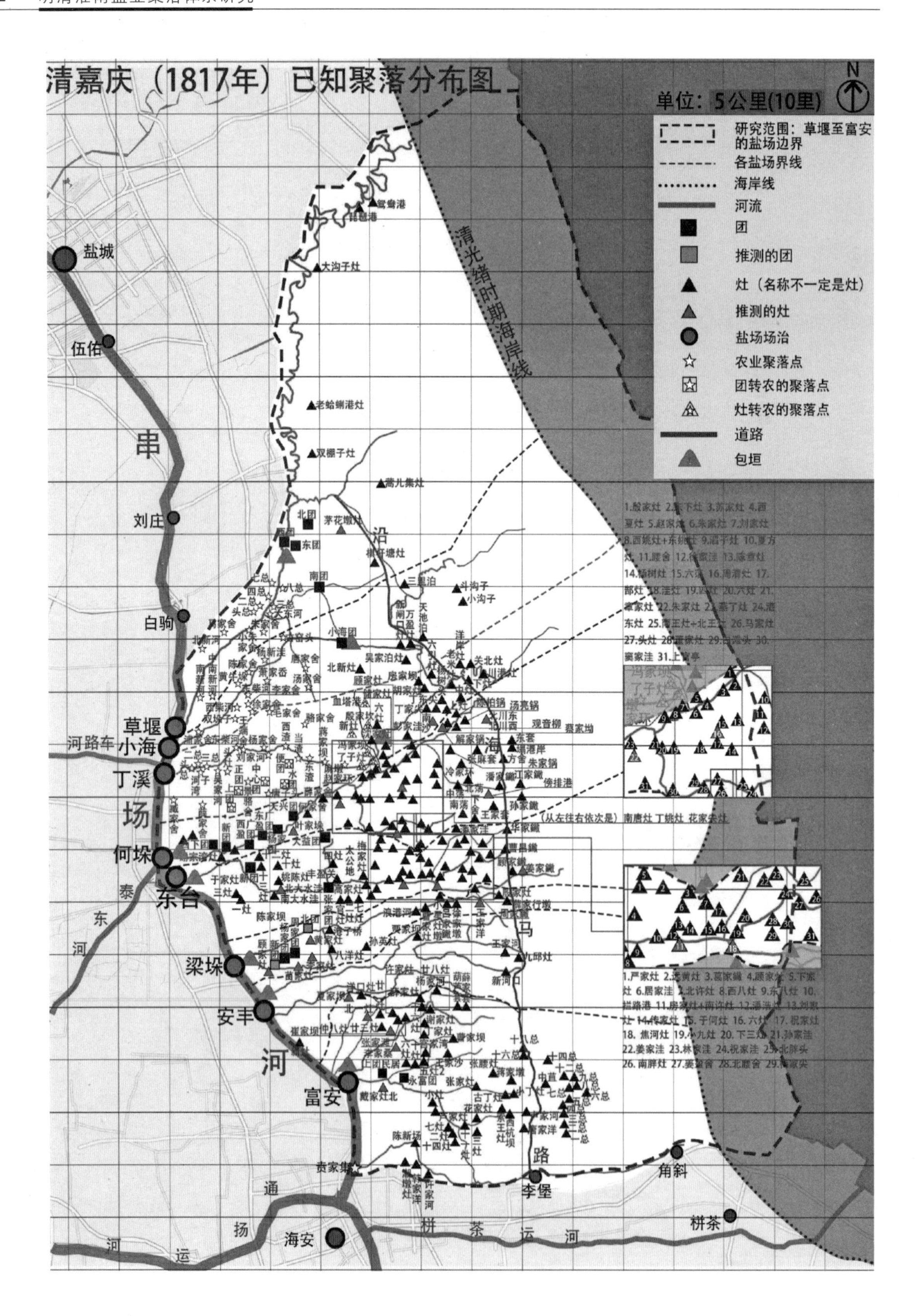

清嘉庆（1817年）已知聚落分布图
单位：5公里(10里)
研究范围：草堰至富安的盐场边界
各盐场界线
海岸线
河流
团
推测的团
灶（名称不一定是灶）
推测的灶
盐场场治
农业聚落点
团转农的聚落点
灶转农的聚落点
道路
包垣
清光绪时期海岸线
盐城
伍佑
刘庄
白驹
草堰
小海
丁溪
何垛
东台
梁垛
安丰
富安
李堡
角斜
栟茶
海安
串场河
通扬运河
栟茶运河
泰东河
河路车

附录 2　明嘉靖至清嘉庆草堰场至富安场聚落 1920 年代至今地图对照表

（一）草堰场

聚落名称❶	1929 年地图	1969 年卫星地图	现代卫星地图
草堰	鎮		
西团	 西 團		
南团	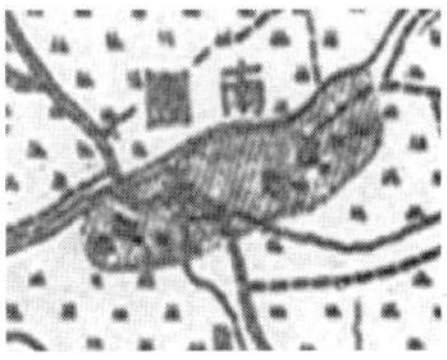 南 團	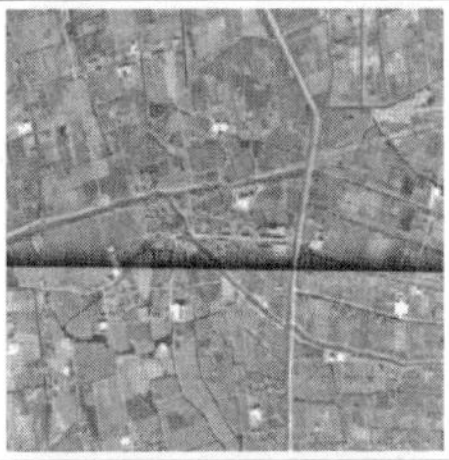	
北团	 北 團		
东团	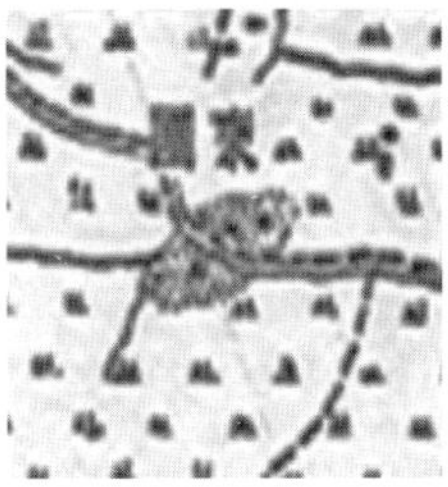 東 團		

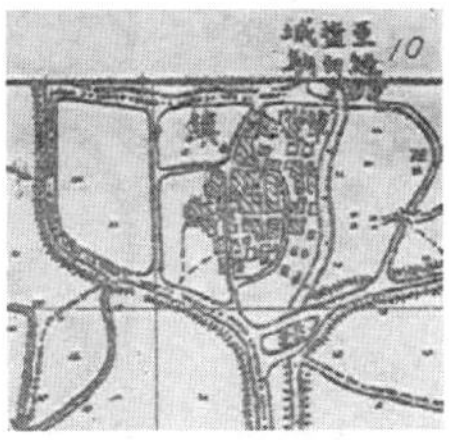

❶　表中聚落名称一列均指今日聚落名称。

续表

聚落名称	1929 年地图	1969 年卫星地图	现代卫星地图
棋杆糖灶			
茅花墩灶			
鸳鸯港			
琵琶港			
大沟子灶			
老蛤蜊港灶			

续表

聚落名称	1929 年地图	1969 年卫星地图	现代卫星地图
双棚子灶			
蒿儿集灶			

（二）小海场

聚落名称	1929 年地图	1969 年卫星地图	现代卫星地图
小海团			
北新灶			
吴家泊灶			
南新灶	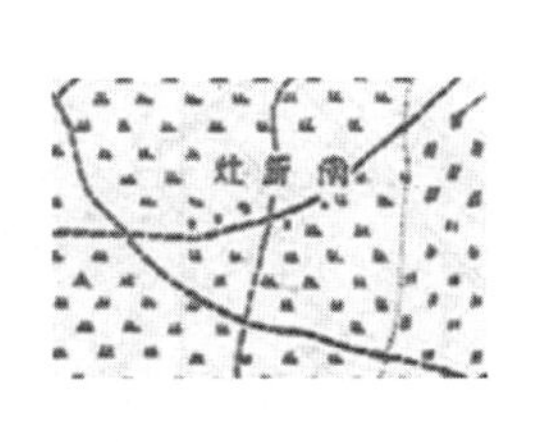		

续表

聚落名称	1929 年地图	1969 年卫星地图	现代卫星地图
新闸口灶	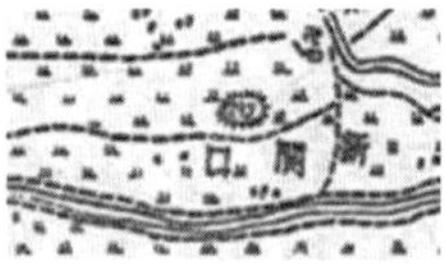		
万盈灶			
北舀灶＋南舀灶	无		
天地泊	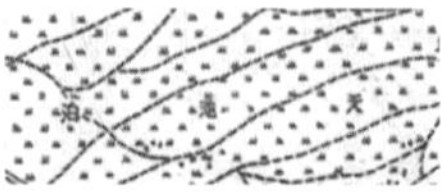		
斗沟子	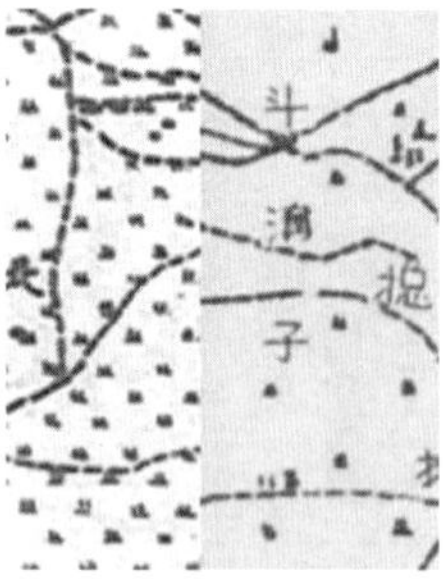		
小沟子	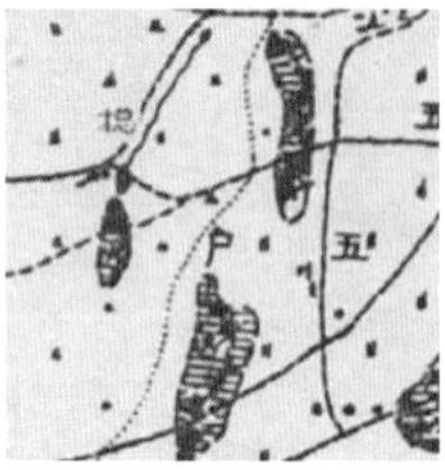		

（三）丁溪场

聚落名称	1929 年地图	1969 年卫星地图	现代卫星地图
便团			
水团			
中心团			
正团			
上团			
房家坝			
丁家尖			

续表

聚落名称	1929 年地图	1969 年卫星地图	现代卫星地图
彭家洼		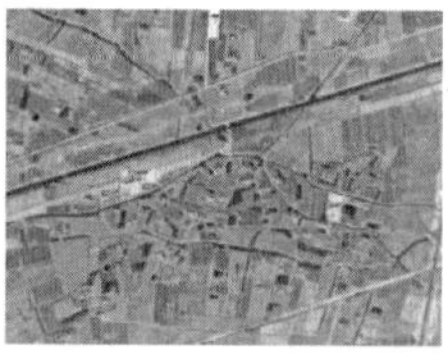	
储家灶	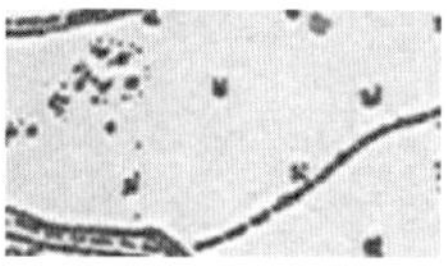		
赵家环	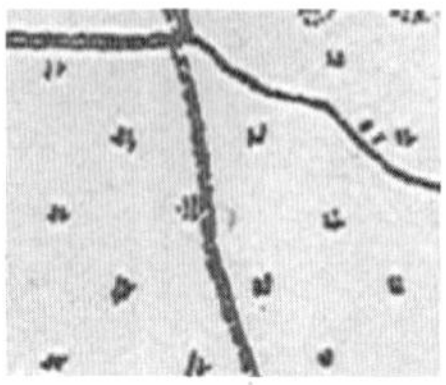		
顾家灶	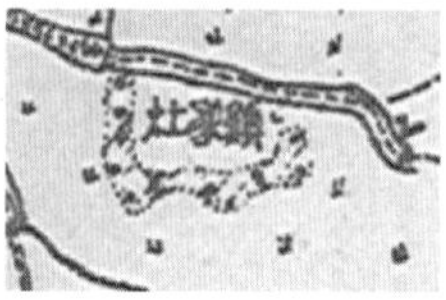		
冯家坝	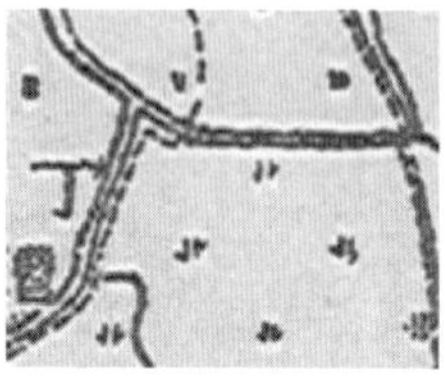		
新灶	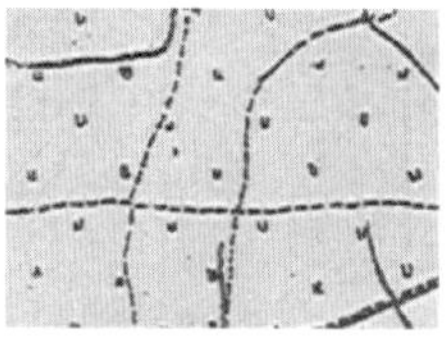		
血塔港	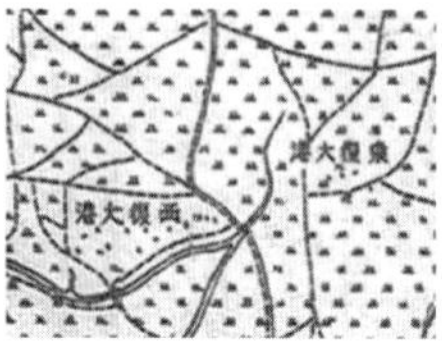		

续表

聚落名称	1929 年地图	1969 年卫星地图	现代卫星地图
殷家坎	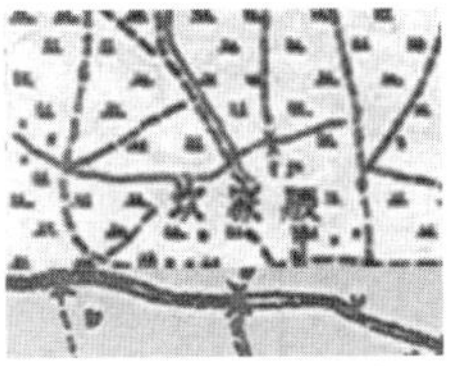		
沈家灶			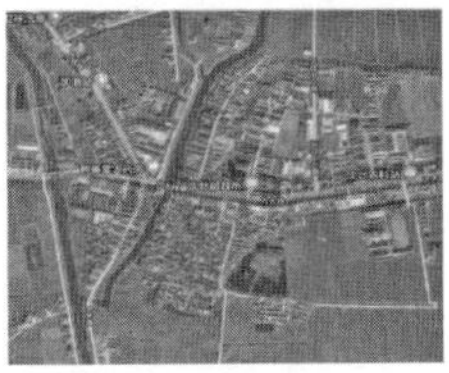
南沙	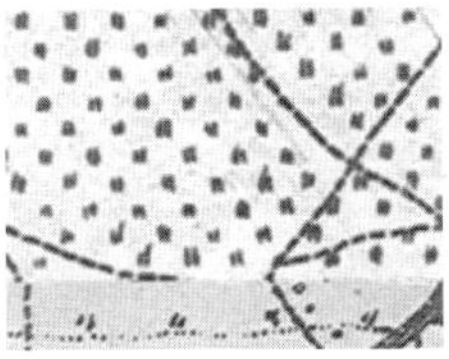		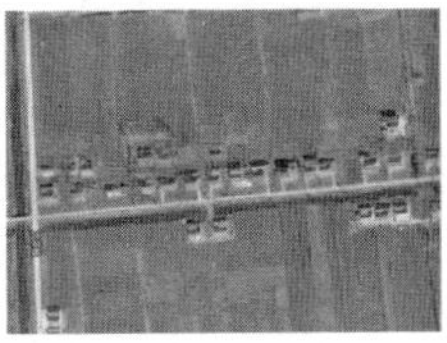
了子灶	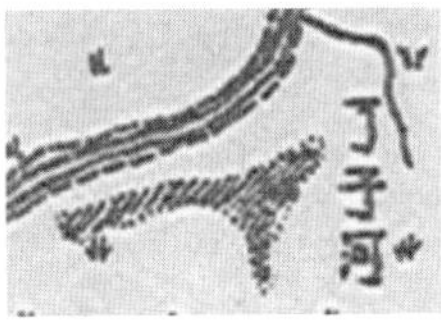	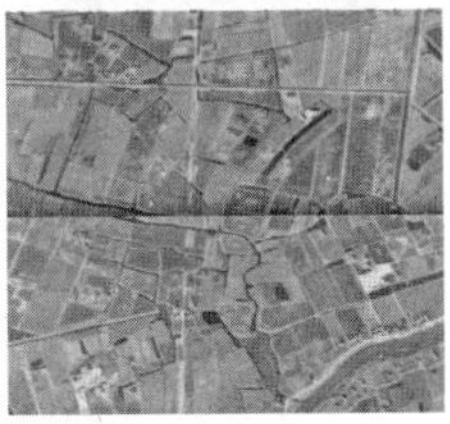	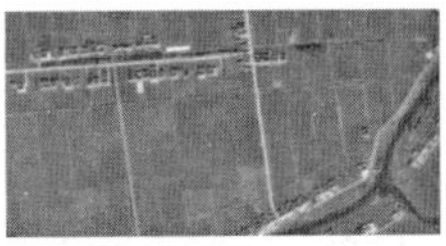
关北灶			
洋岸灶	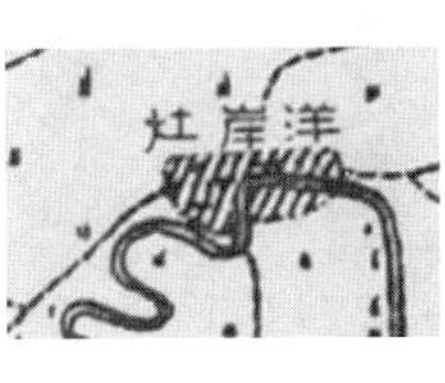		
川港灶	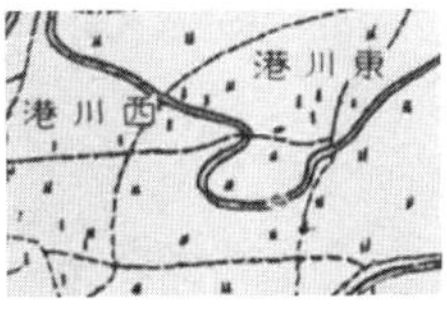	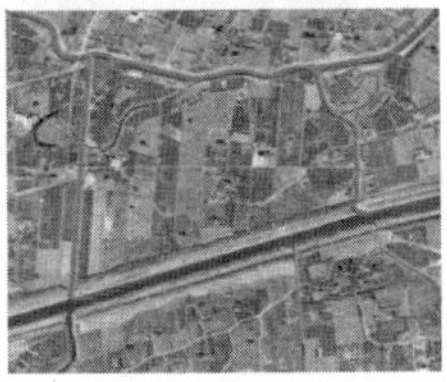	

续表

聚落名称	1929 年地图	1969 年卫星地图	现代卫星地图
下灶	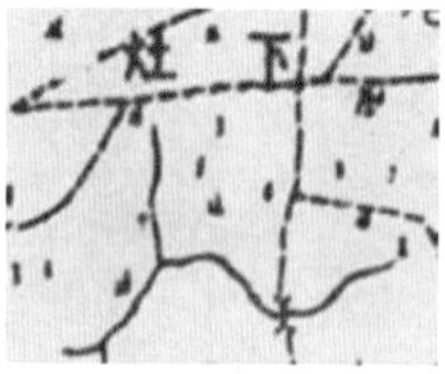		
六引灶	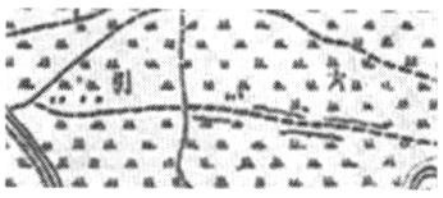		
老米灶			
中灶			
上灶	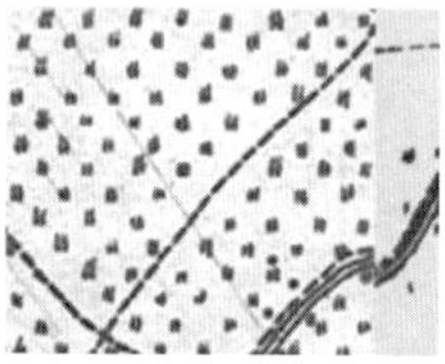		
杨树头	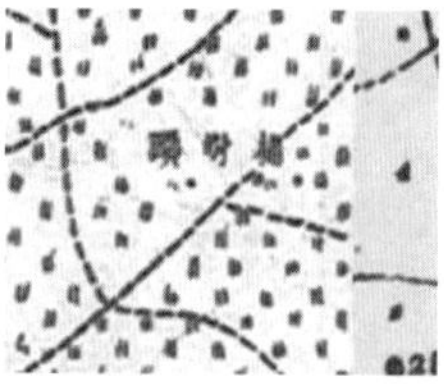		
胡家灶	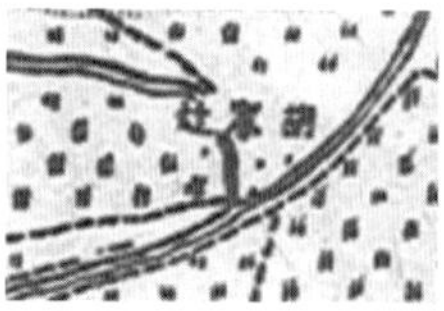		

续表

聚落名称	1929 年地图	1969 年卫星地图	现代卫星地图
六灶	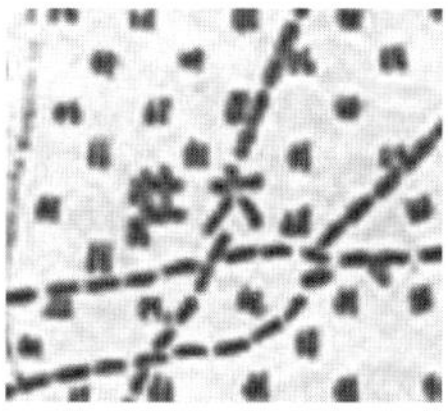 灶大		
丁家尖	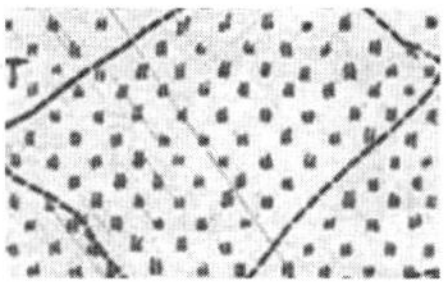		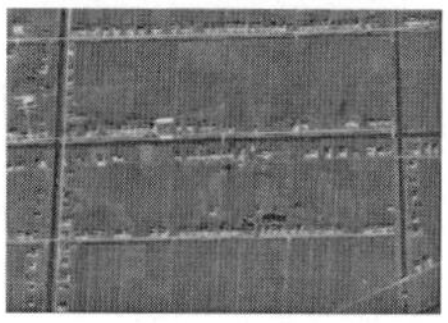

（四）何垛场

聚落名称	1929 年地图	1969 年卫星地图	现代卫星地图
西下团	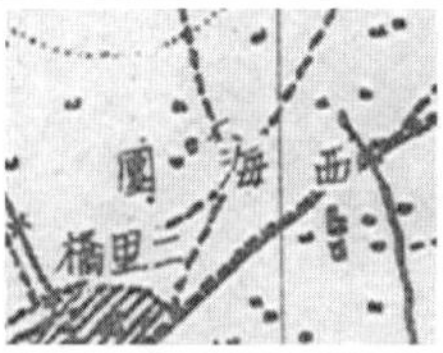 團 海 西 橘里三		
新团	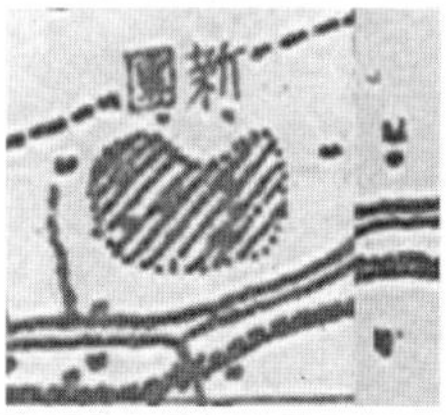 團新		
西广盈团	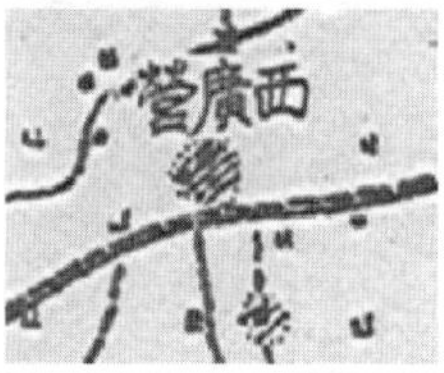 營廣西		
东广盈团	 營廣東		
杨家团	 團楊北 河 團楊南		

续表

聚落名称	1929 年地图	1969 年卫星地图	现代卫星地图
天兴团			
谢家湾灶			
王家灶			
马家灶	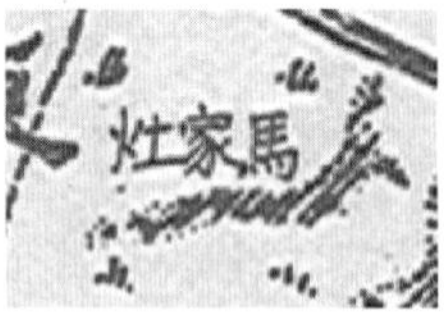		
花家尖灶			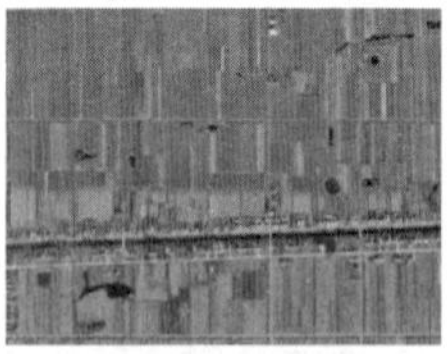
港东灶	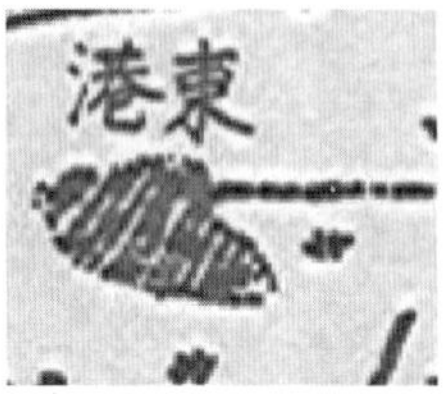		

续表

聚落名称	1929 年地图	1969 年卫星地图	现代卫星地图
陈柏锅	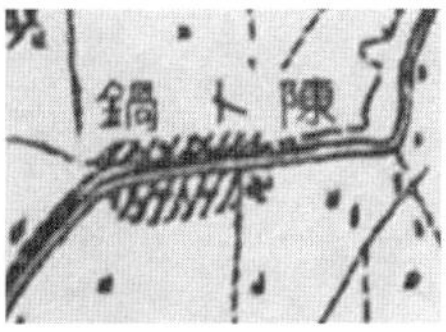		
解家锅	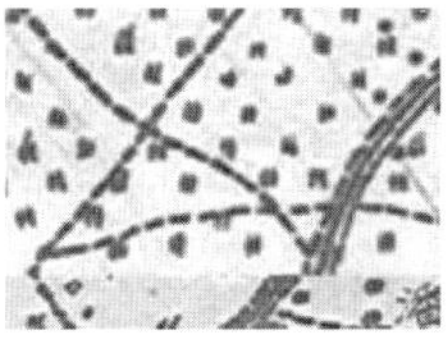		
观音柳	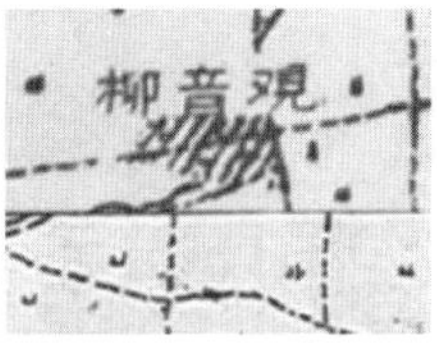		
叶家锅	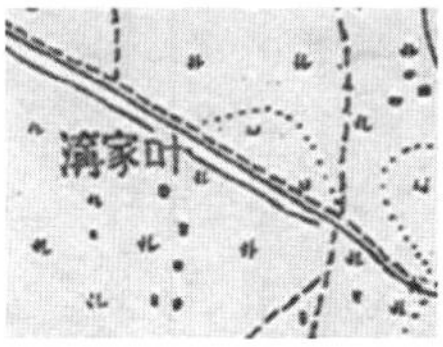	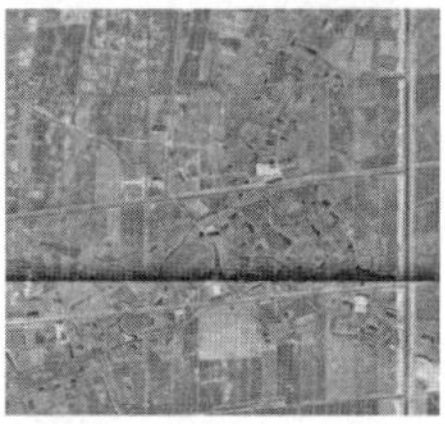	
北川港	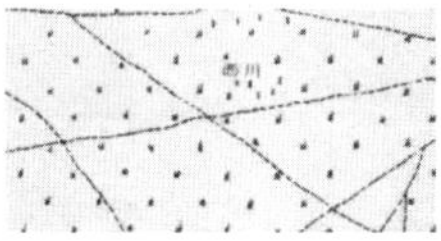		
朱家锅	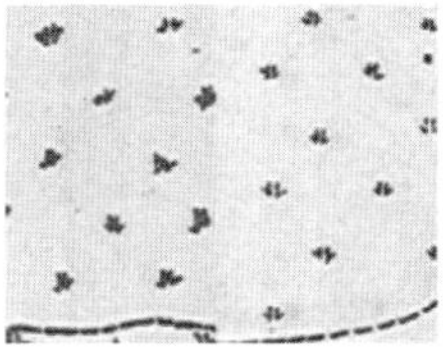		
张麻套	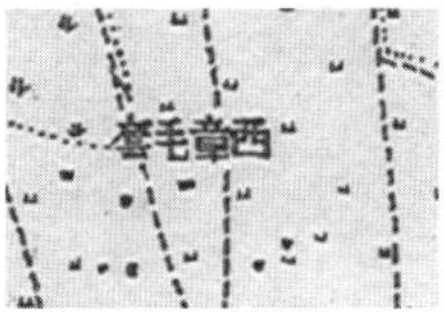		

续表

聚落名称	1929 年地图	1969 年卫星地图	现代卫星地图
塌港岸	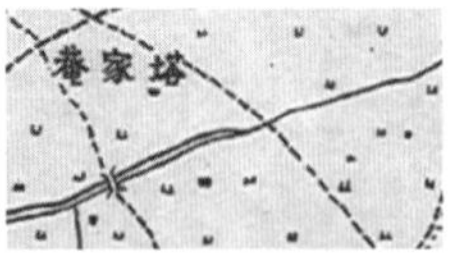		
冷家环	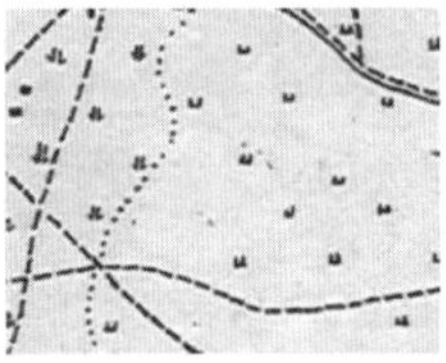		
方舍	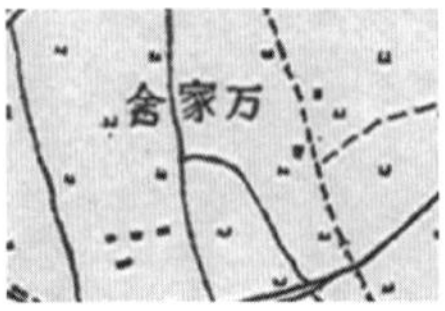		
北荡	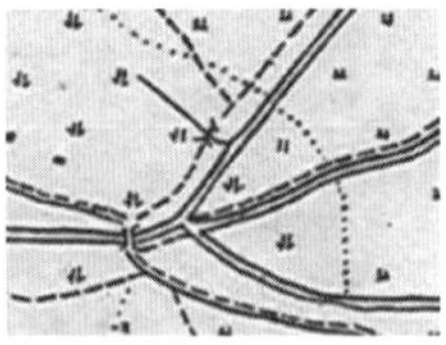		
潘家撇	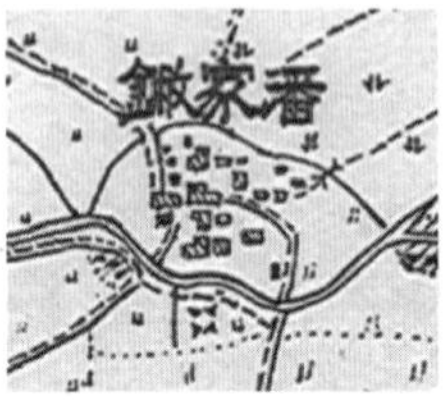		
孙家撇	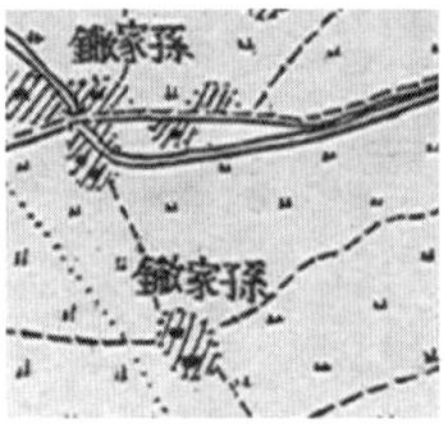		
江家撇	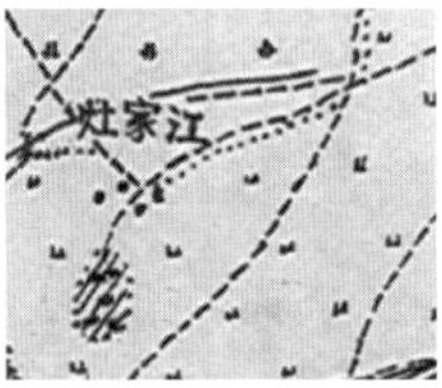		

续表

聚落名称	1929 年地图	1969 年卫星地图	现代卫星地图
傍排港	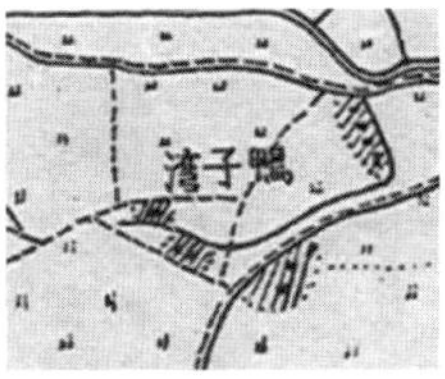		
王家套	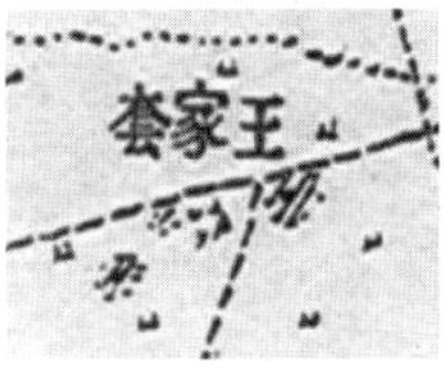		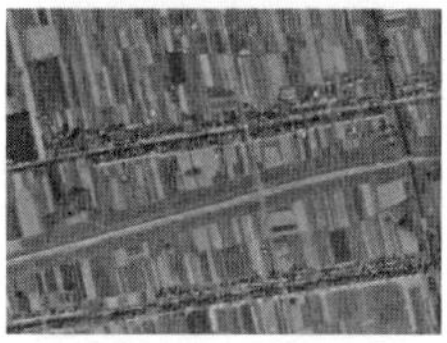
南荡	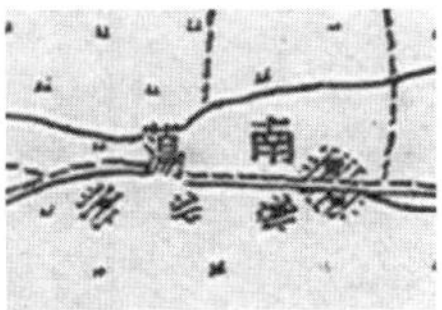		
下舍	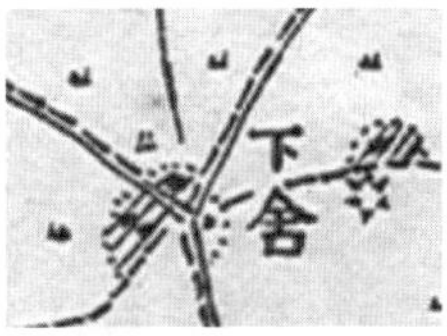	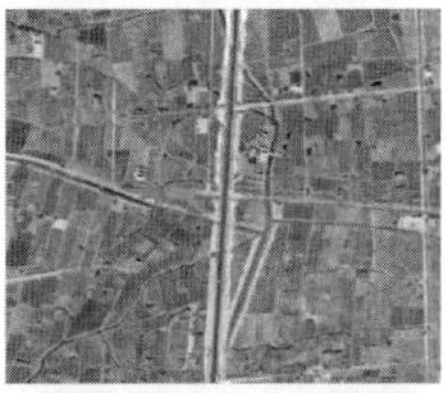	
陈章灶	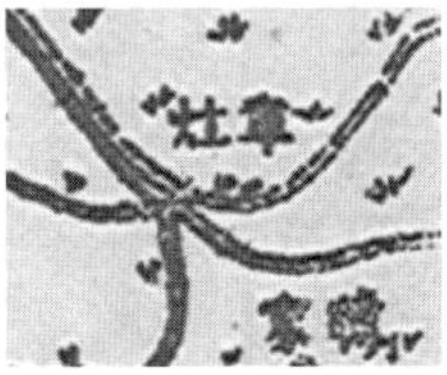		
夏方锅	无		
汤亮锅	无		
蔡家坳	无		

续表

聚落名称	1929年地图	1969年卫星地图	现代卫星地图
中荡	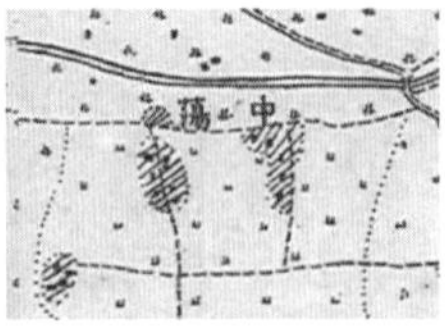		
腰舍	无		
徐家洼	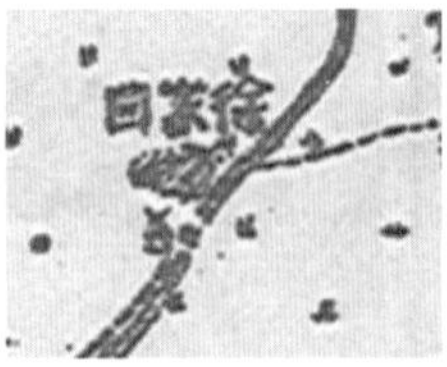		
东下灶	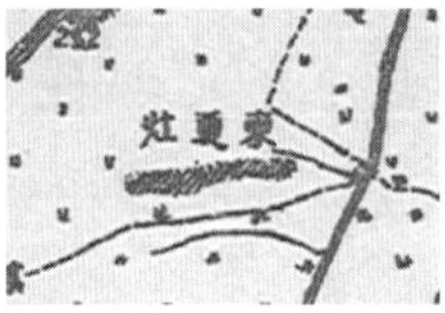		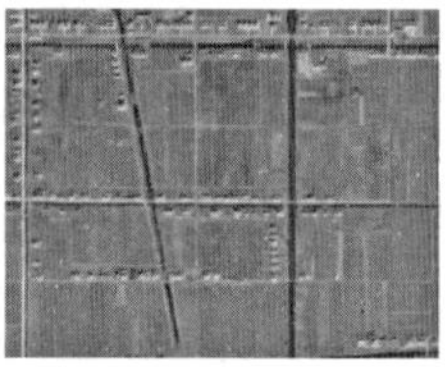
西夏灶	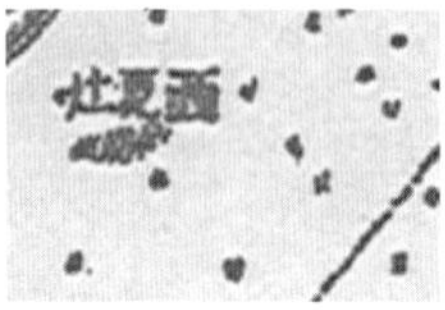		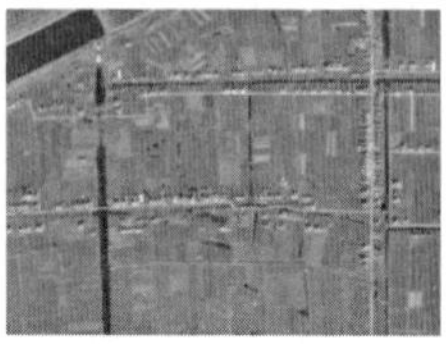
朱家灶1	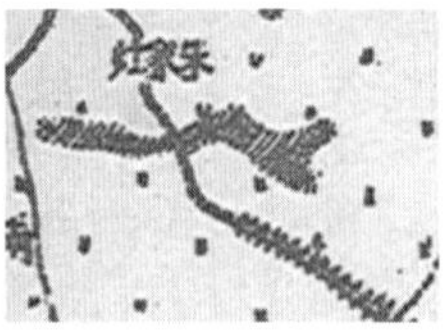		
赵家灶	无		

续表

聚落名称	1929 年地图	1969 年卫星地图	现代卫星地图
刘家灶	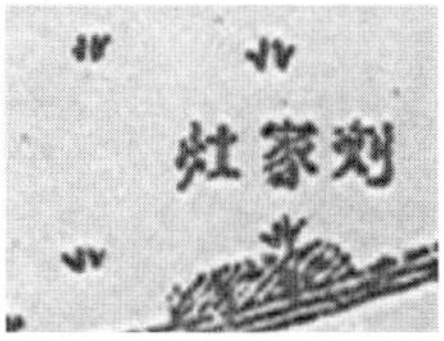 灶家刘		
滔子灶	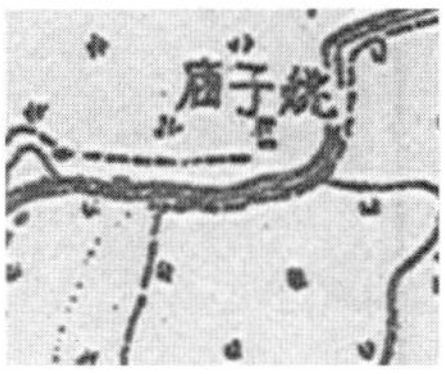 庙子姚	无	
章家灶	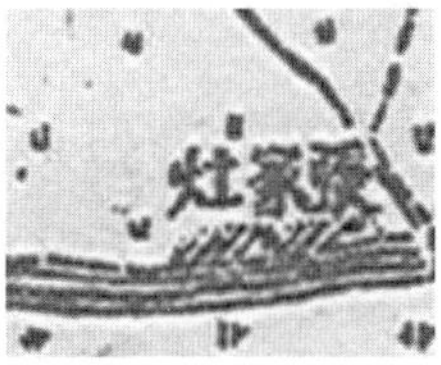 灶家張		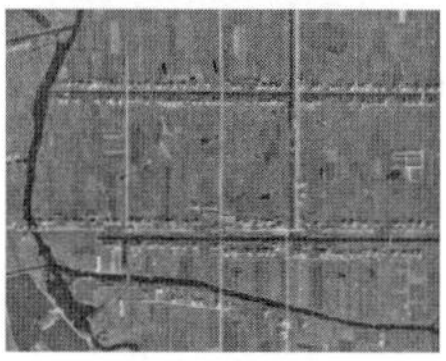
燕了灶	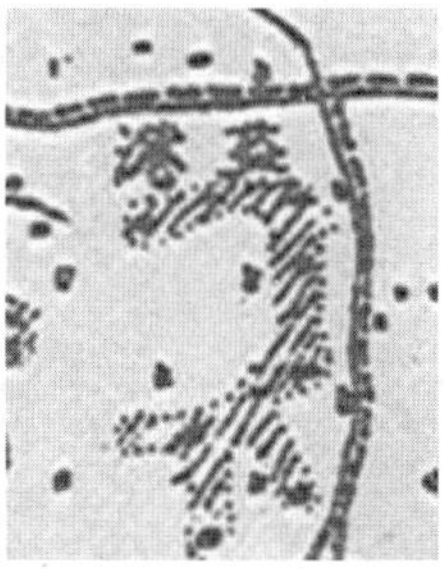 港燕		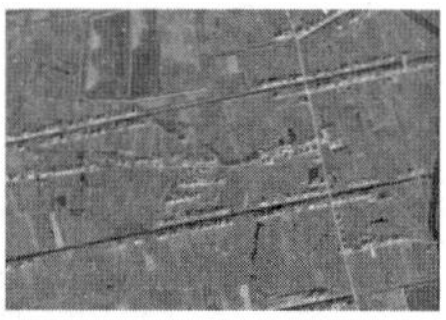
窦家灶	 家杜		
头灶	 灶頭西 官		
丁姚灶	无		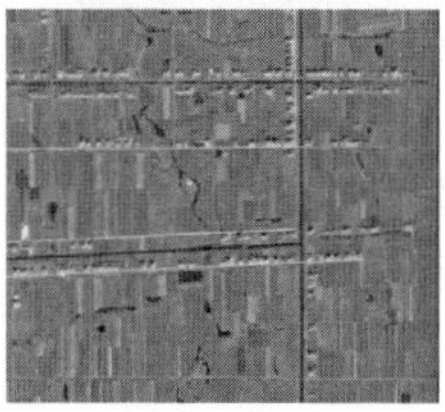

续表

聚落名称	1929 年地图	1969 年卫星地图	现代卫星地图
董家灶			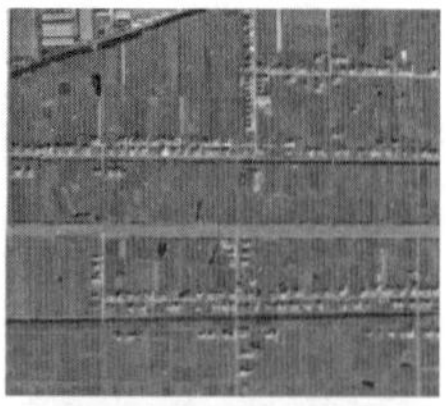
邰灶	无		
洼灶	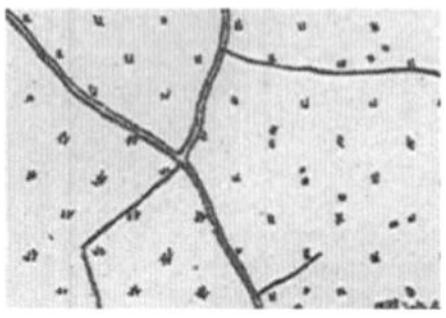		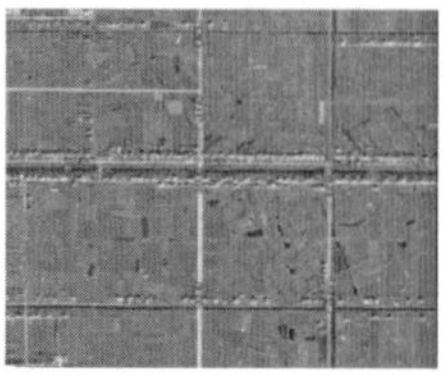
白滩头	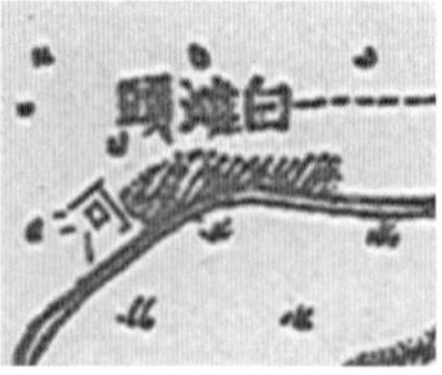		
上官亭	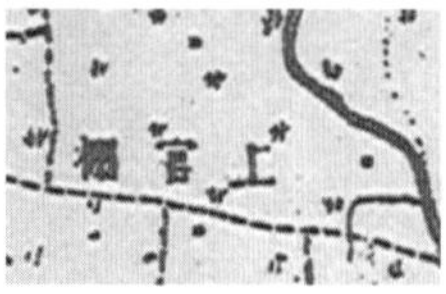		
南唐灶			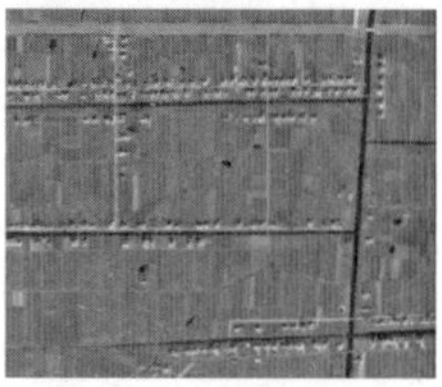
周清灶	无		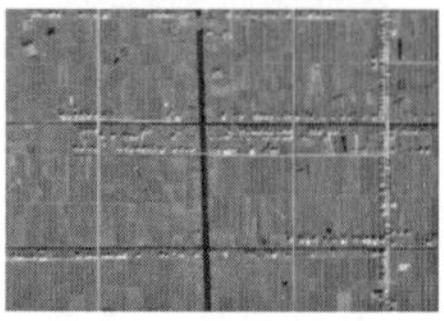

续表

聚落名称	1929 年地图	1969 年卫星地图	现代卫星地图
薛家舍	无		
何家舍	无		
叶家垛	无	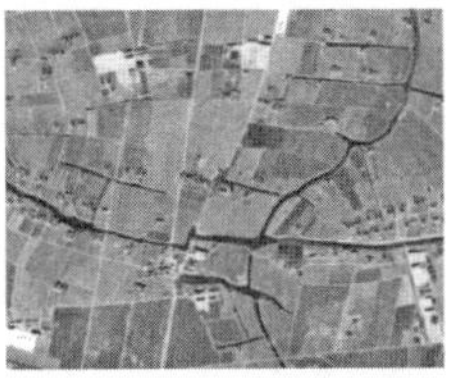	
东套	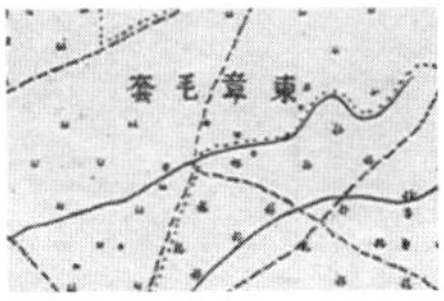		
苏家舍	无		
北一灶	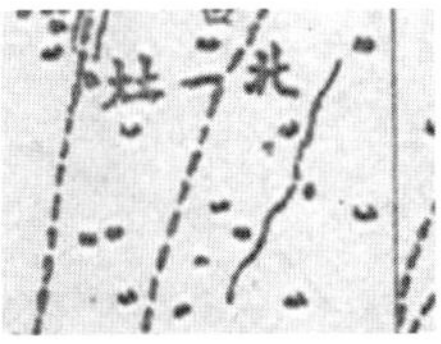		
北二灶	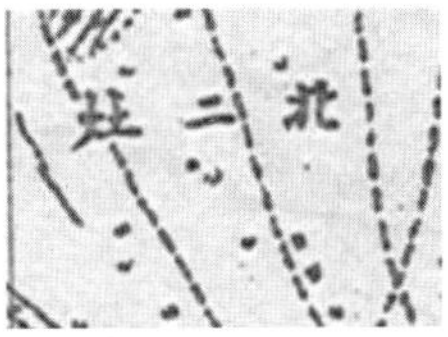		

续表

聚落名称	1929年地图	1969年卫星地图	现代卫星地图
四灶			
六灶	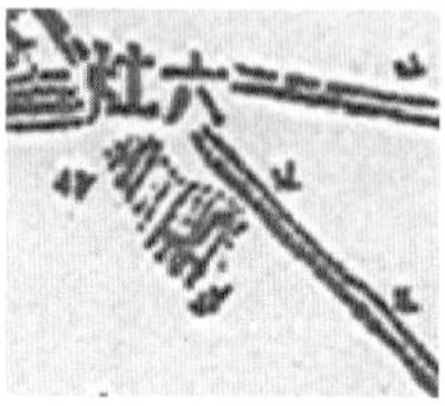		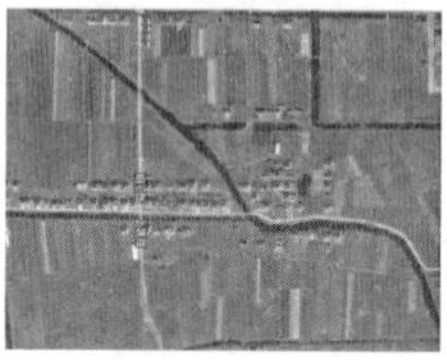
杨树灶	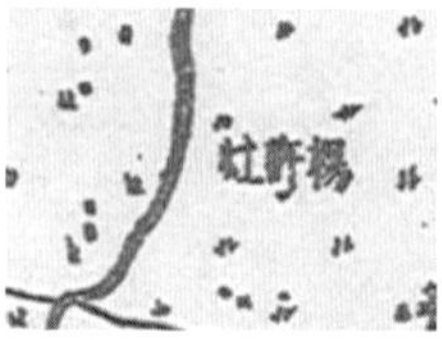		
六荡	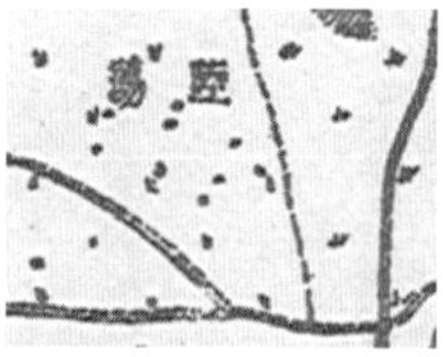		
殷家灶			

（五）东台场

聚落名称	1929年地图	1969年卫星地图	现代卫星地图
新团	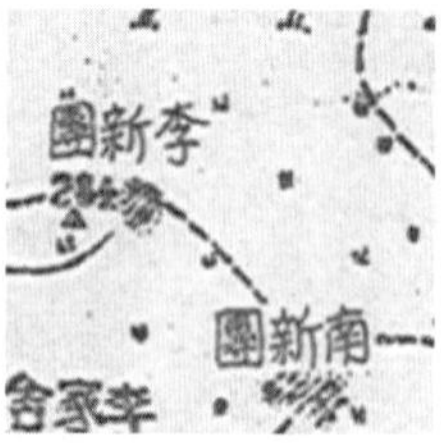		
大益团	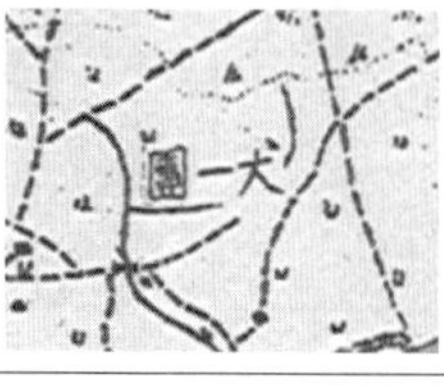		

续表

聚落名称	1929 年地图	1969 年卫星地图	现代卫星地图
张家团	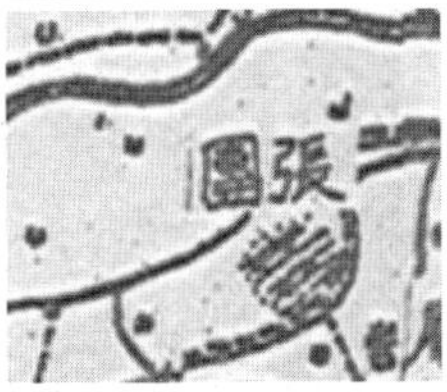		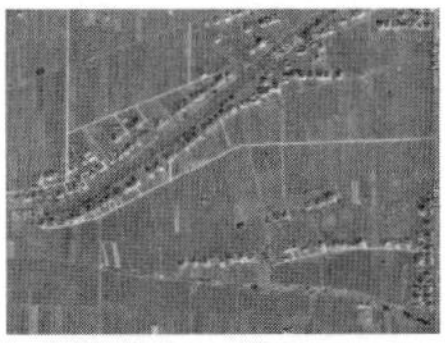
三灶	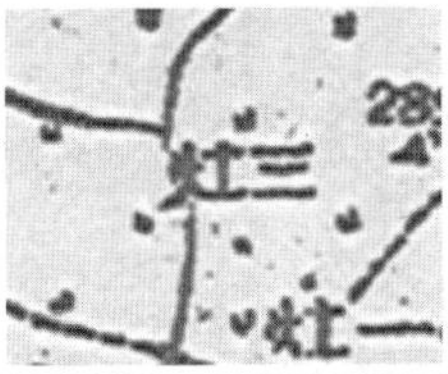		
房家灶＋南许灶	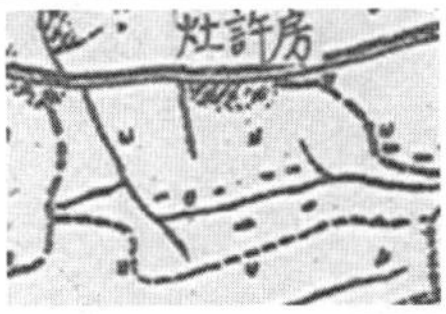	无	
姜家撇	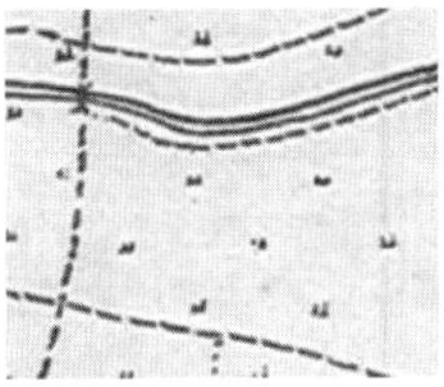		
蒋家泊	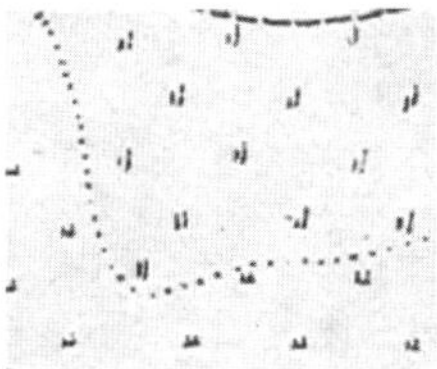		
远黄灶	无		
七灶			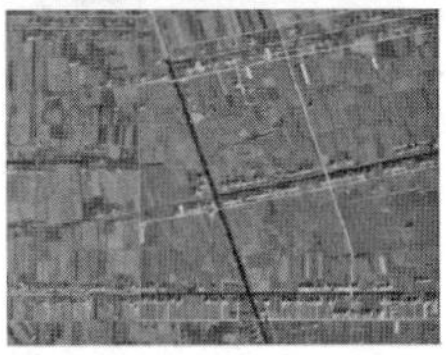
拦路港	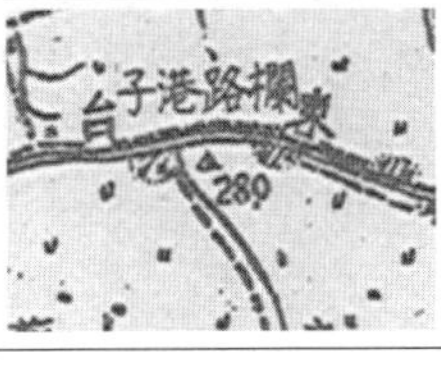	无	无

续表

聚落名称	1929 年地图	1969 年卫星地图	现代卫星地图
潘浩灶	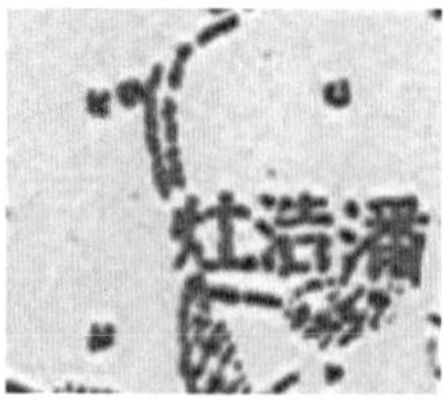	无	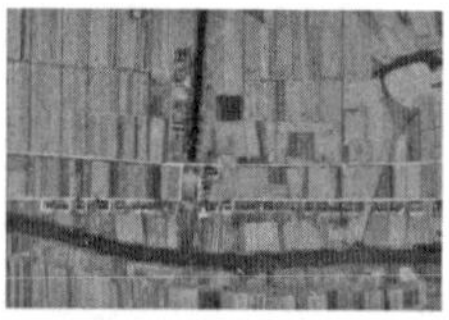
刘家灶			
于何灶			
六灶	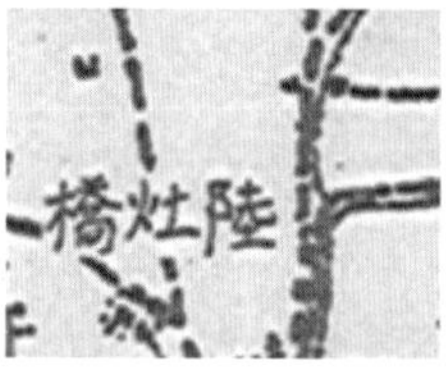		
孙家洼	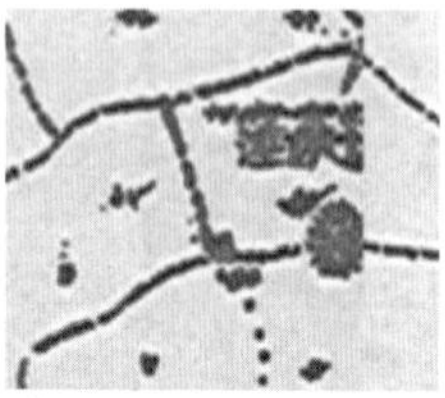		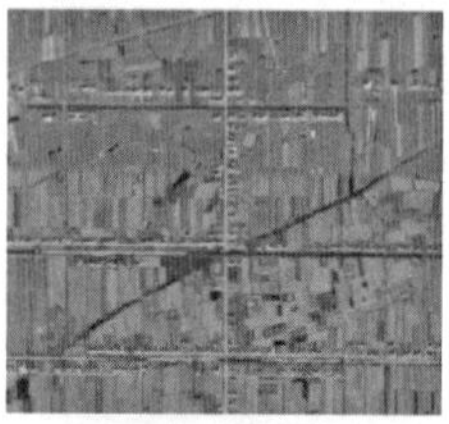
北腰舍			
梅家尖	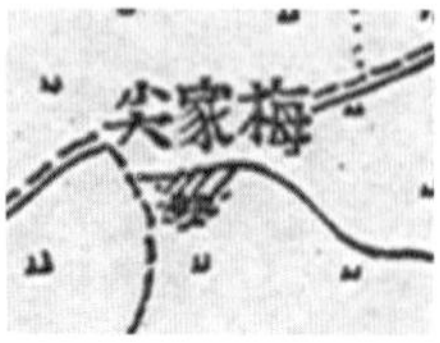		

续表

聚落名称	1929 年地图	1969 年卫星地图	现代卫星地图
周家坳		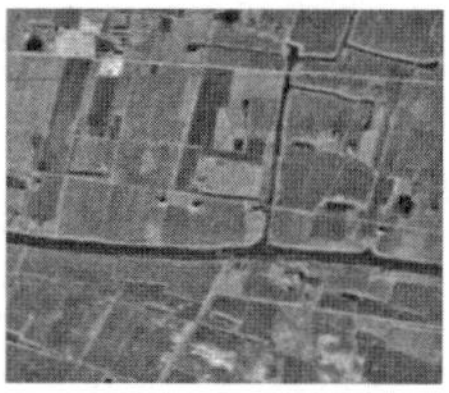	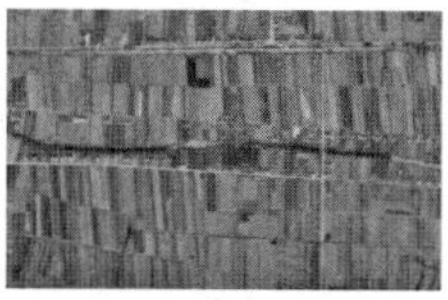
西股港＋东股港		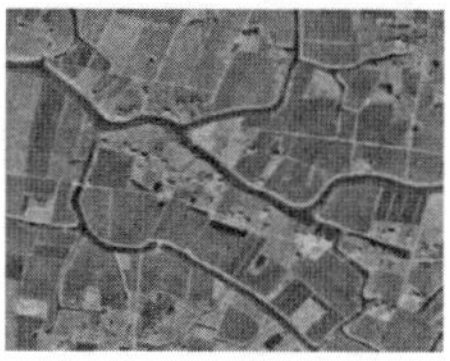	
五灶			
小九灶	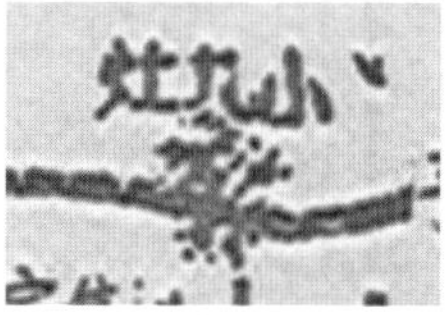	元	无
下三灶	无		
南腰舍		无	无
顾家撇	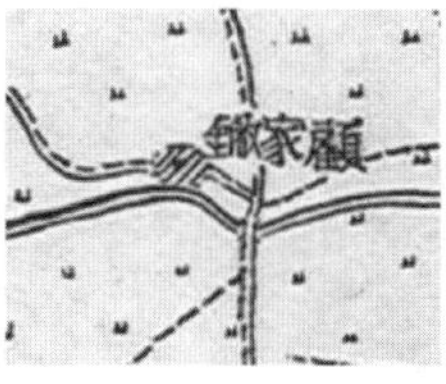		

续表

聚落名称	1929 年地图	1969 年卫星地图	现代卫星地图
曹昌撇			
华家撇			
北胖头			
姜盈舍			
祝家洼			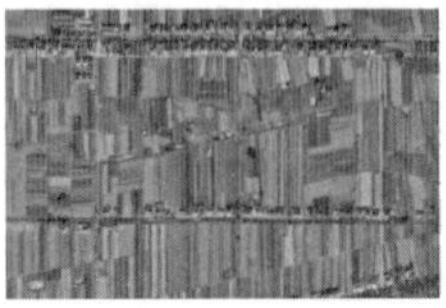
九灶洼	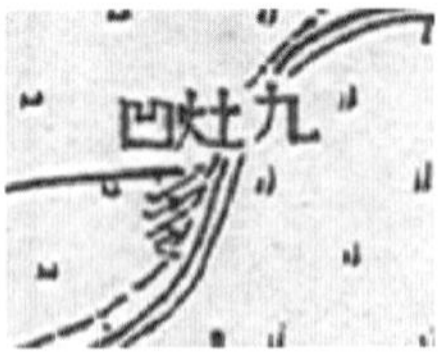		
姜家洼			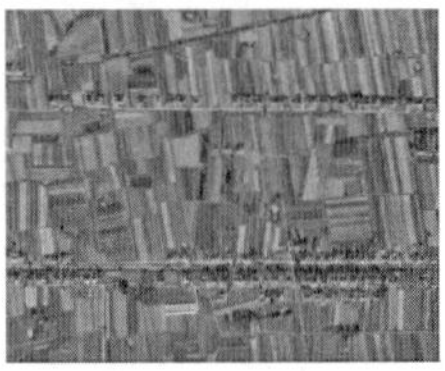

续表

聚落名称	1929 年地图	1969 年卫星地图	现代卫星地图
林家洼			
潘家洼	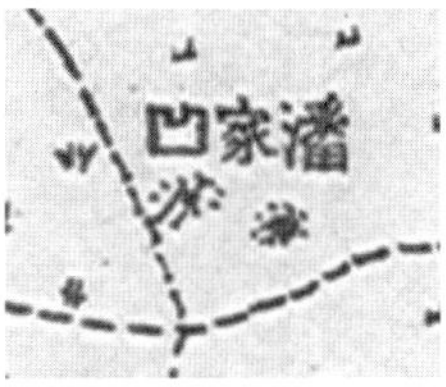	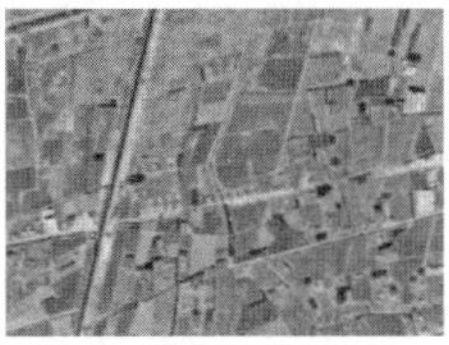	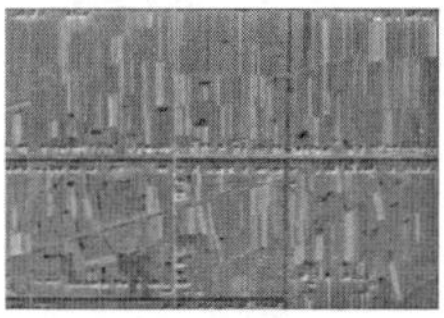
祝家灶			
北许灶	无	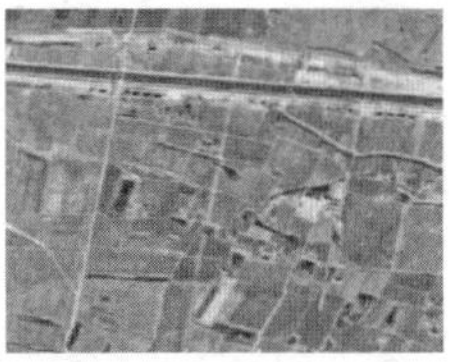	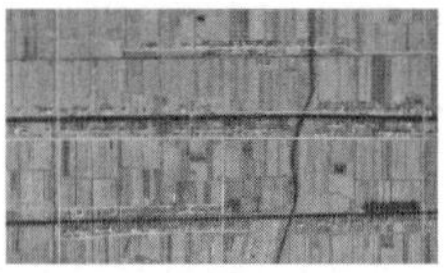
曹家灶			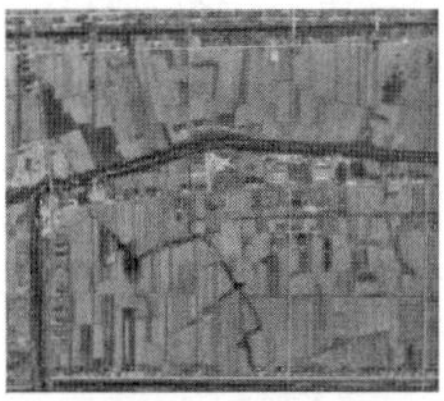
传家灶	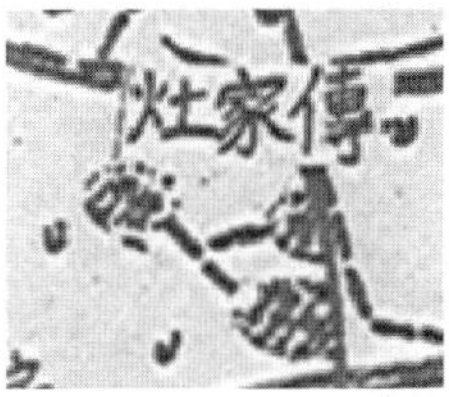		
居家洼	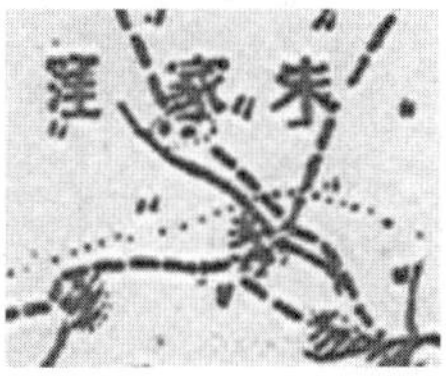		

续表

聚落名称	1929 年地图	1969 年卫星地图	现代卫星地图
葛家撇	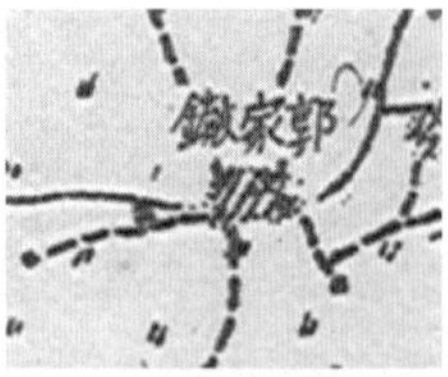		
十五灶			无
顾家灶			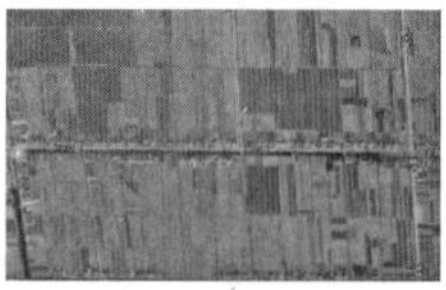
严家灶			
东八灶＋西八灶			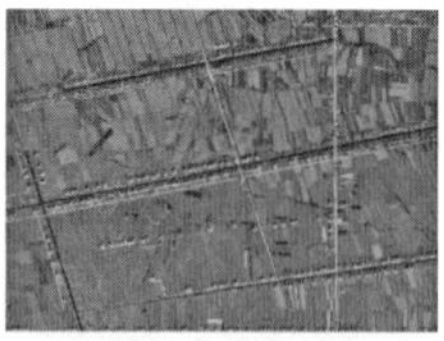
高家灶			
梅家灶			
太公地	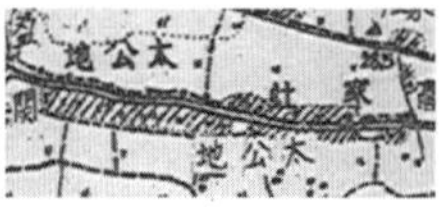		

续表

聚落名称	1929 年地图	1969 年卫星地图	现代卫星地图
二灶	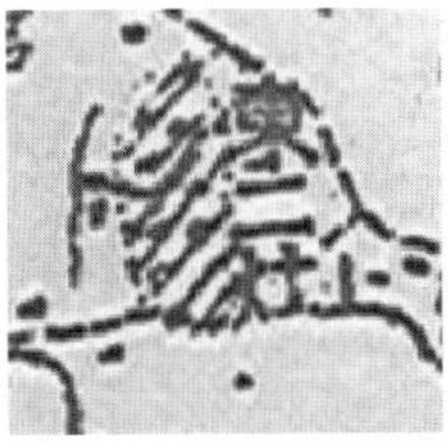	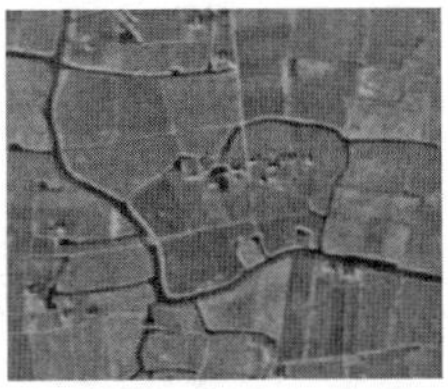	
官灶			
四灶			
丰盈关	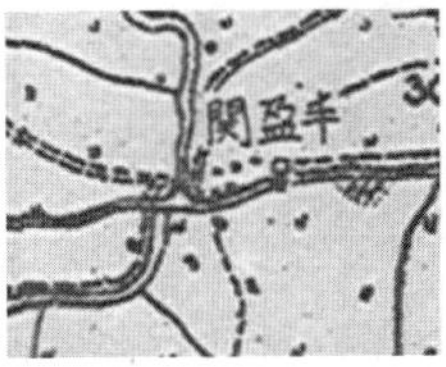		
北大水洼或南大水洼	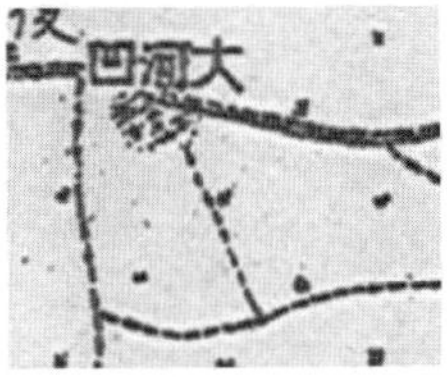		
姚陈灶	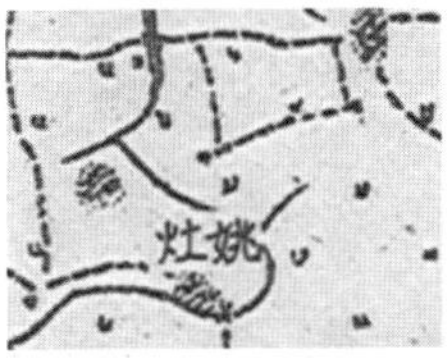		
十灶	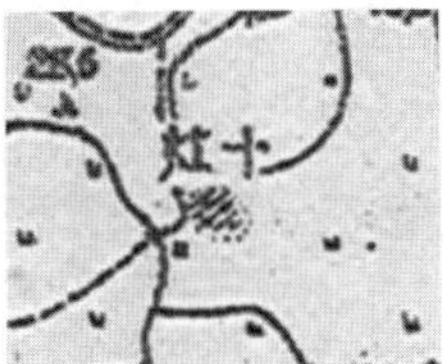	无	

续表

聚落名称	1929 年地图	1969 年卫星地图	现代卫星地图
十三灶	无	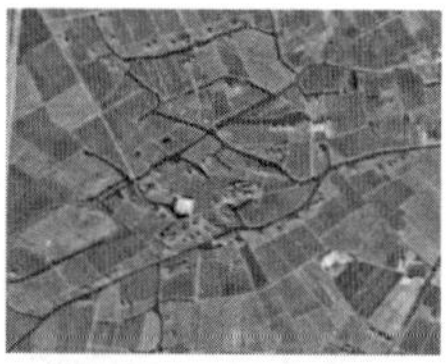	
十二灶	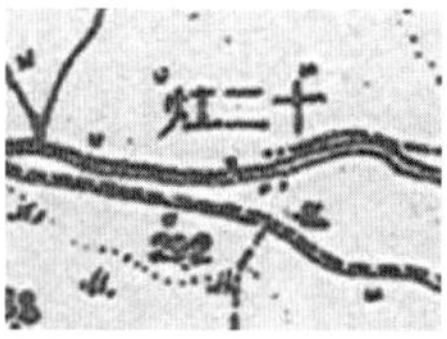		
一灶	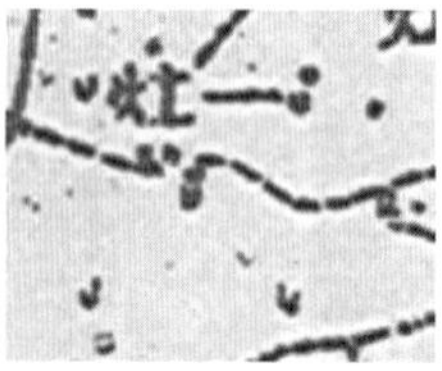		
于家灶	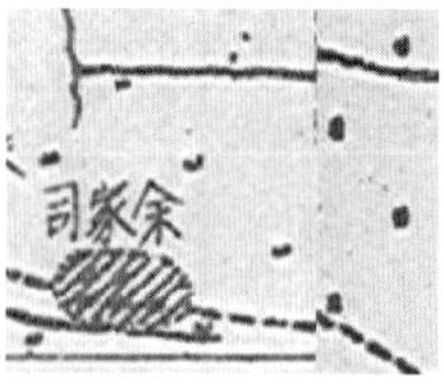		无
陈家坝	无		
下家灶		无	无
南胖灶			

（六）梁垛场

聚落名称	1929 年地图	1969 年卫星地图	现代卫星地图
北团	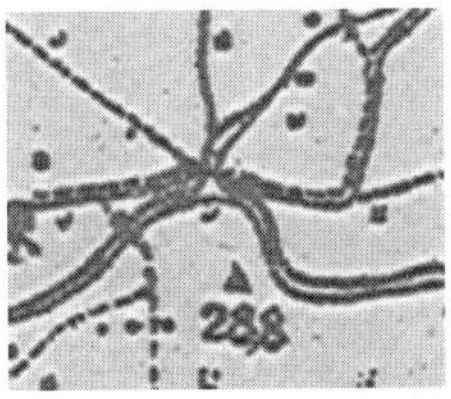	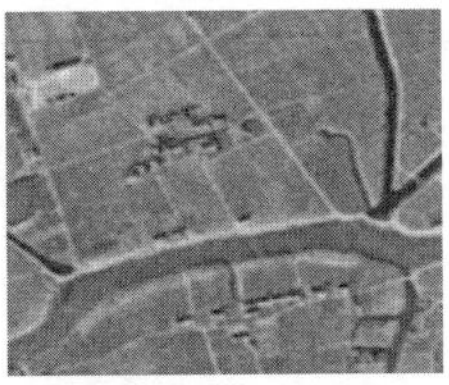	
新团	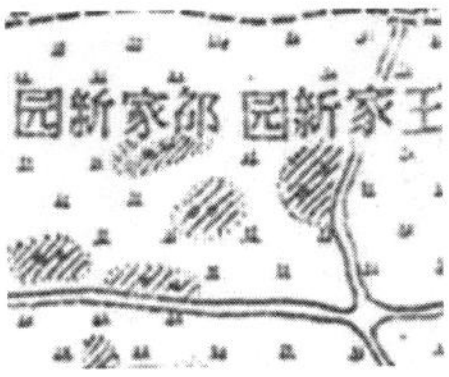		
孙英灶	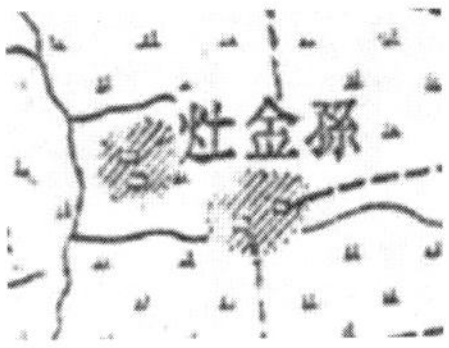		
李家灶	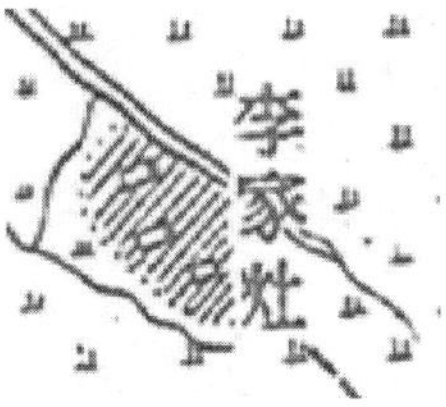		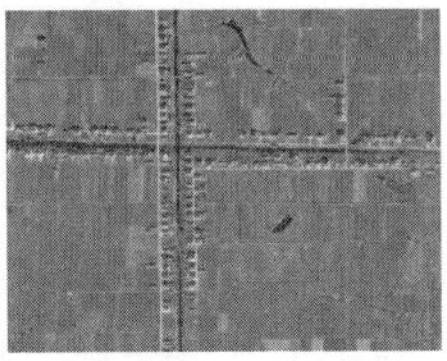
黄家灶			
苗家灶	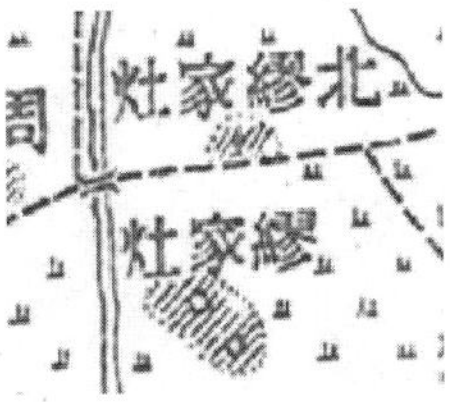		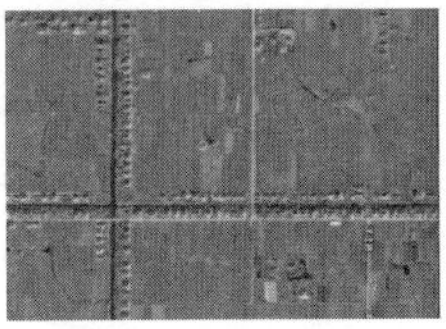
顾家灶			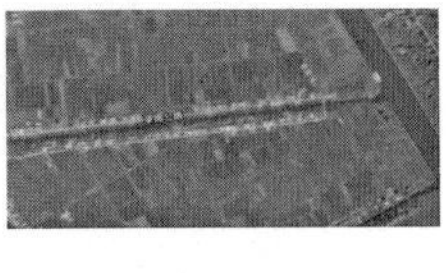

续表

聚落名称	1929 年地图	1969 年卫星地图	现代卫星地图
天鹅荡			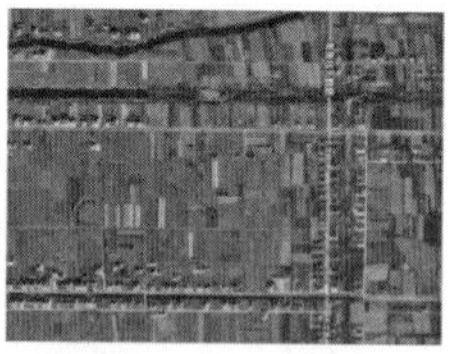
港子桥	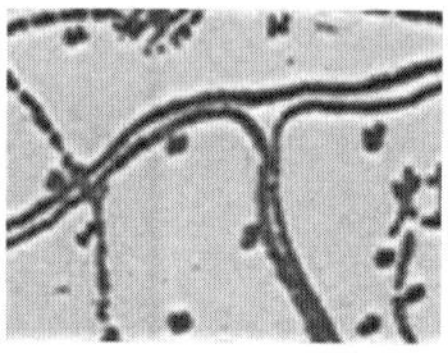		
王家洋	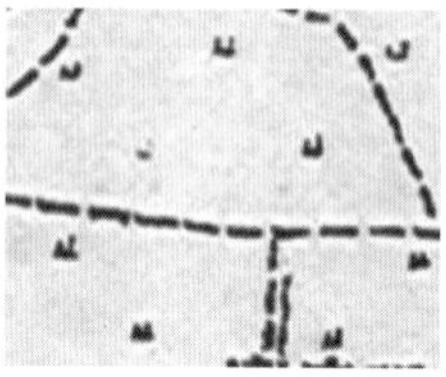		
薛家行墩	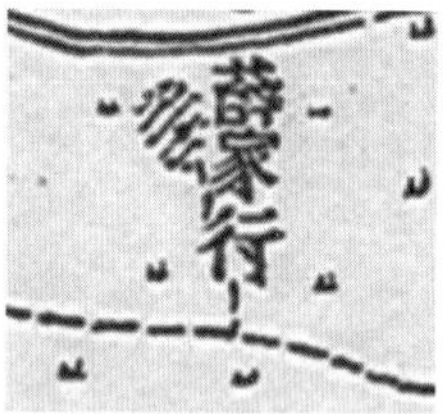		
殷家灶	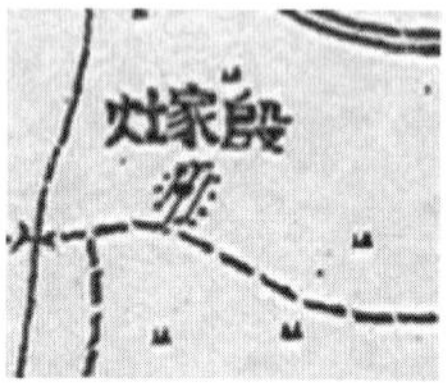		
周家撇	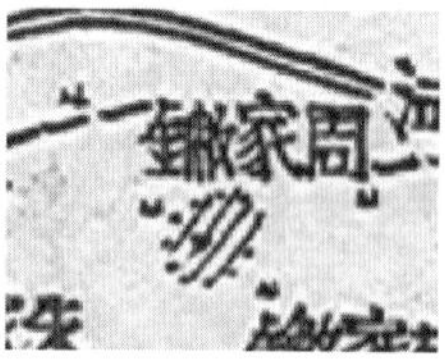		
徐家墩	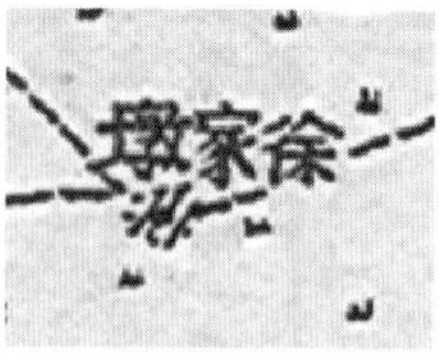		

续表

聚落名称	1929 年地图	1969 年卫星地图	现代卫星地图
吕家撇	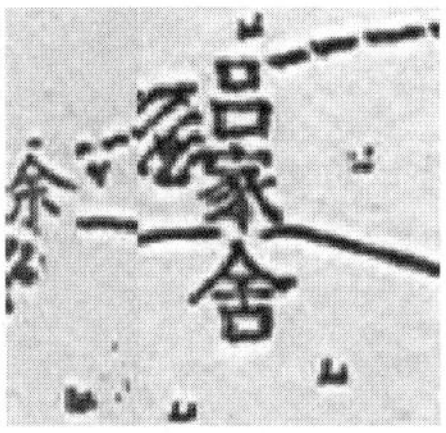		
小星灶墩			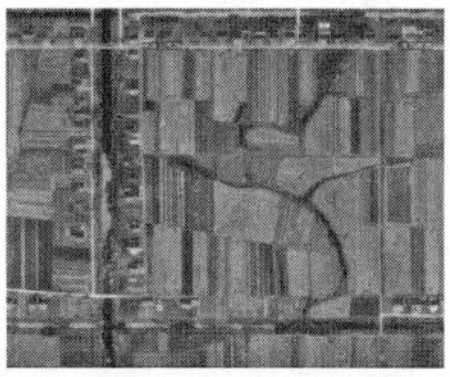
浪港河		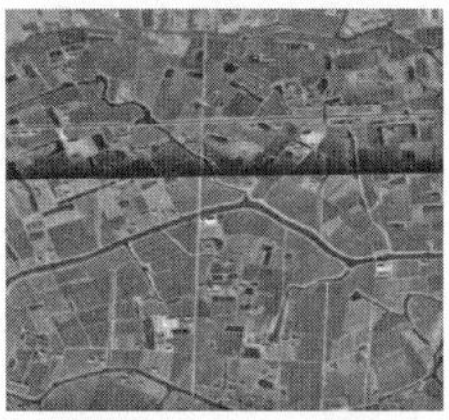	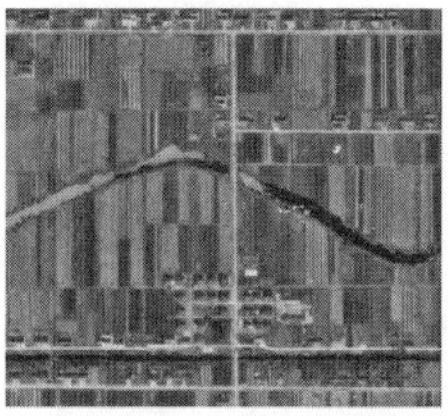
曹家灶			
八洋灶	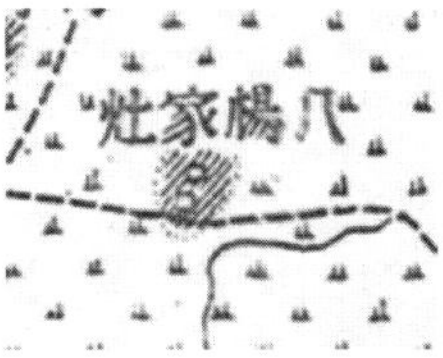		

（七）安丰场

聚落名称	1929 年地图	1969 年卫星地图	现代卫星地图
王家河	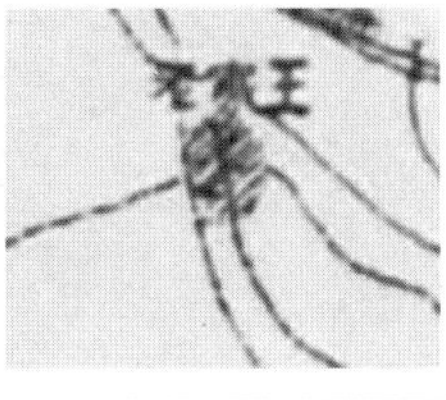	无	无

续表

聚落名称	1929 年地图	1969 年卫星地图	现代卫星地图
九邱灶	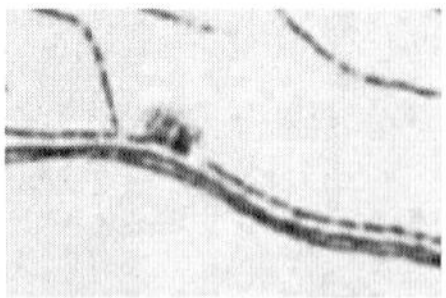		
新河口		无	无
新灶	无		
贾家坝	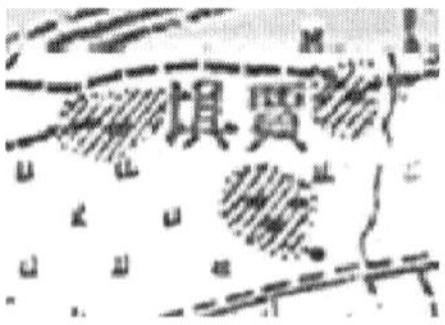	无	

（八）富安场

聚落名称	1929 年地图	1969 年卫星地图	现代卫星地图
上团民居			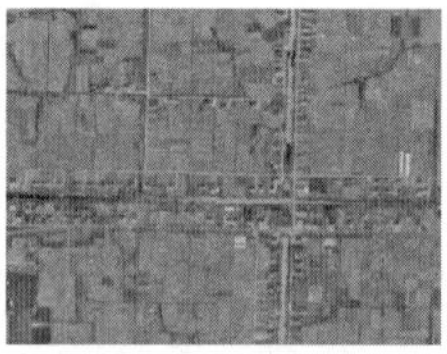
永富团	无		

续表

聚落名称	1929 年地图	1969 年卫星地图	现代卫星地图
夏家坝			
洋口灶			
北一灶		无	无
崔家坝			
张家滩	无		
许家灶			
五灶 1		无	无

续表

聚落名称	1929 年地图	1969 年卫星地图	现代卫星地图
廿三灶		无	无
廿二灶		无	无
仲八灶	无		无
廿八灶		无	无
十六灶		无	无
薛家灶			
杨家河	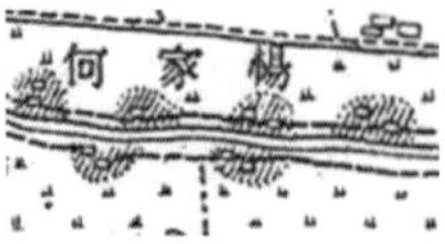		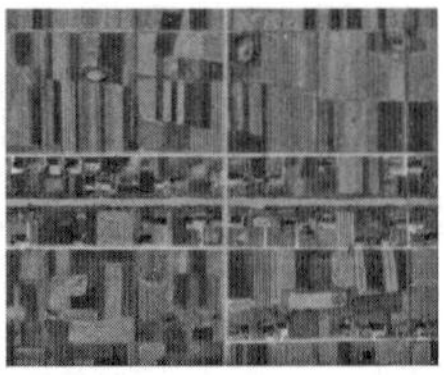

续表

聚落名称	1929 年地图	1969 年卫星地图	现代卫星地图
北七灶			
丁家灶	无		
谢家灶	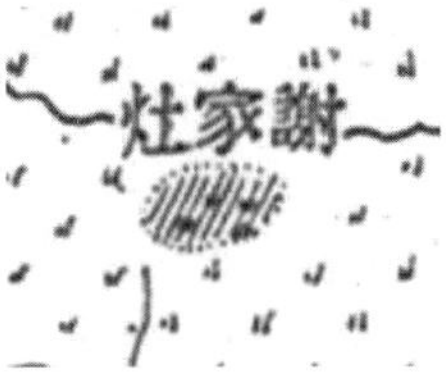		
葫芦套	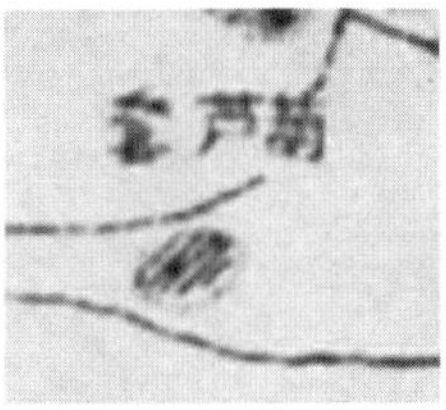	无	无
许家河	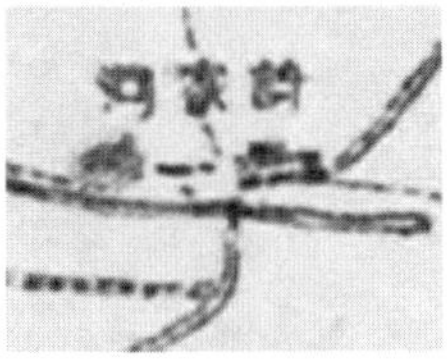	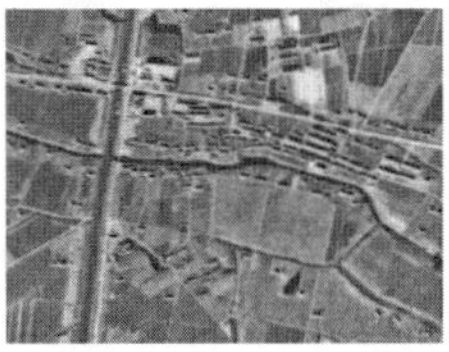	
崔家河	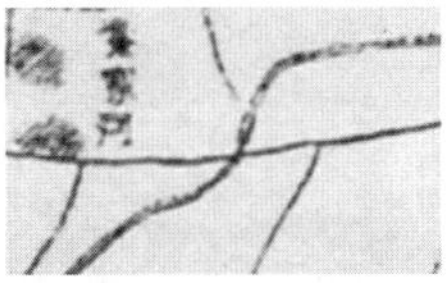	无	无
北芦家河			
薛家套	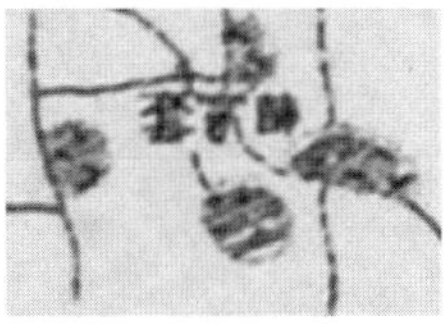		

续表

聚落名称	1929年地图	1969年卫星地图	现代卫星地图
袁家苴			
朱家套			
王家沙			
曹家坝			
李家桑		无	无
六灶			
五灶 2		无	无

续表

聚落名称	1929 年地图	1969 年卫星地图	现代卫星地图
宫家湾			
新河口	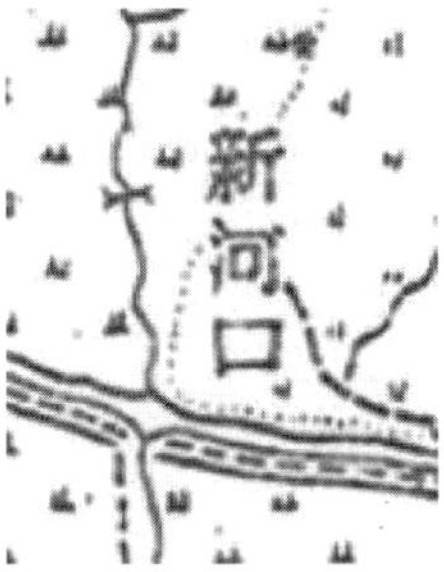		
十灶			
九灶	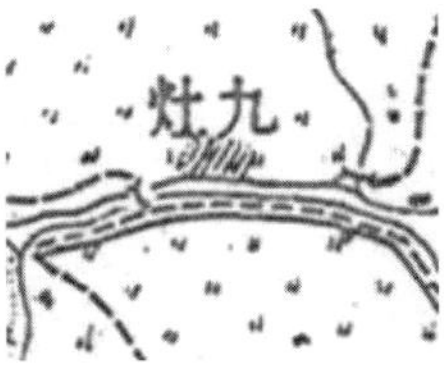	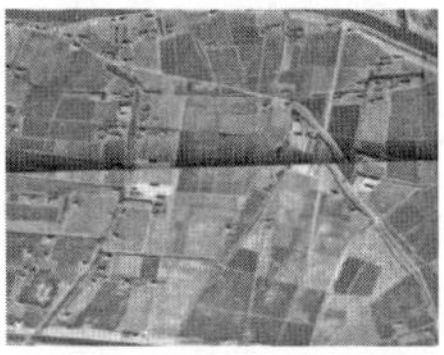	
四灶	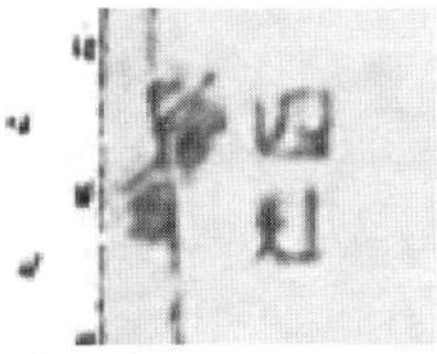		
西洋	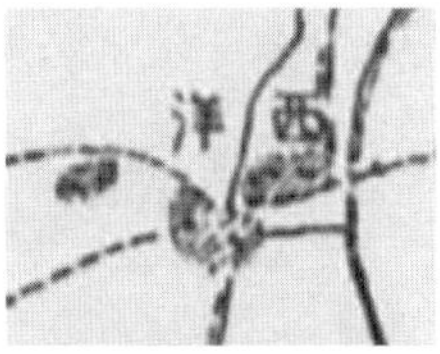		

续表

聚落名称	1929 年地图	1969 年卫星地图	现代卫星地图
芦家灶	 陸家灶	无	
小灶	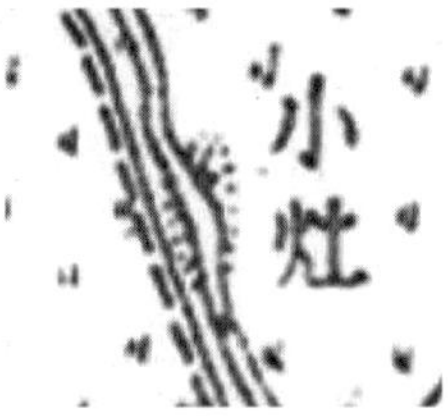 小灶	无	无
戴家灶北	 戴家湾	无	无
陈新场	无		
潮墩灶	无		
韩家洋	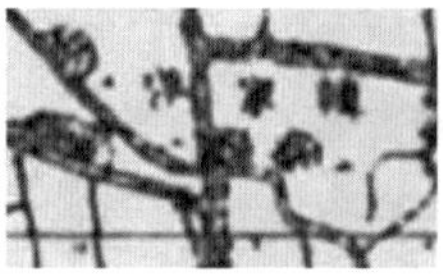		
解家洋	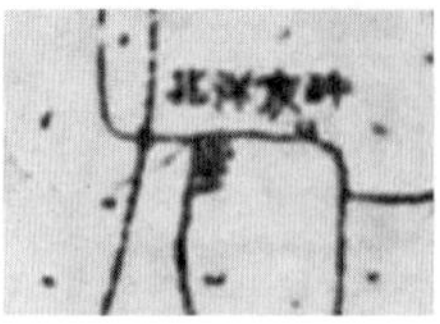	无	无

续表

聚落名称	1929 年地图	1969 年卫星地图	现代卫星地图
许家河		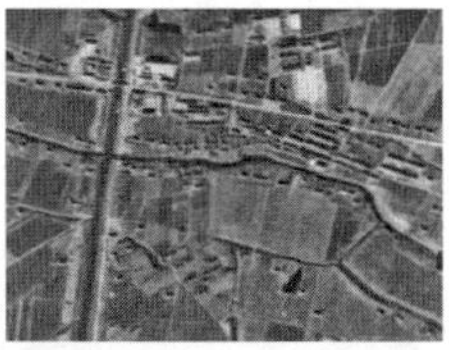	
七灶	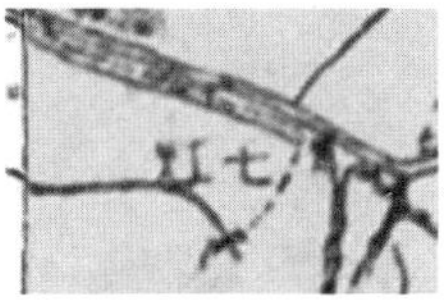		
二灶			
十四灶	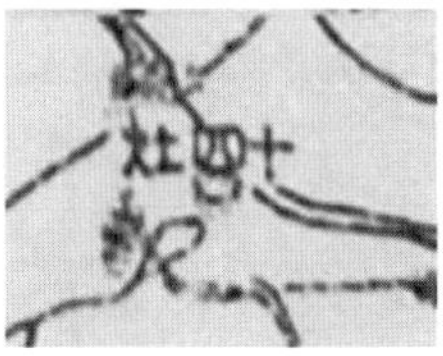		
张家灶	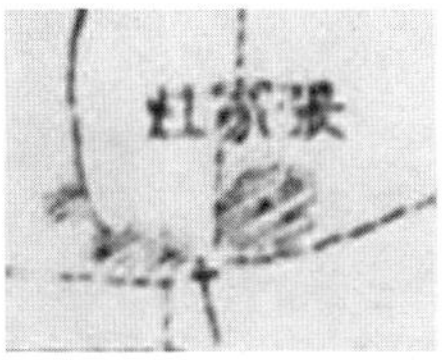		
花家灶	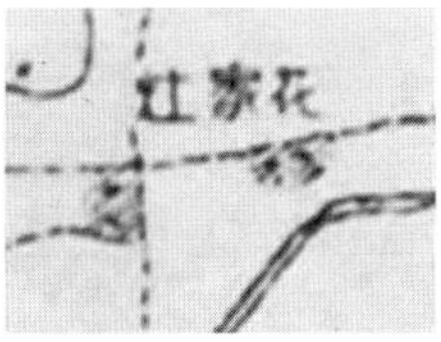		
十一灶	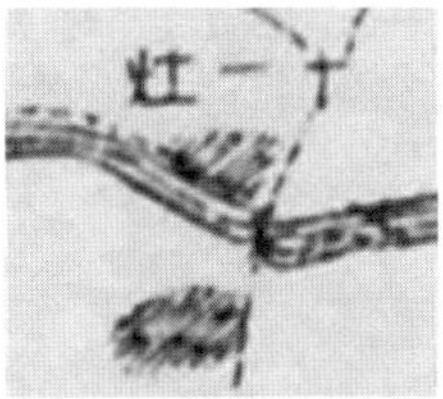		

续表

聚落名称	1929 年地图	1969 年卫星地图	现代卫星地图
三灶	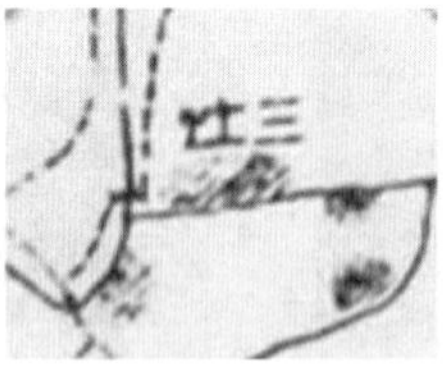 灶三		
张腰灶	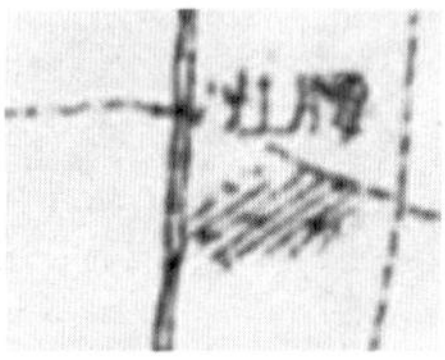 灶腰	无	无
何家灶	 灶家何		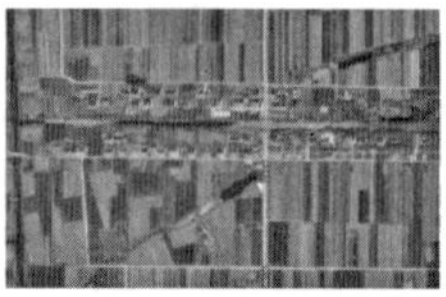
何家撇	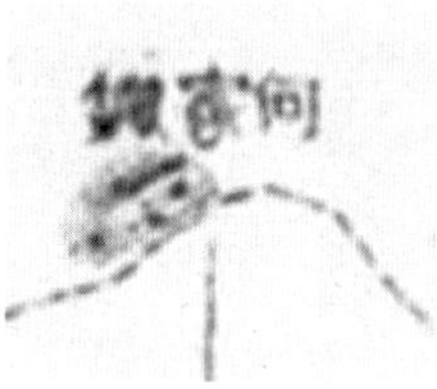 撇家何		
小丁灶	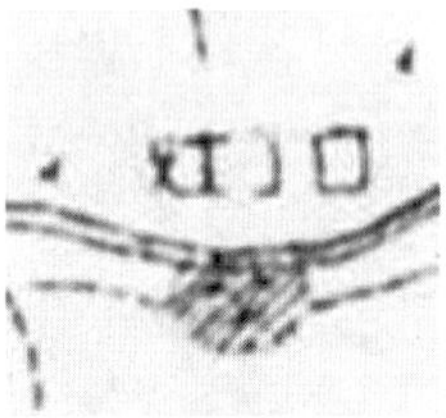 灶丁口		
古宁灶	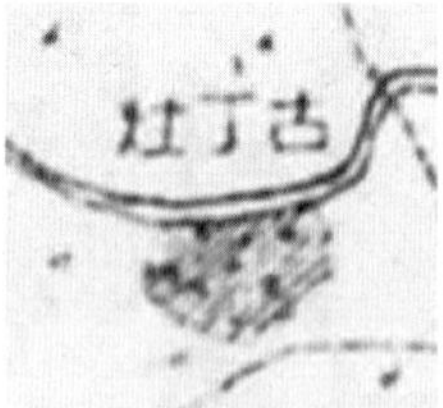 灶丁古		
蒋家墩	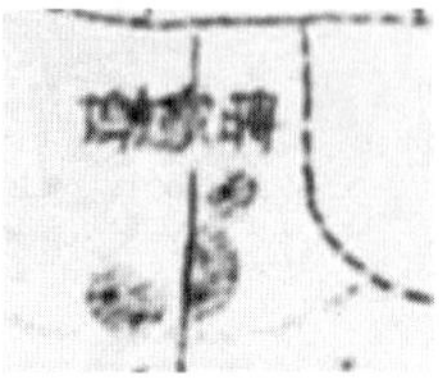 墩家蒋	无	无

续表

聚落名称	1929 年地图	1969 年卫星地图	现代卫星地图
索王灶	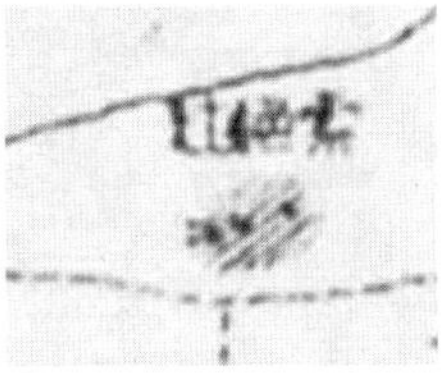		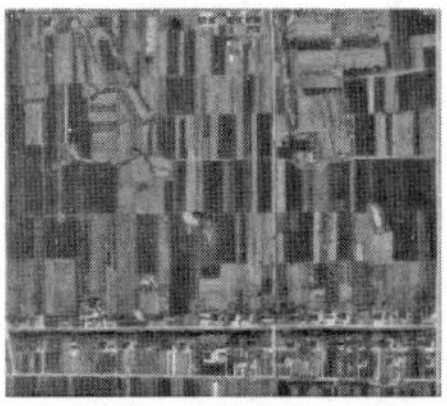
张家沙	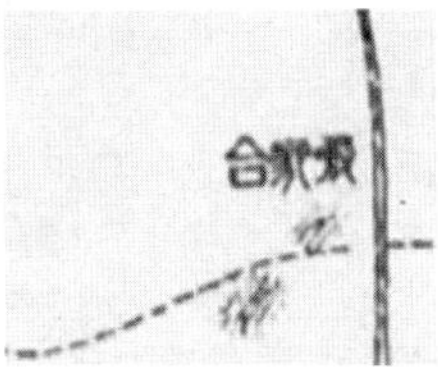		
唐家洋	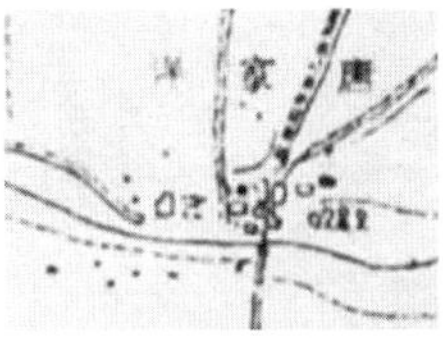		
仲家河	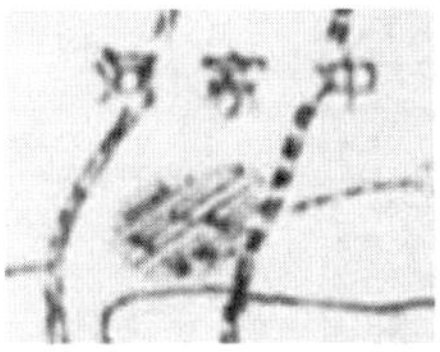		
卢家河	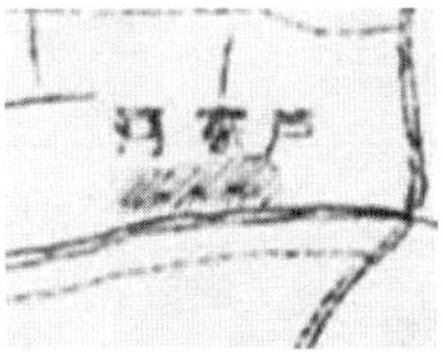		
毛家灶	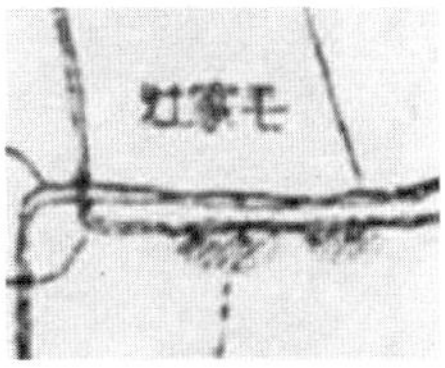		
殷家灶	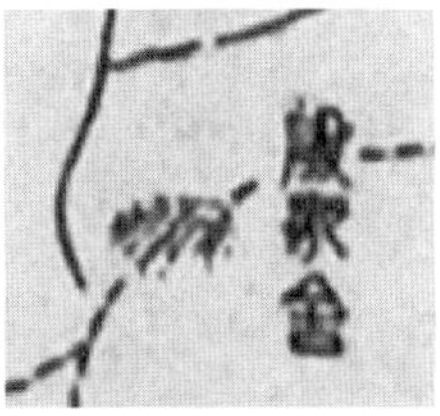	无	无

续表

聚落名称	1929 年地图	1969 年卫星地图	现代卫星地图
西花家坝＋东花家坝	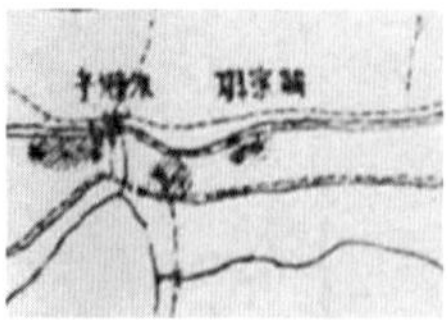		
中苴	无		
高屋头	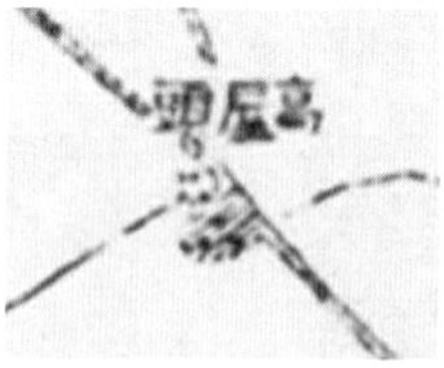		
一总	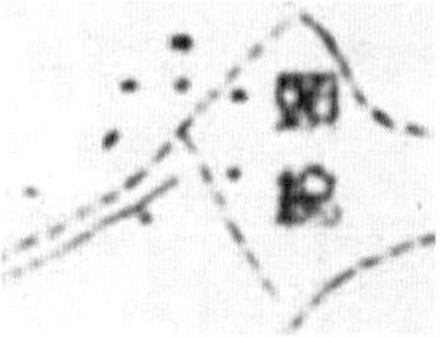		无
二总	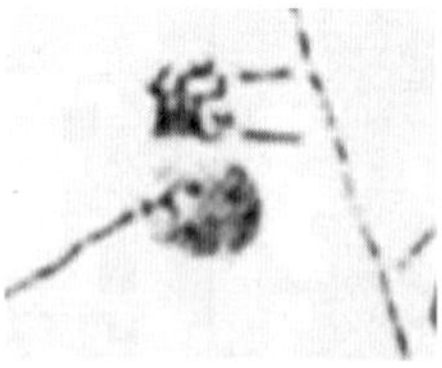		
三总	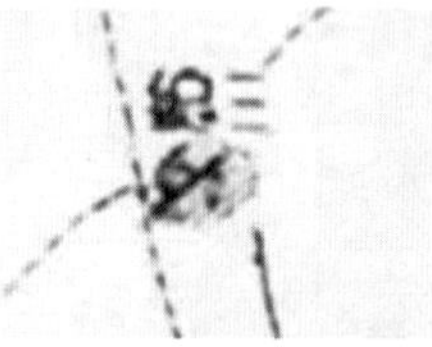	无	无
四总	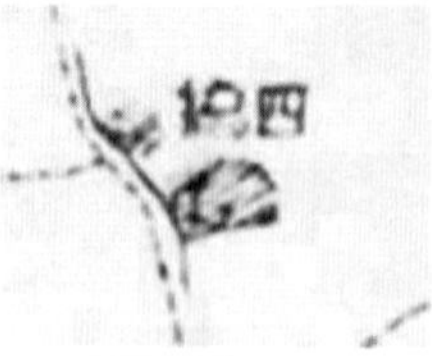	无	无
五总	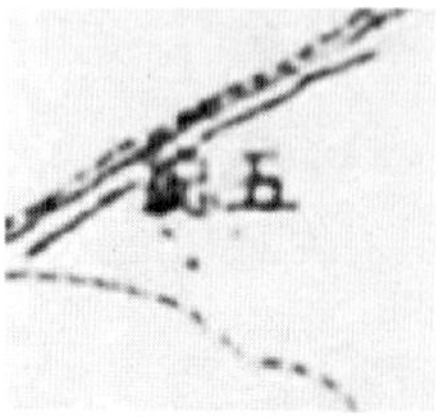		

续表

聚落名称	1929 年地图	1969 年卫星地图	现代卫星地图
六总		无	无
七总		无	无
八总		无	无
九总			
十二总		无	无
十四总		无	无
十六总			

续表

聚落名称	1929 年地图	1969 年卫星地图	现代卫星地图
十八总			
西杭坝			

（以上表格中文字为红色的是指疑似现在还遗存有煎盐的卤池等历史遗迹的村庄。）

附录 3 历代舆图与卫星照片(元代—1969 年)

(一) 元代《熬波图》(1334 年)

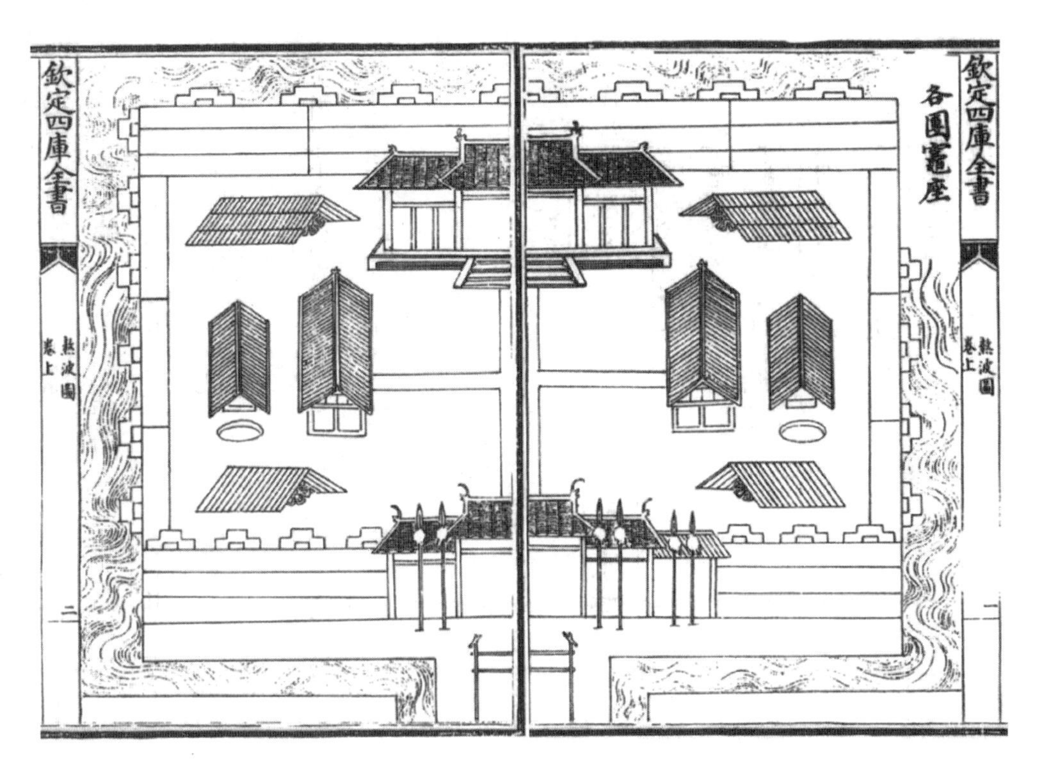

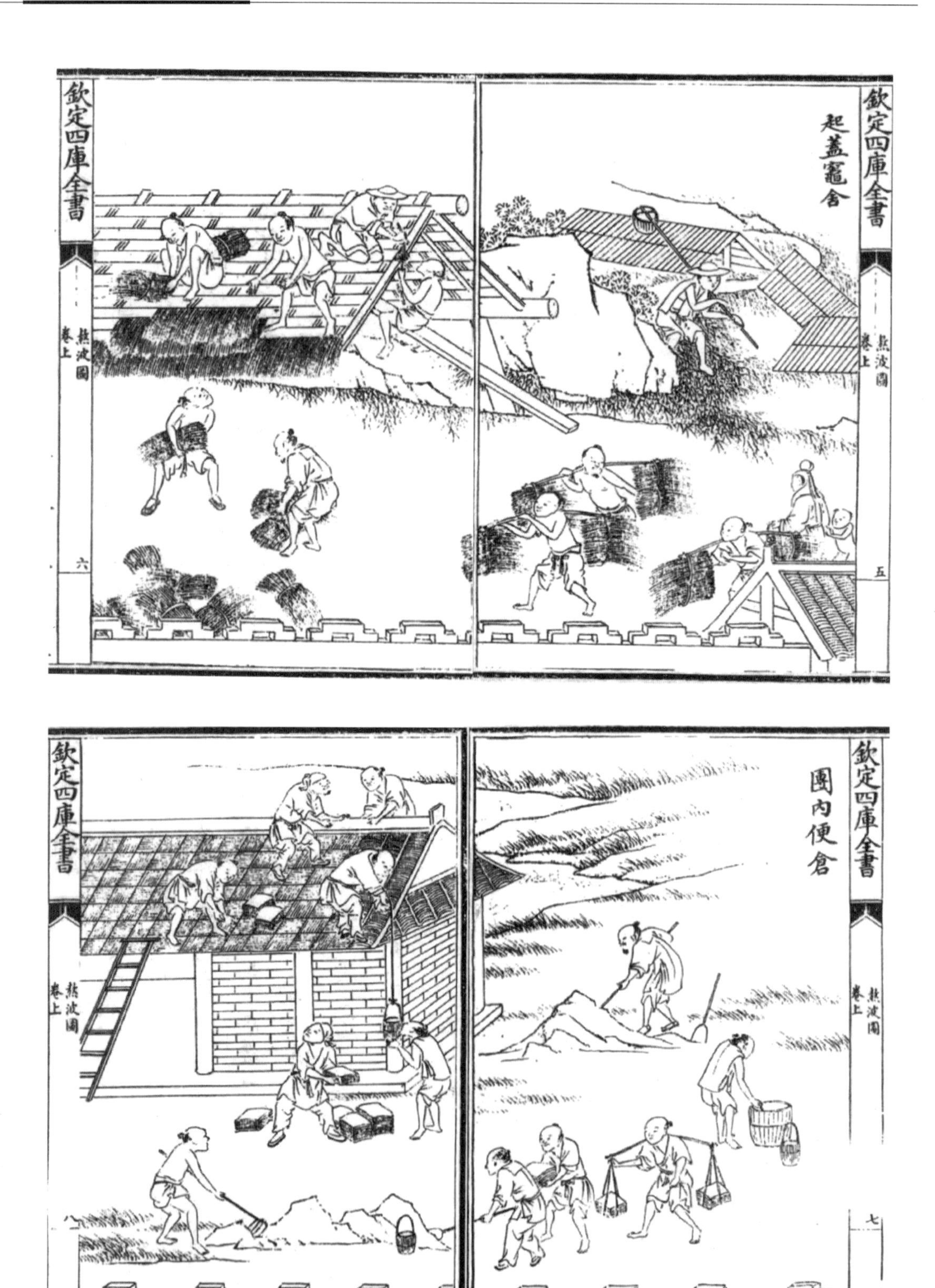
欽定四庫全書
熬波圖
卷上
六
欽定四庫全書
起蓋竈舍
熬波圖
卷上
五
欽定四庫全書
熬波圖
卷上
欽定四庫全書
團內便倉
熬波圖
卷上
七

欽定四庫全書
裹築灰淋
熬波圖
卷上
九
欽定四庫全書
熬波圖
卷上
十

欽定四庫全書
築疊池井
熬波圖
卷上
十一
欽定四庫全書
熬波圖
卷上
十二

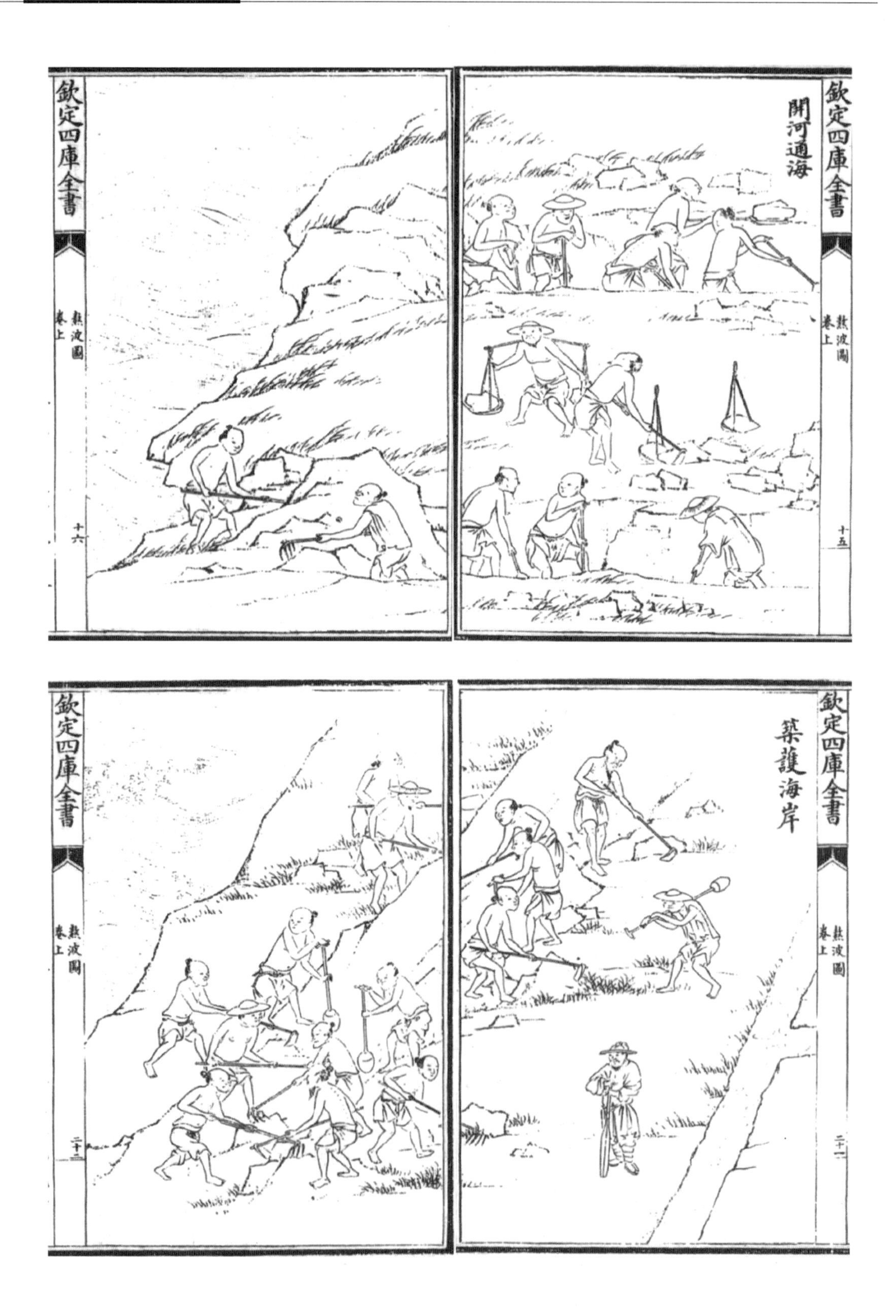
欽定四庫全書
開河通海
熬波圖 卷上
十五
欽定四庫全書
熬波圖 卷上
十六
欽定四庫全書
築護海岸
熬波圖 卷上
二十一
欽定四庫全書
熬波圖 卷上
二十二

欽定四庫全書
熬波圖
卷上
二十四
欽定四庫全書
車接海潮
熬波圖
卷上
二十三

欽定四庫全書
熬波圖
卷上
二十八
欽定四庫全書
開闢攤場
熬波圖
卷上
二十七

欽定四庫全書
削土取平
熬波圖 卷上
三十五
欽定四庫全書
熬波圖 卷上
三十六

欽定四庫全書
棹水潑水
熬波圖 卷上
三十七
欽定四庫全書
熬波圖 卷上
三十八

欽定四庫全書
熬波圖
卷上
四十
擔灰攤曬
欽定四庫全書
熬波圖
卷上
三十九
欽定四庫全書
熬波圖
卷下
二
篩水晒灰
欽定四庫全書
熬波圖
卷下
一

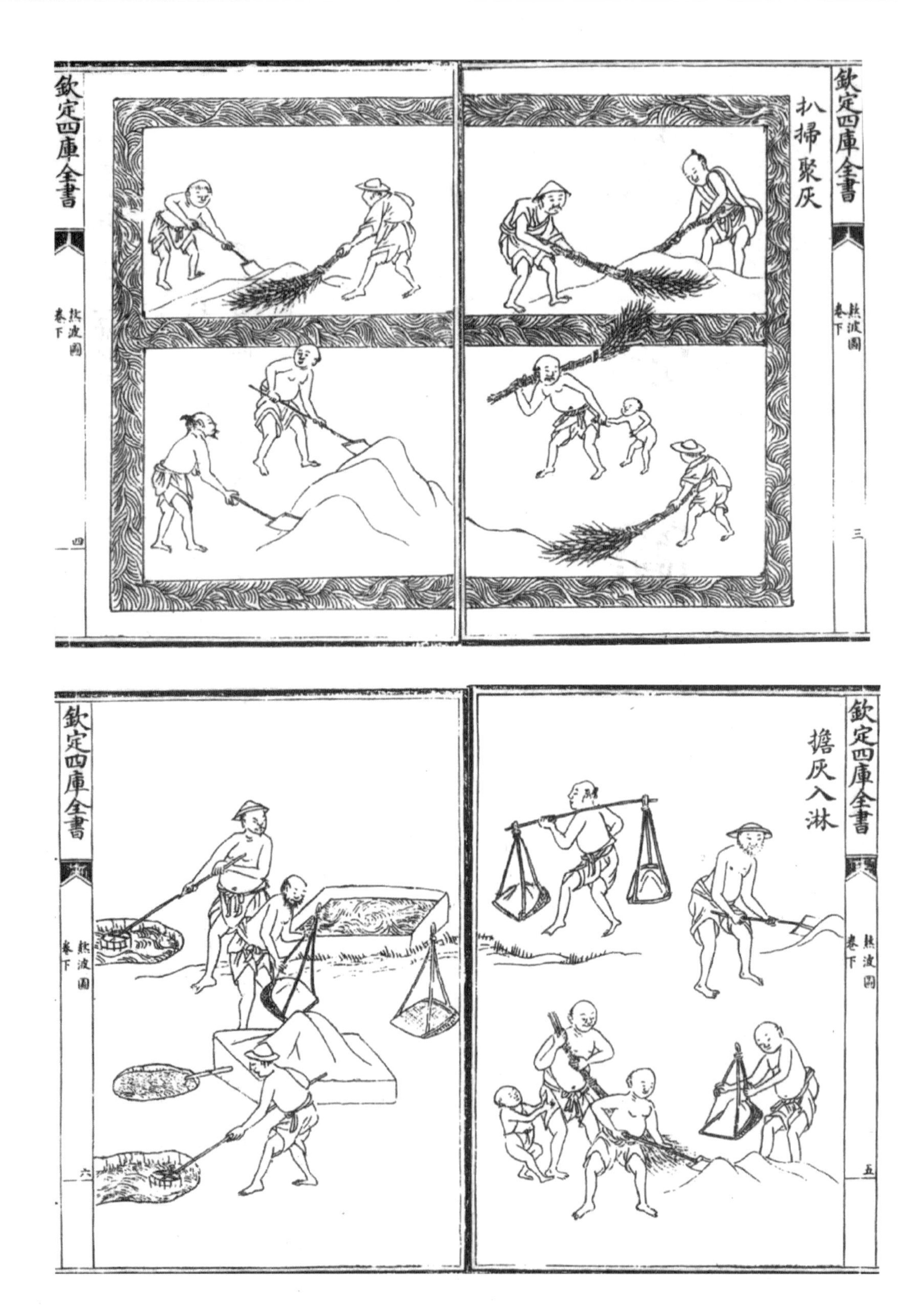
欽定四庫全書
扒掃聚灰
熬波圖
卷下
三
四
欽定四庫全書
擔灰入淋
熬波圖
卷下
五
六

欽定四庫全書
熬波圖
卷下
八

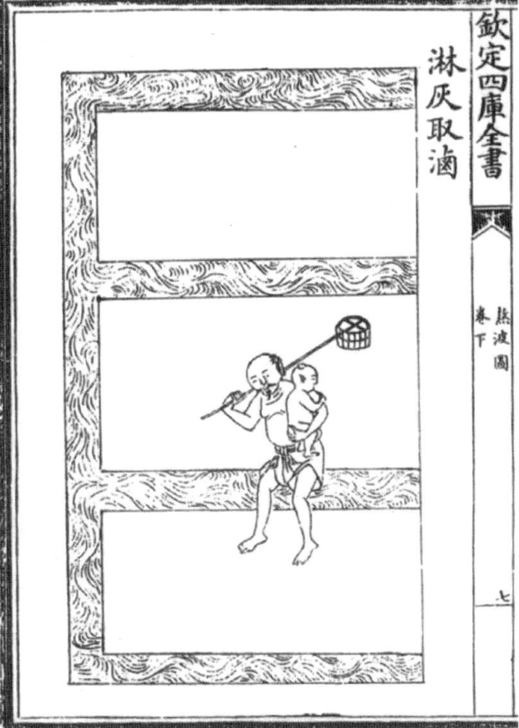
淋灰取滷
欽定四庫全書
熬波圖
卷下
七

欽定四庫全書
熬波圖
卷下
十三

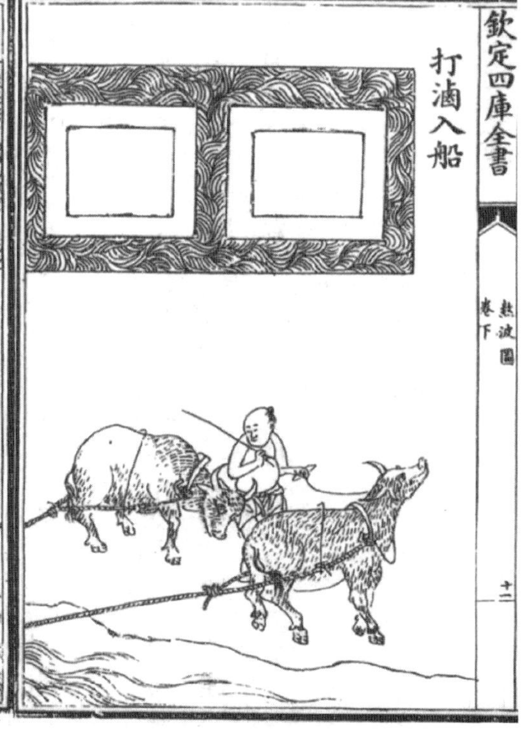
打滷入船
欽定四庫全書
熬波圖
卷下
十二

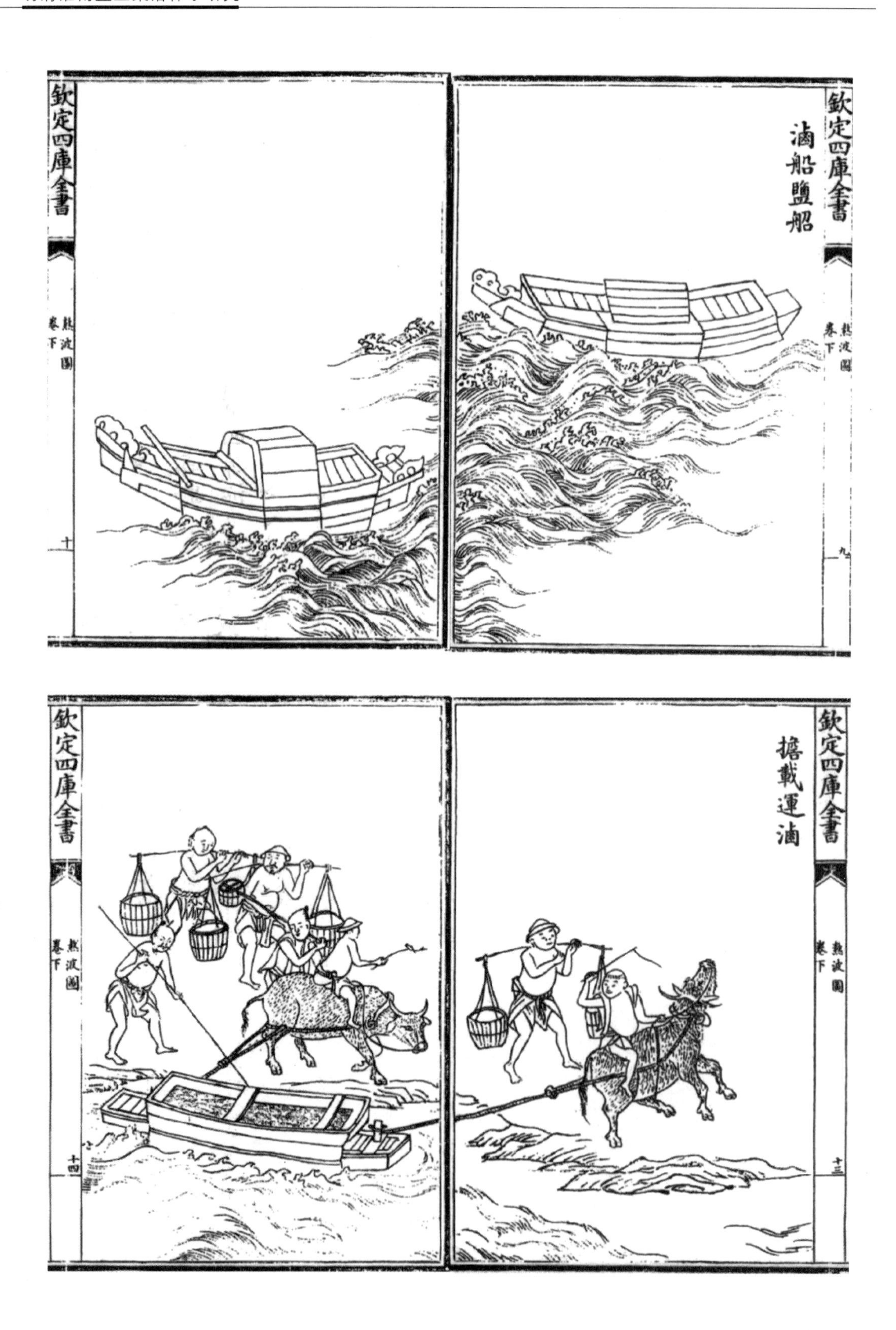

欽定四庫全書
滷船鹽船
熬波圖 卷下
九
欽定四庫全書
熬波圖 卷下
十
欽定四庫全書
擔載運滷
熬波圖 卷下
十三
欽定四庫全書
熬波圖 卷下
十四

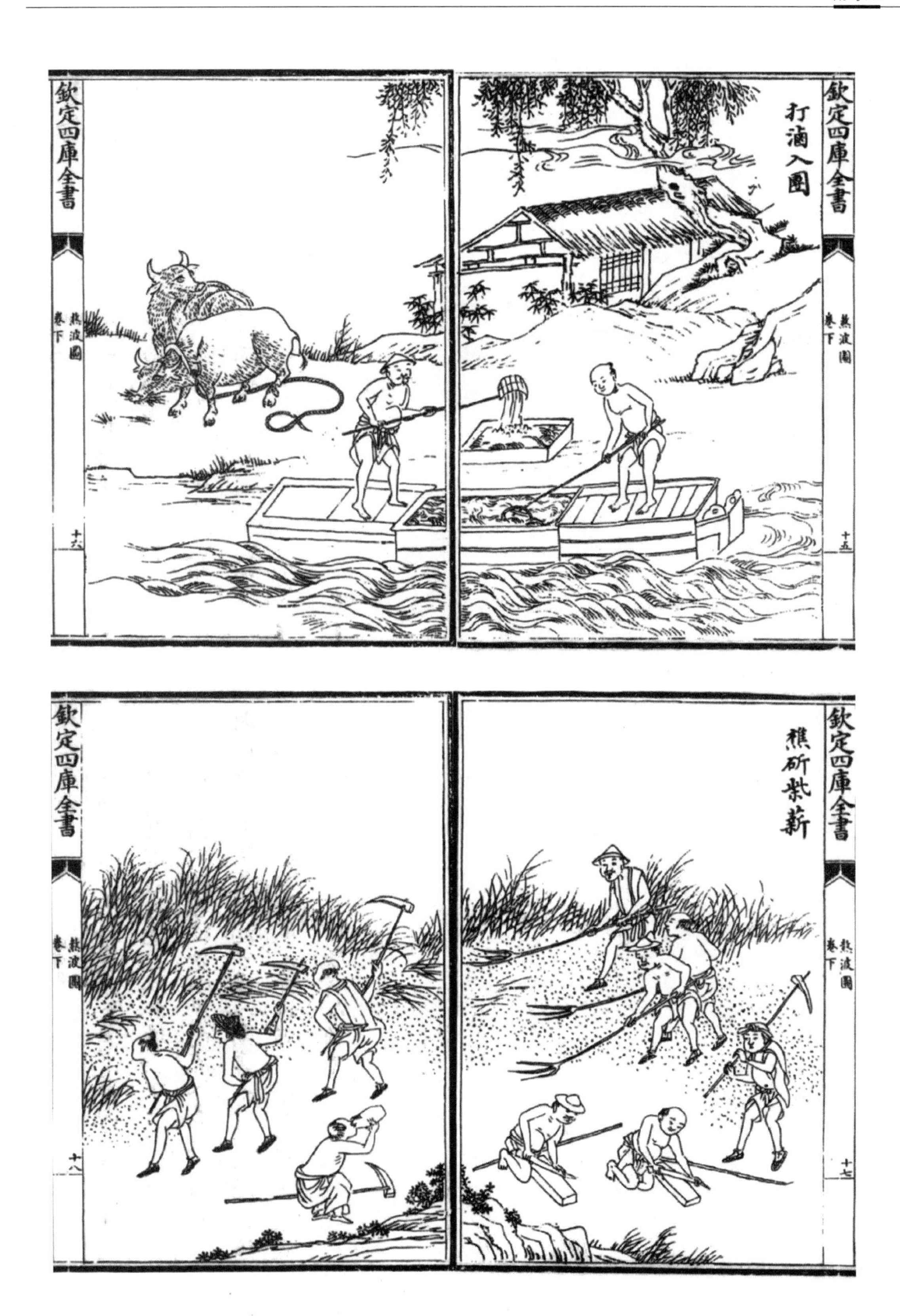
欽定四庫全書
打滷入團
熬波圖
卷下
十五
欽定四庫全書
熬波圖
卷下
十六
欽定四庫全書
樵斫柴薪
熬波圖
卷下
十七
欽定四庫全書
熬波圖
卷下
十八

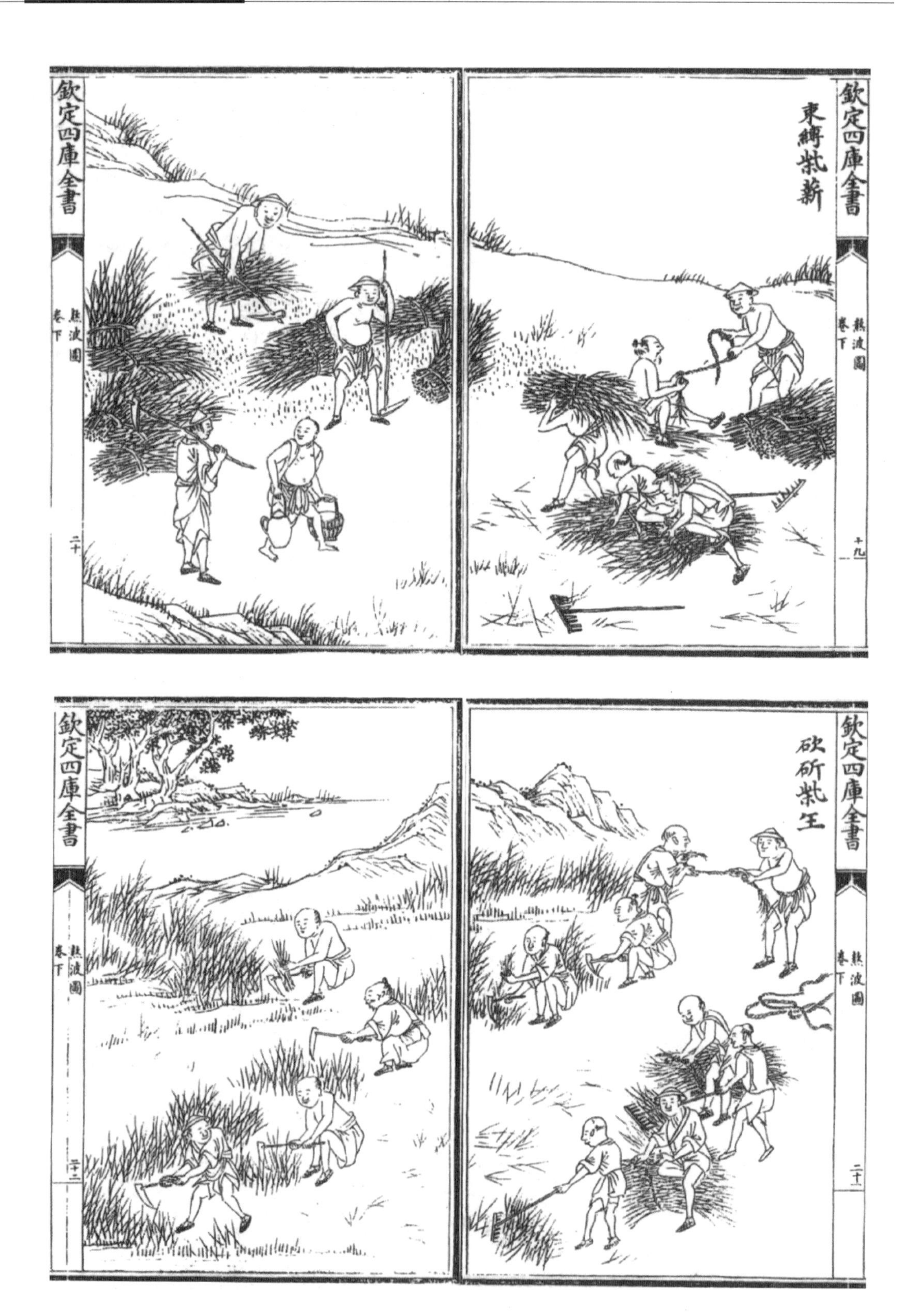
欽定四庫全書
熬波圖 卷下
束縛柴薪

欽定四庫全書
撊車轜車
欽定四庫全書
卷下

欽定四庫全書
人車運柴
欽定四庫全書
卷下

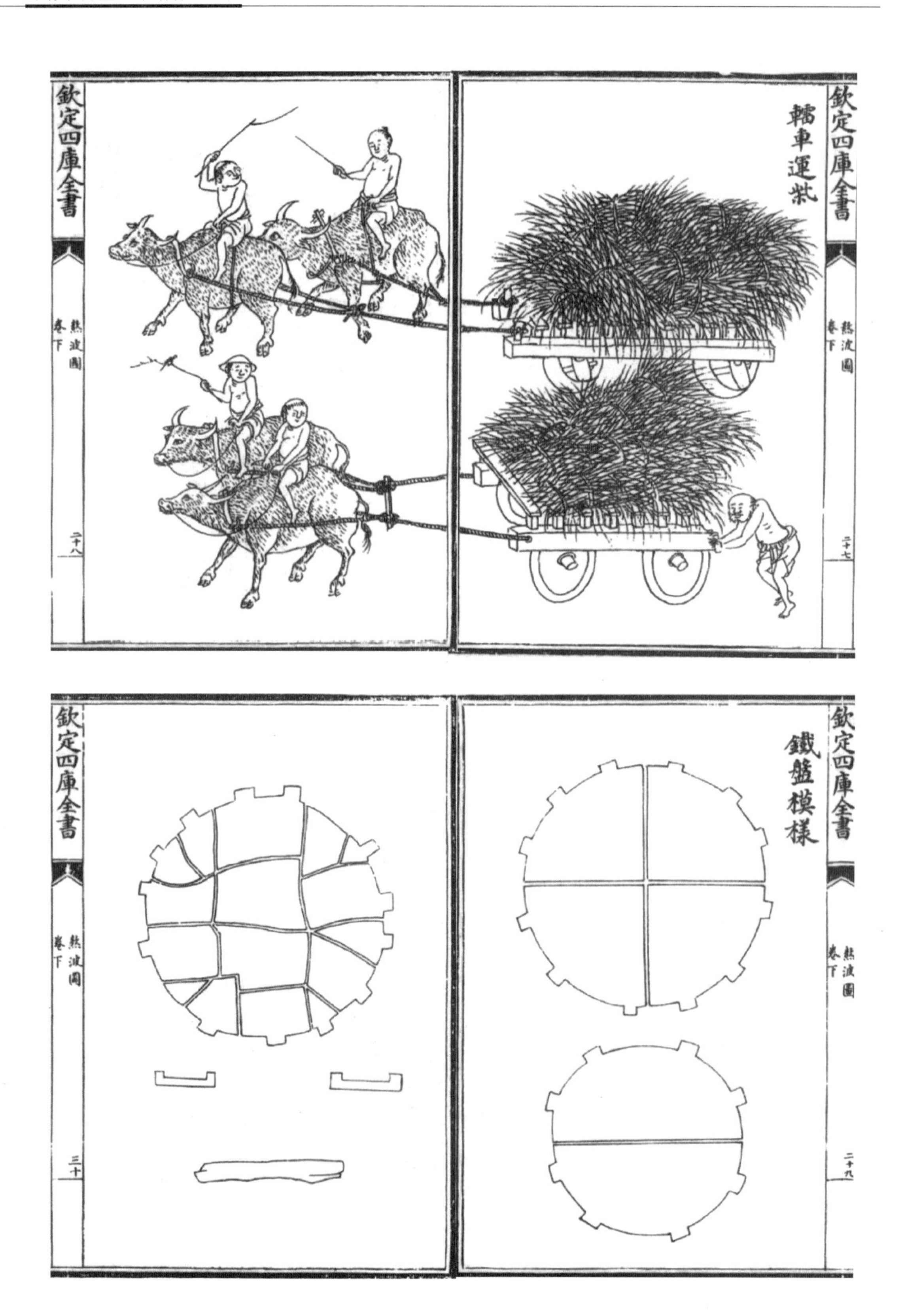
欽定四庫全書
轠車運柴
熬波圖
卷下
二十七
欽定四庫全書
熬波圖
卷下
二十八
欽定四庫全書
鐵盤模樣
熬波圖
卷下
二十九
欽定四庫全書
熬波圖
卷下
三十

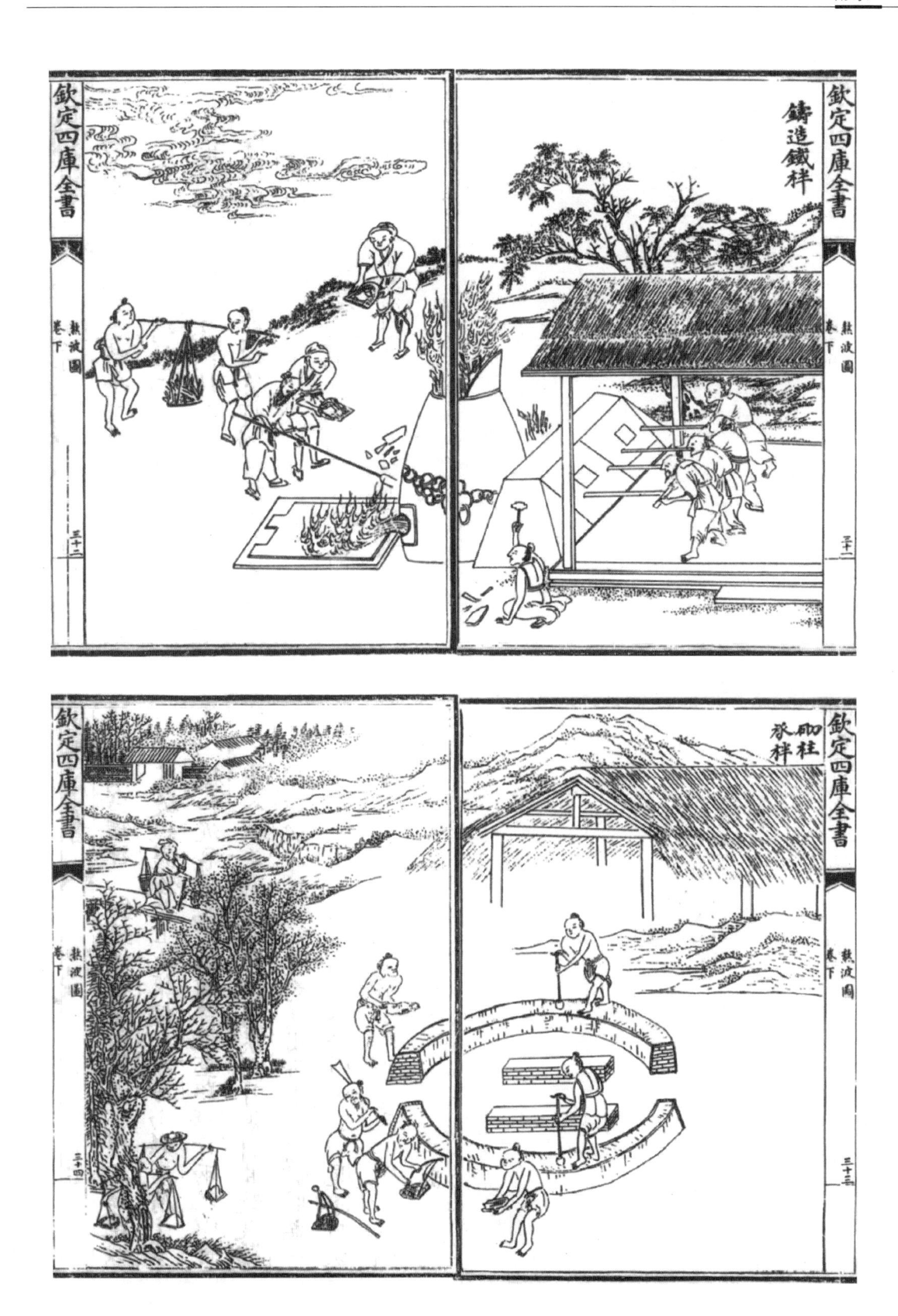

欽定四庫全書
鑄造鐵柈
熬波圖 卷下
三十一
欽定四庫全書
熬波圖 卷下
三十二
欽定四庫全書
砌柱承柈
熬波圖 卷下
三十三
欽定四庫全書
熬波圖 卷下
三十四

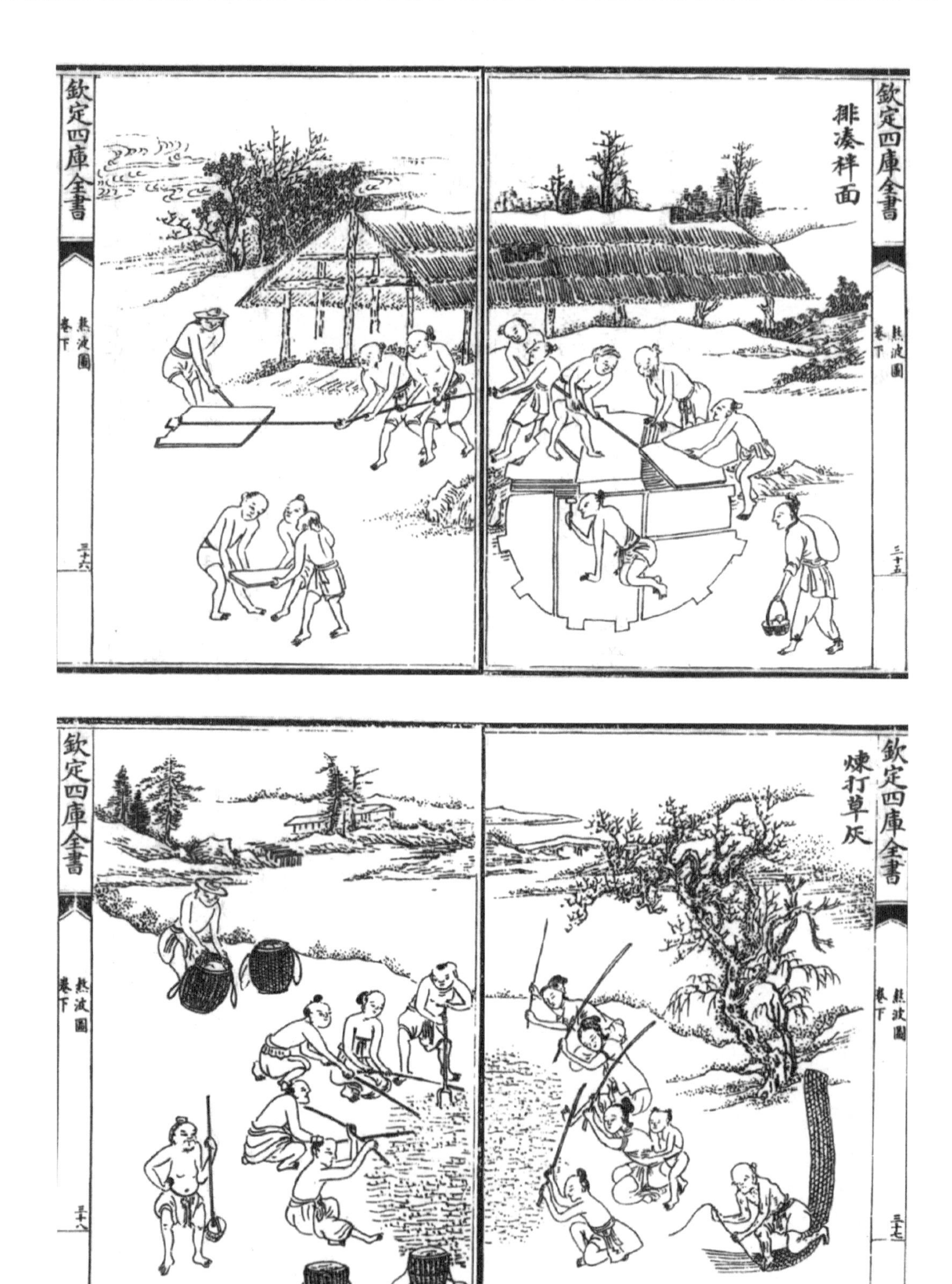

欽定四庫全書
熬波圖 卷下
三十六
欽定四庫全書
排湊秤面
熬波圖 卷下
三十五
欽定四庫全書
熬波圖 卷下
三十八
欽定四庫全書
煉打草灰
熬波圖 卷下
三十七

欽定四庫全書
裝泥拌縫
熬波圖
卷下
三十九
欽定四庫全書
熬波圖
卷下
四十

欽定四庫全書
上滷煎鹽
熬波圖
卷下
四十一
欽定四庫全書
熬波圖
卷下
四十二

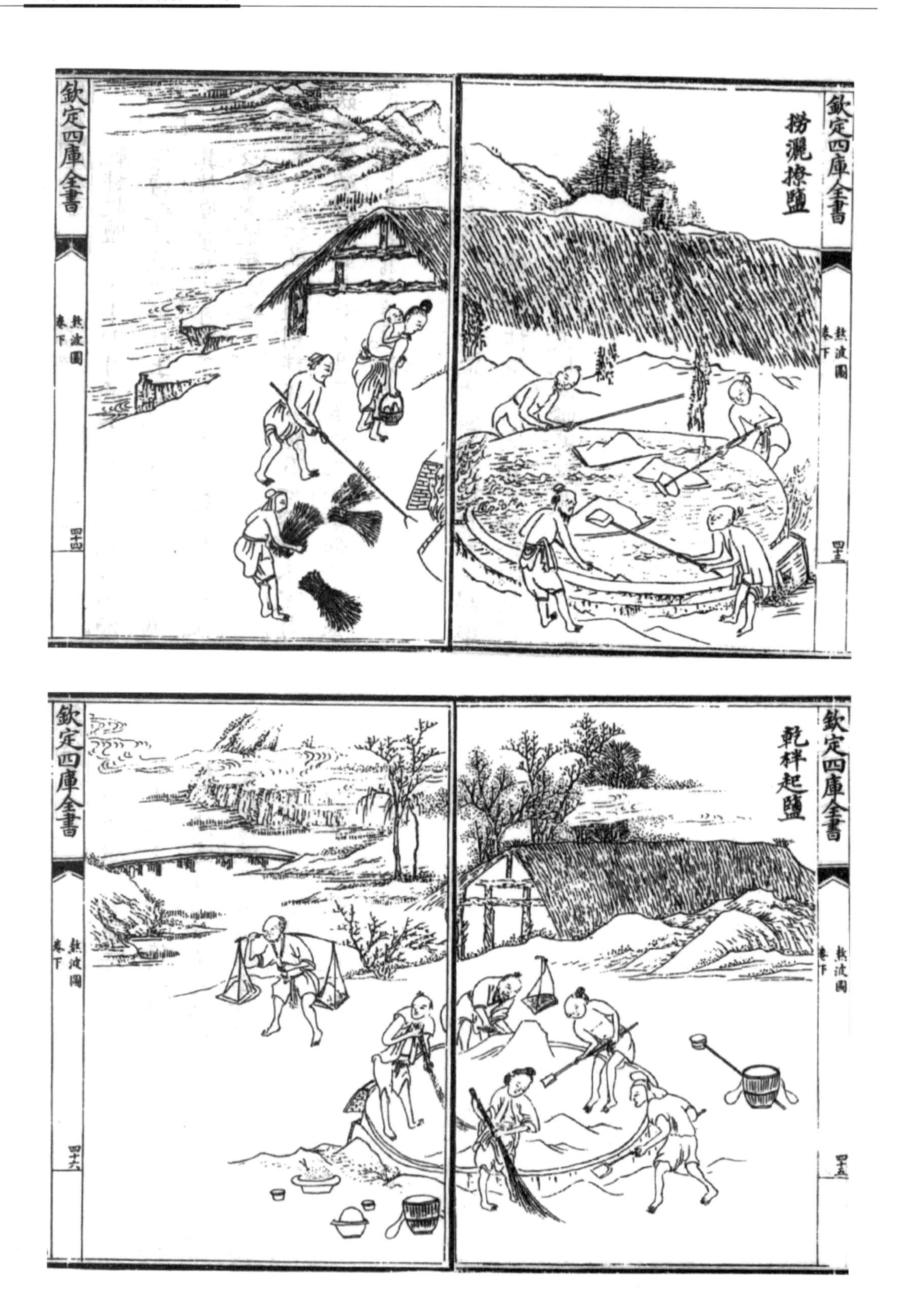

欽定四庫全書
撈灑撩鹽
熬波圖 卷下
四十三
欽定四庫全書
熬波圖 卷下
四十四
欽定四庫全書
乾拌起鹽
熬波圖 卷下
四十五
欽定四庫全書
熬波圖 卷下
四十六

出扒生灰
欽定四庫全書
熬波圖 卷下
四十七
欽定四庫全書
熬波圖 卷下
四十八
日收散鹽
欽定四庫全書
熬波圖 卷下
四十九
欽定四庫全書
熬波圖 卷下
五十

（二）明嘉靖泰州分司八场图(1550 年)

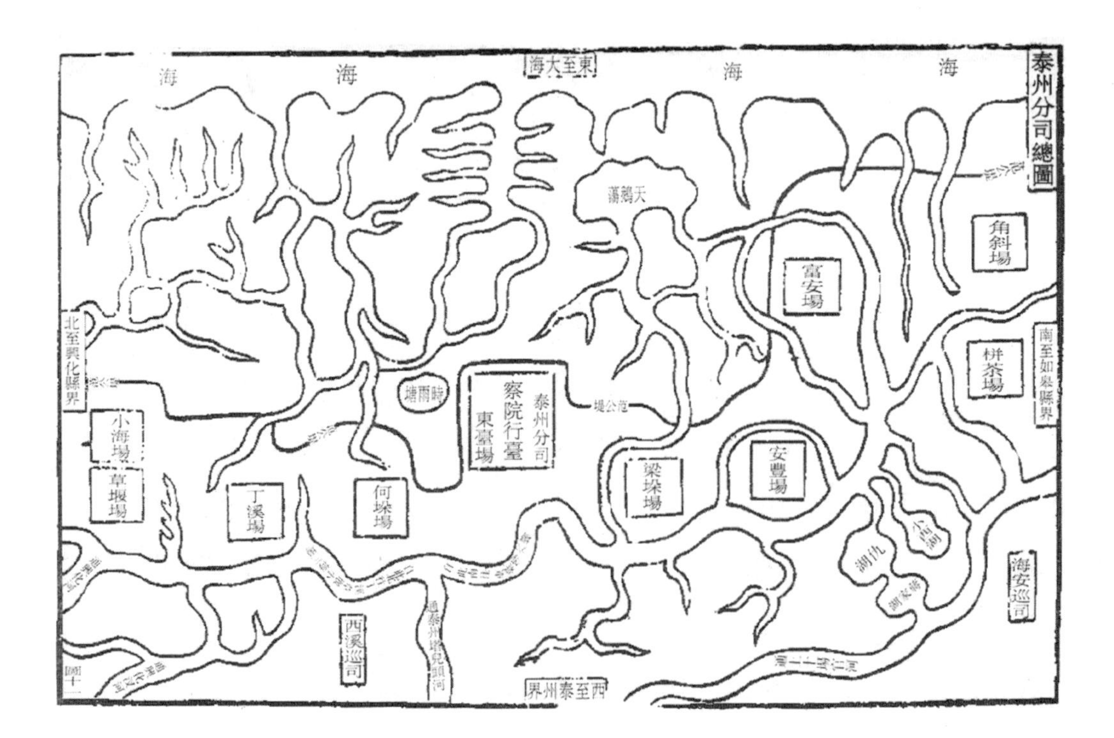

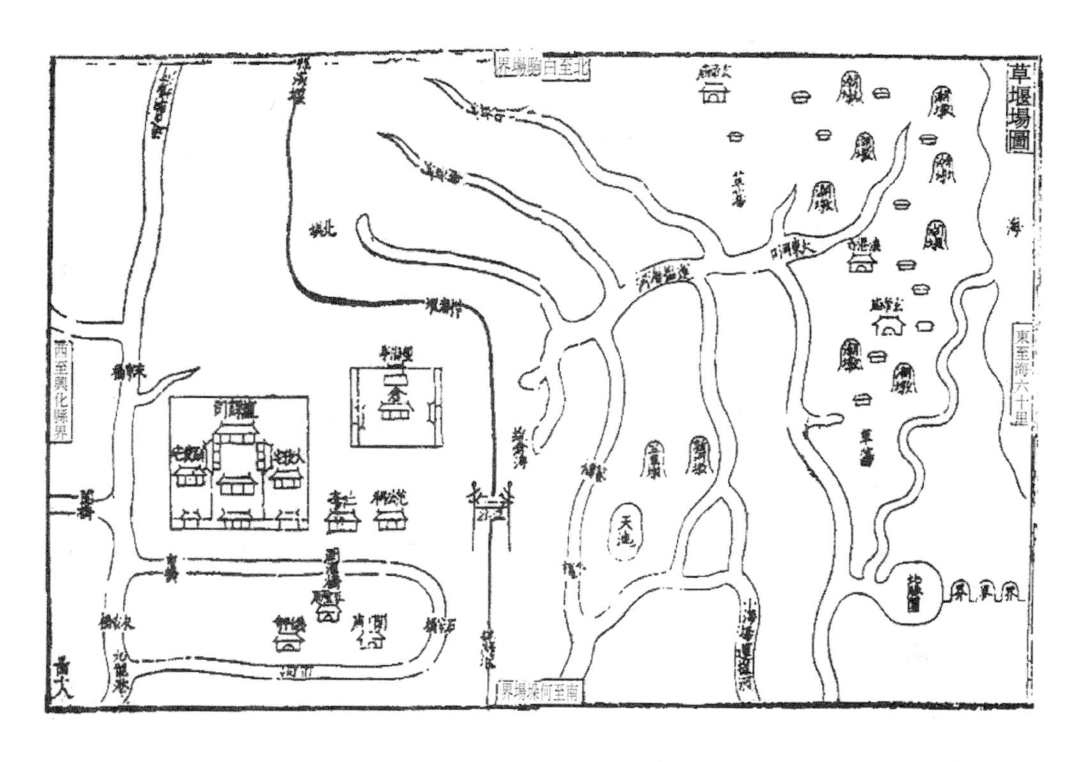
草堰場圖
北至白駒場界
西至興化縣界
東至海六十里
南至何垛場界
海
天池

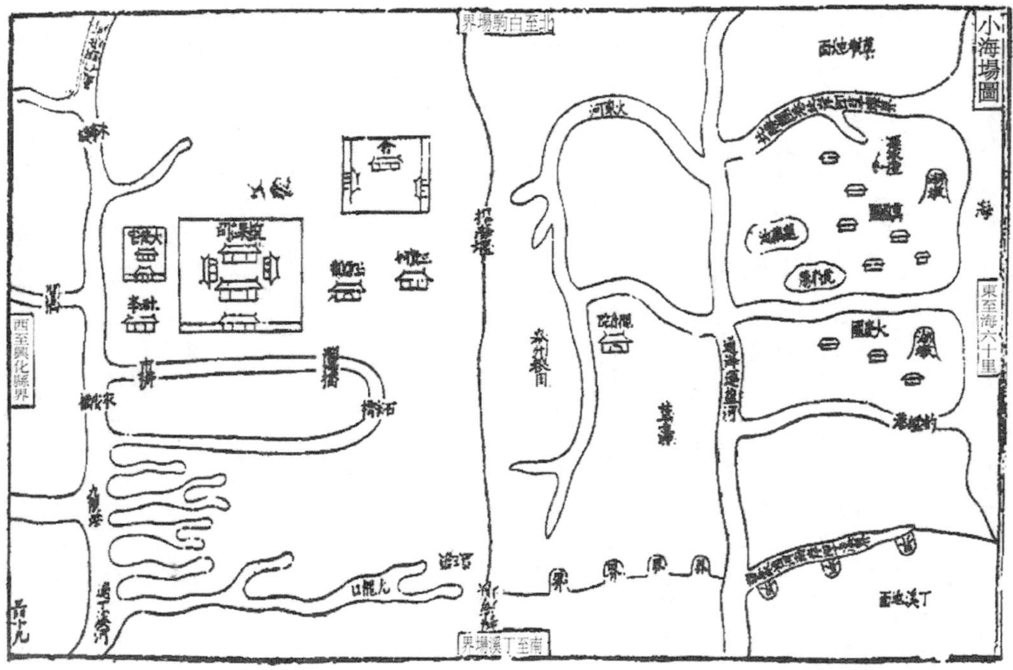
小海場圖
北至白駒場界
西至興化縣界
東至海六十里
南至丁溪場界
海

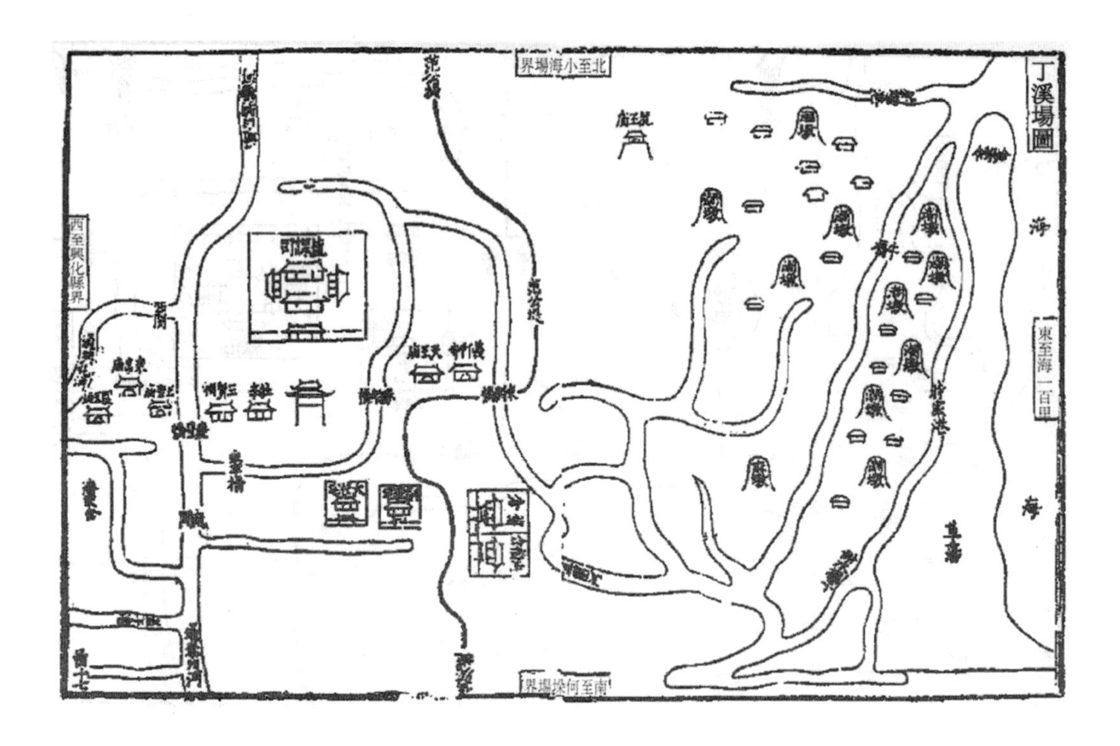
丁溪場圖
北至小海場界
西至興化縣界
東至海一百里
南至何垛場界
海
海

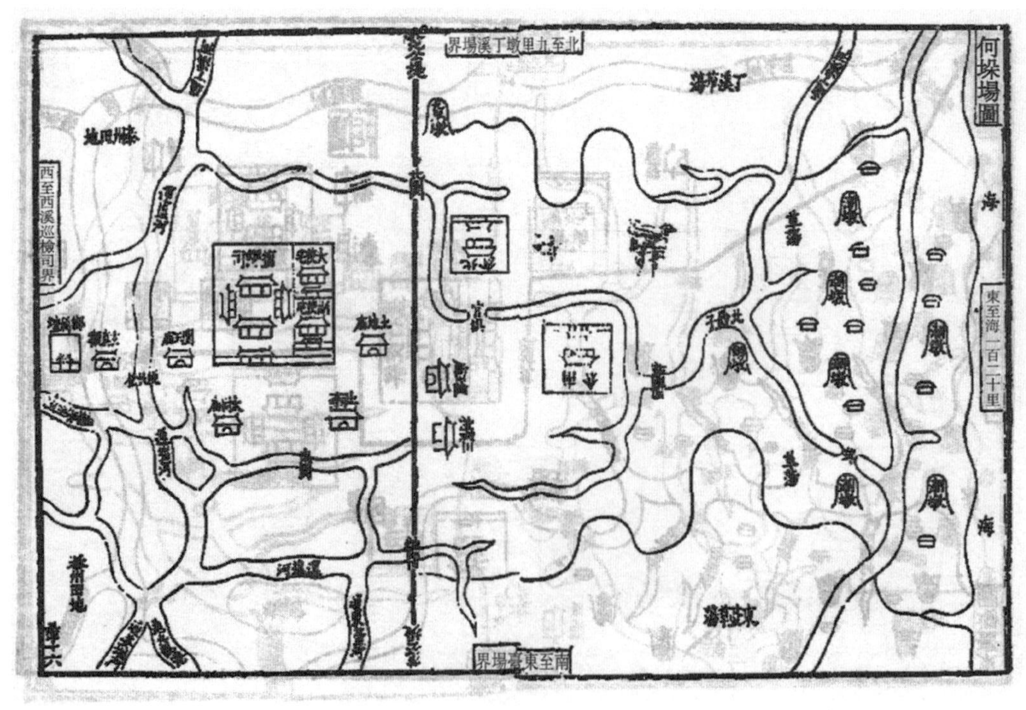
何垛場圖
北至九里墩丁溪場界
西至西溪巡檢司界
東至海一百二十里
南至東臺場界
海
海

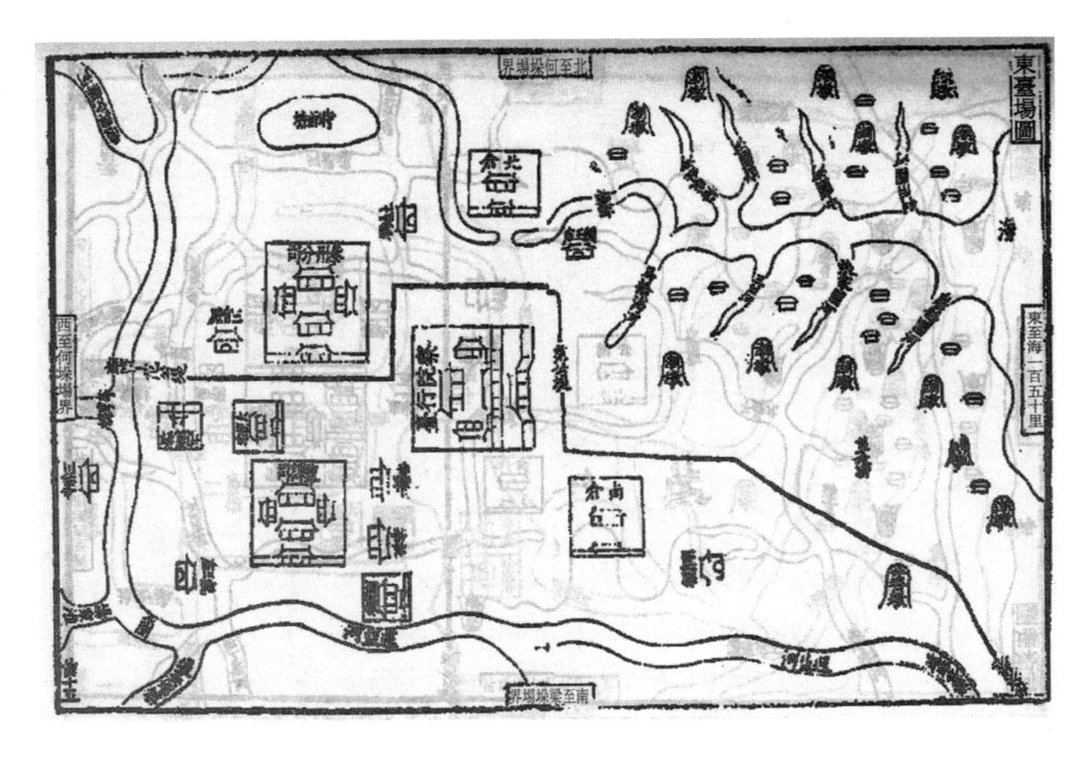
東臺場圖
北至何垛場界
西至何垛場界
東至海一百五十里
南至梁垛場界
北倉
南倉
海

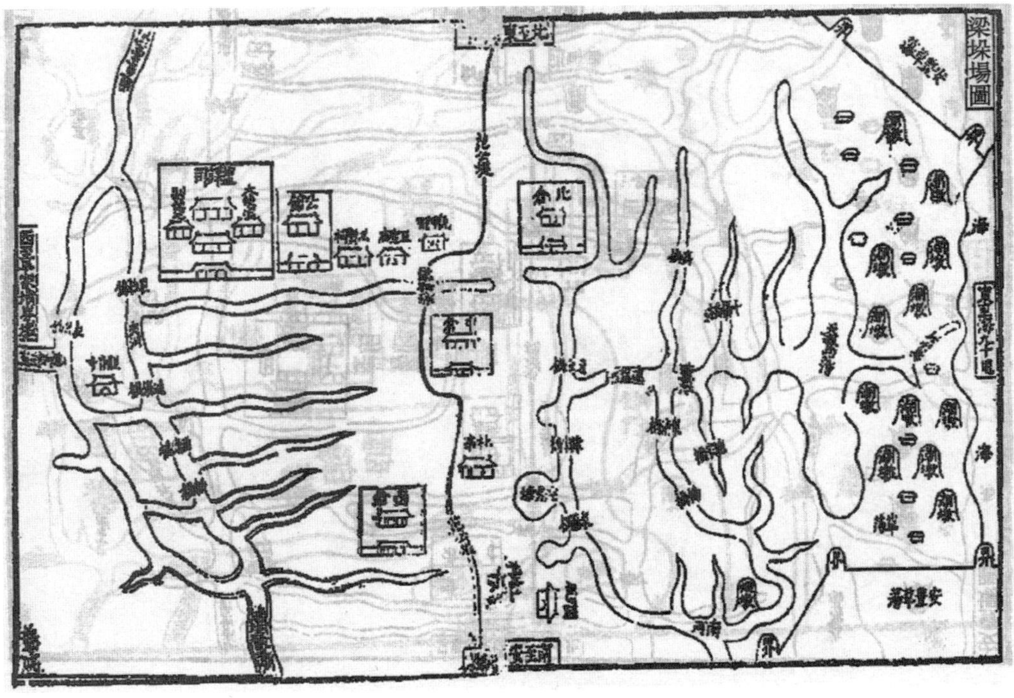
梁垛場圖
北至
北倉
海

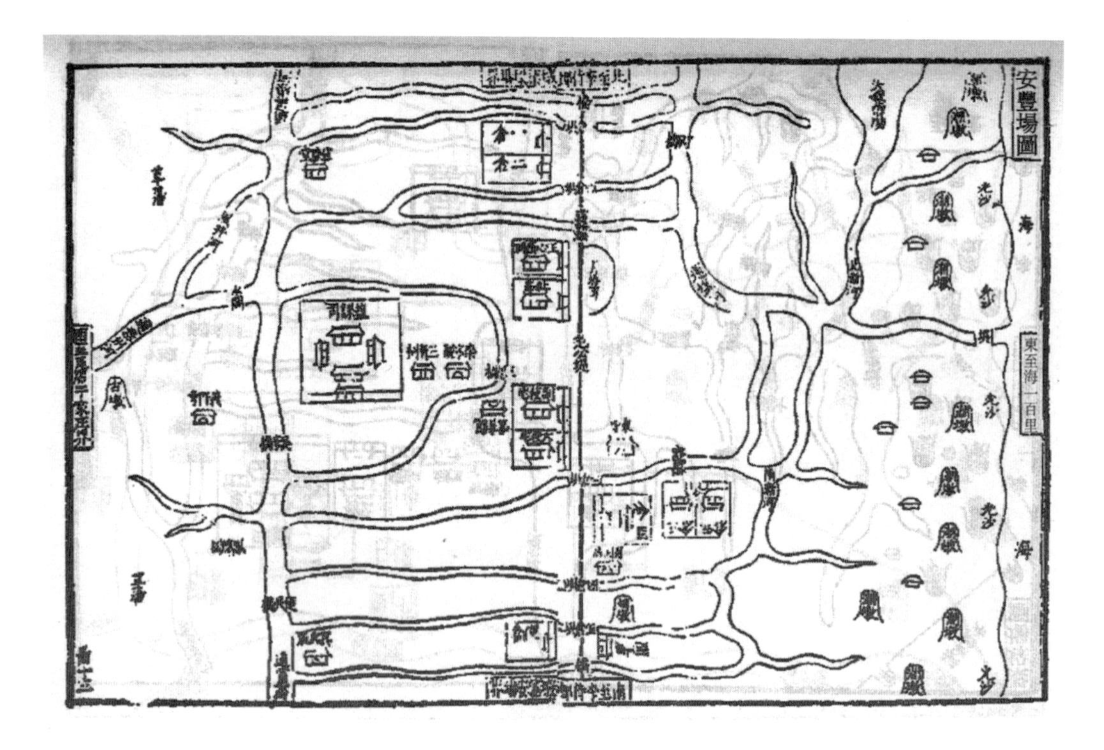
安豐場圖
東至海一百里

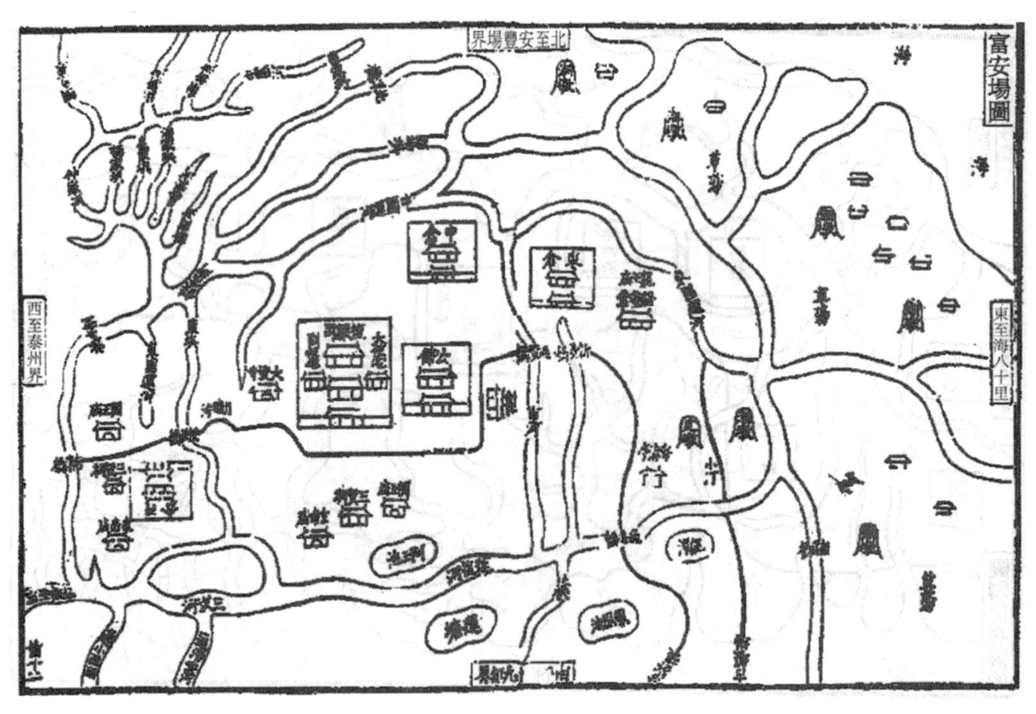
富安場圖
北至安豐場界
西至泰州界
東至海八十里

(三) 清康熙泰州分司八场图(1673 年)

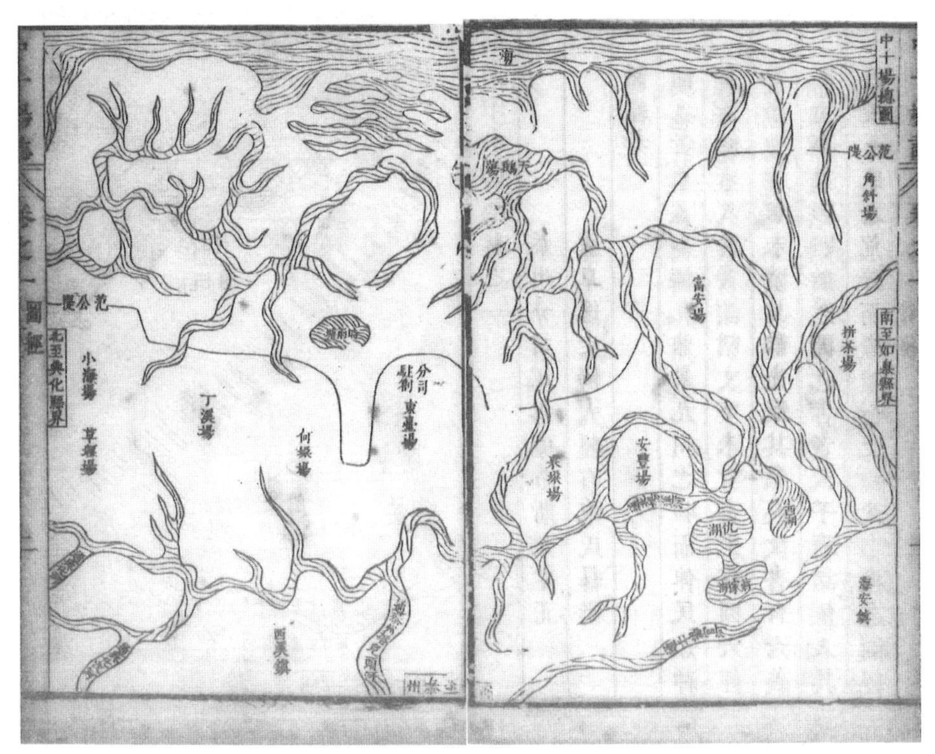

227 226

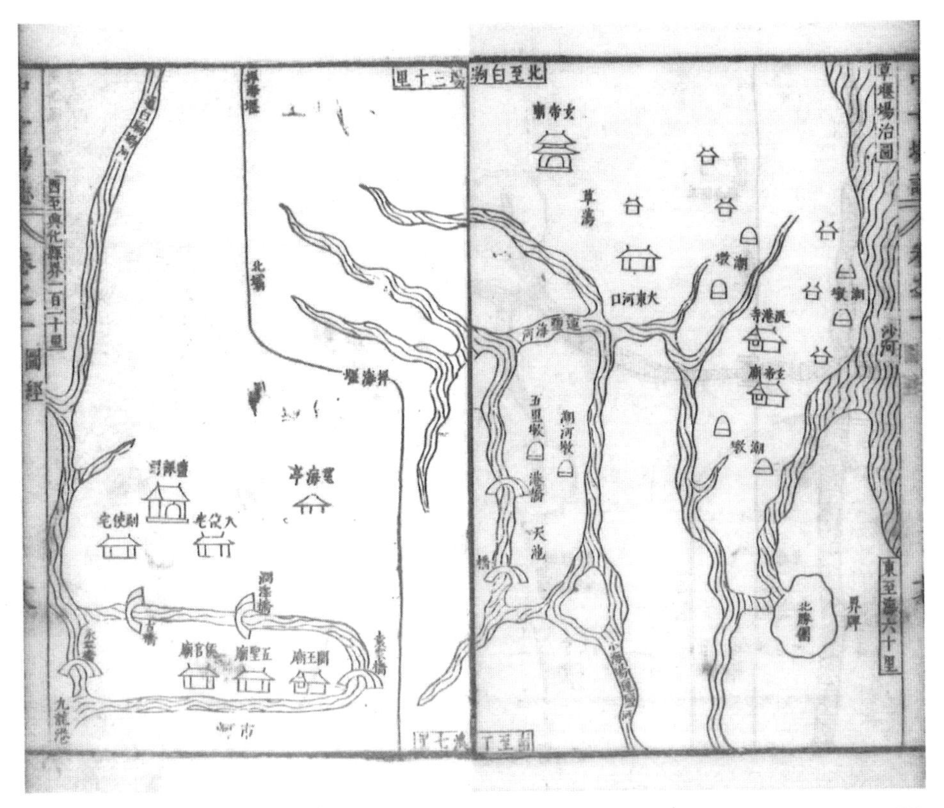

259 258

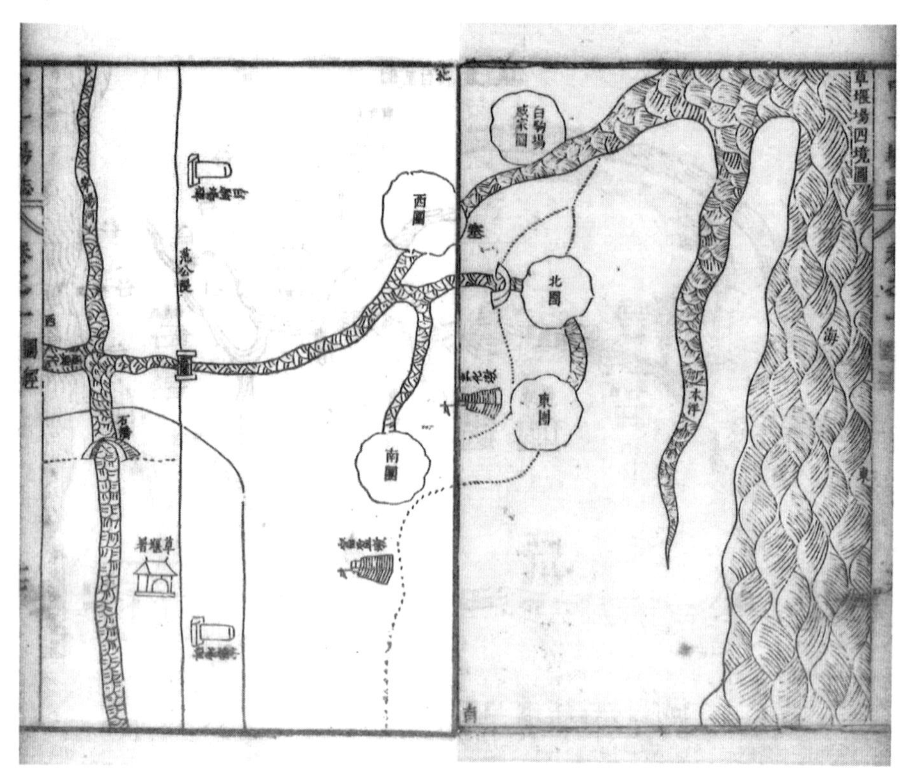

257　　256

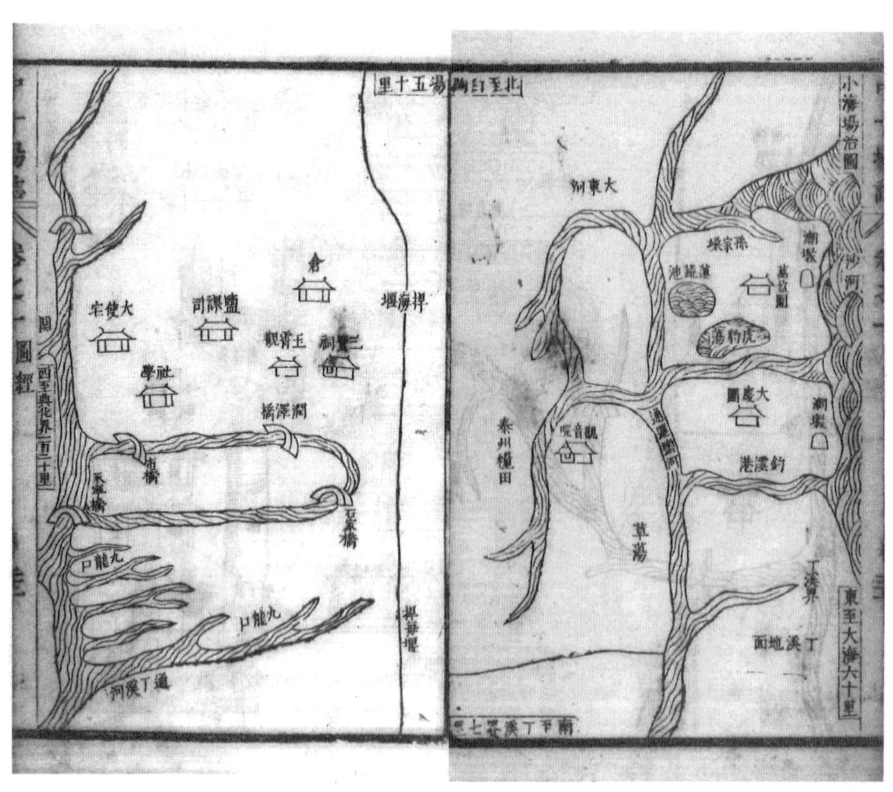

267　　266

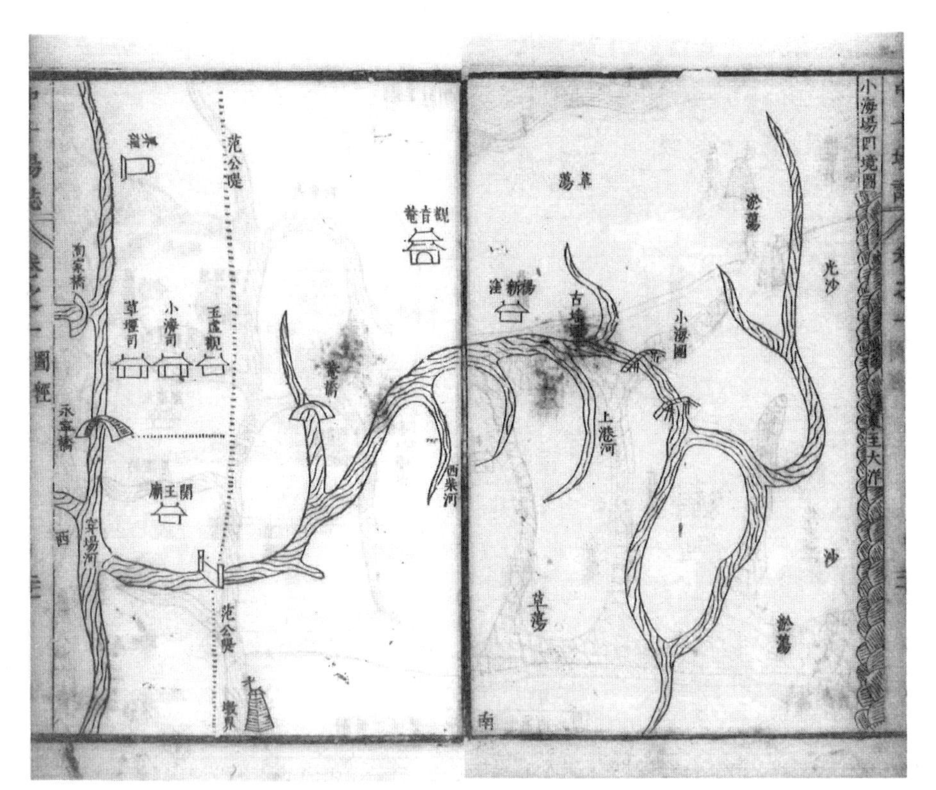
小海場四境圖
范公隄
觀音菴
小海司
玉虛觀
草堰司
閻王廟
永寧橋
上港河
小海團
光沙
沙
南

265　　264

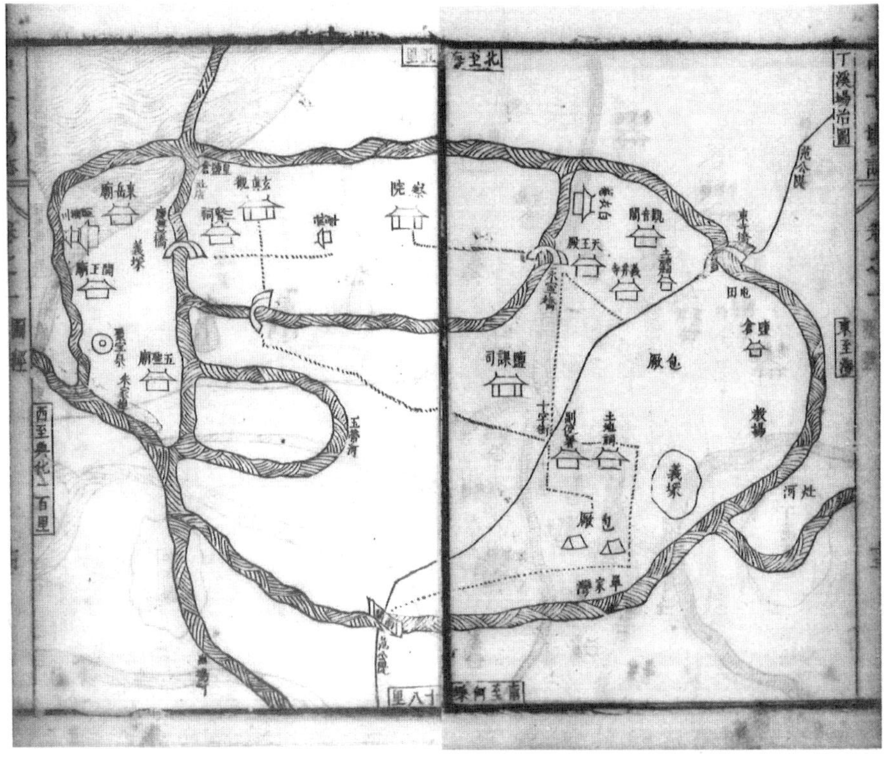
丁溪場治圖
北至海
東至海
西至興化一百里
東岳廟
玄武觀
閻王廟
義塚
天王殿
鹽課司
包厫
義塚
倉
教場
灶河
范公隄

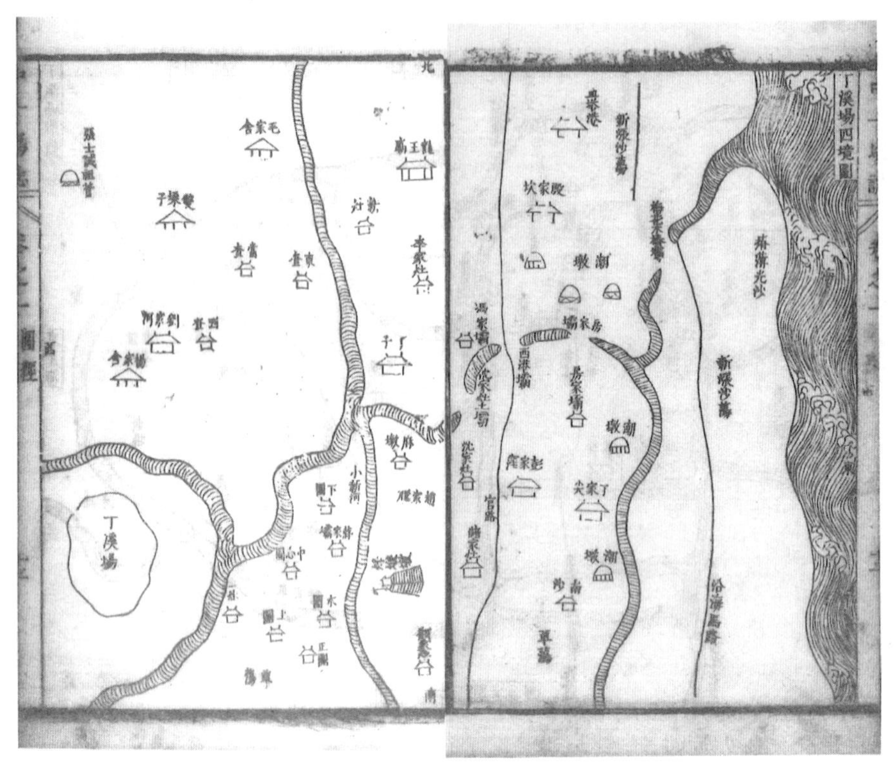

249 248

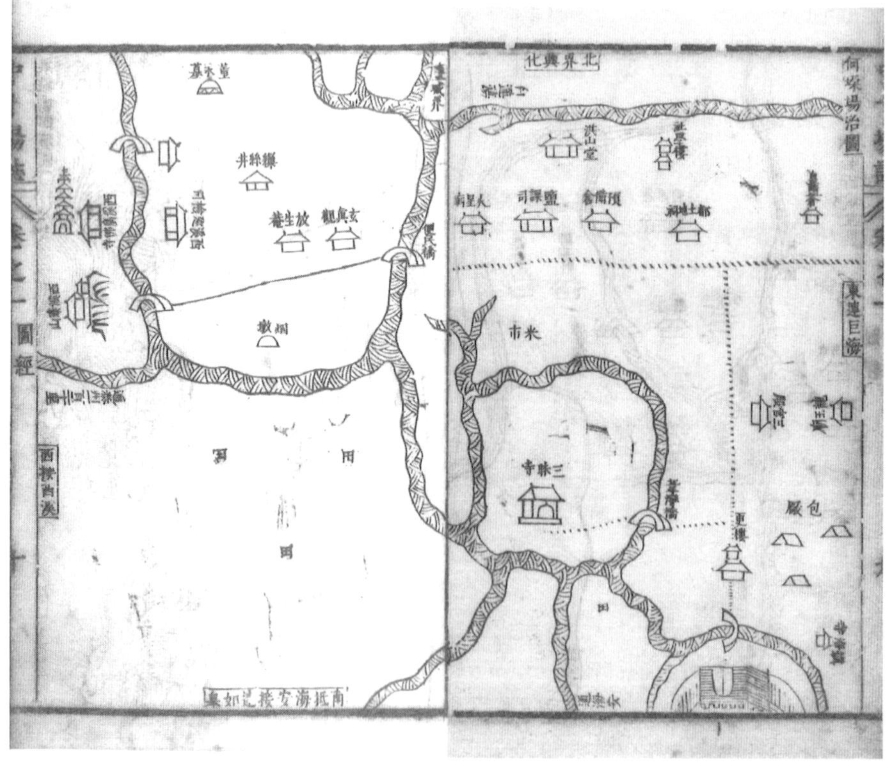

243 242

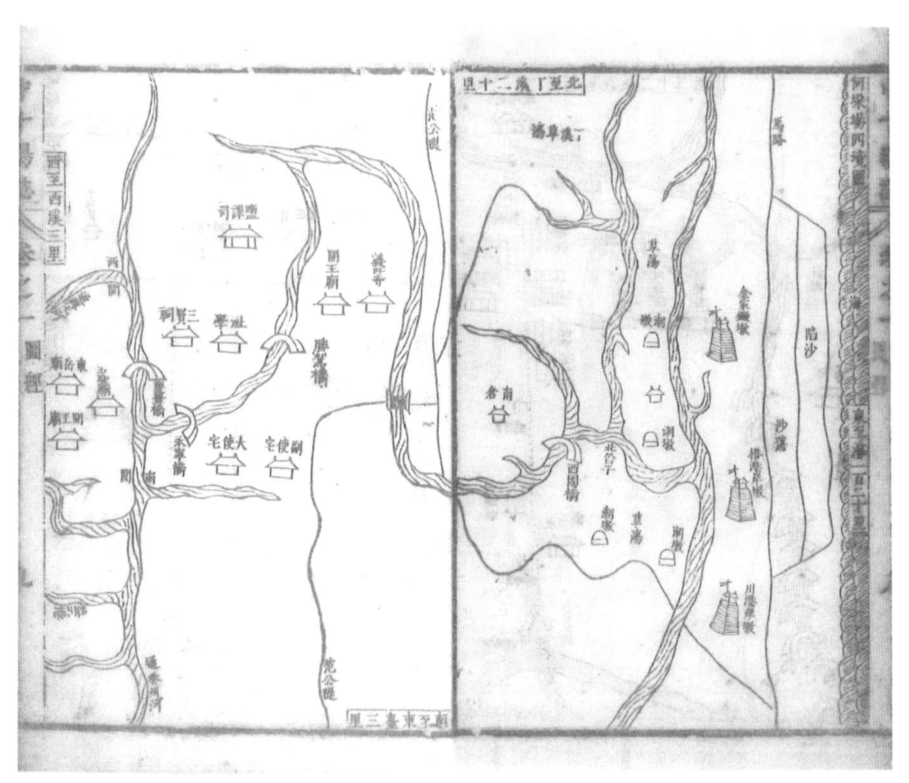

241 240

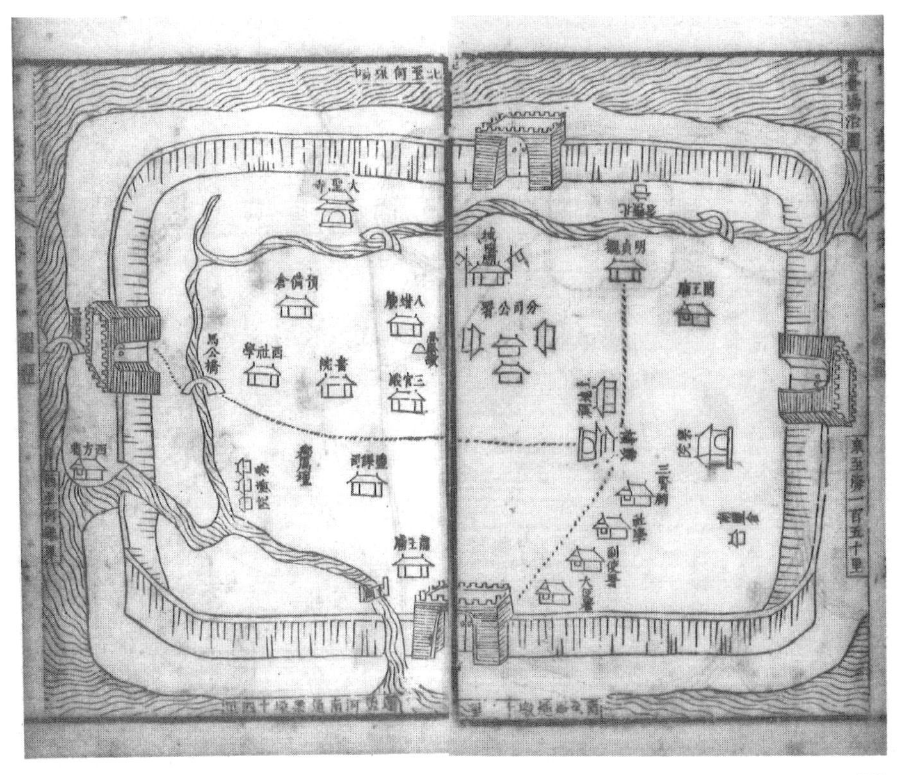

235 234

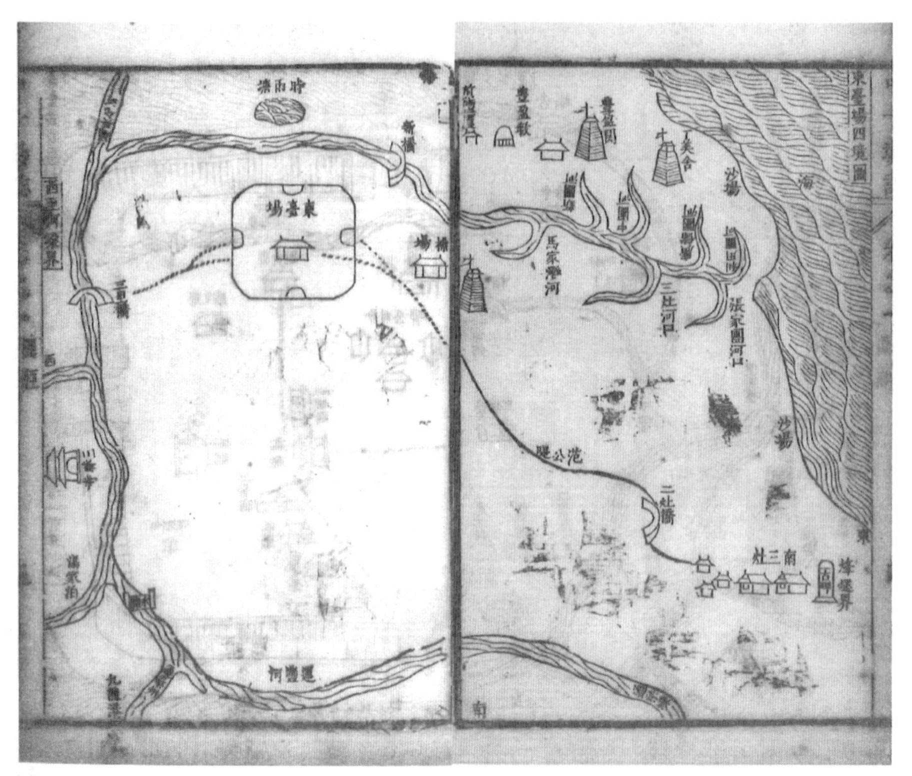
233 232

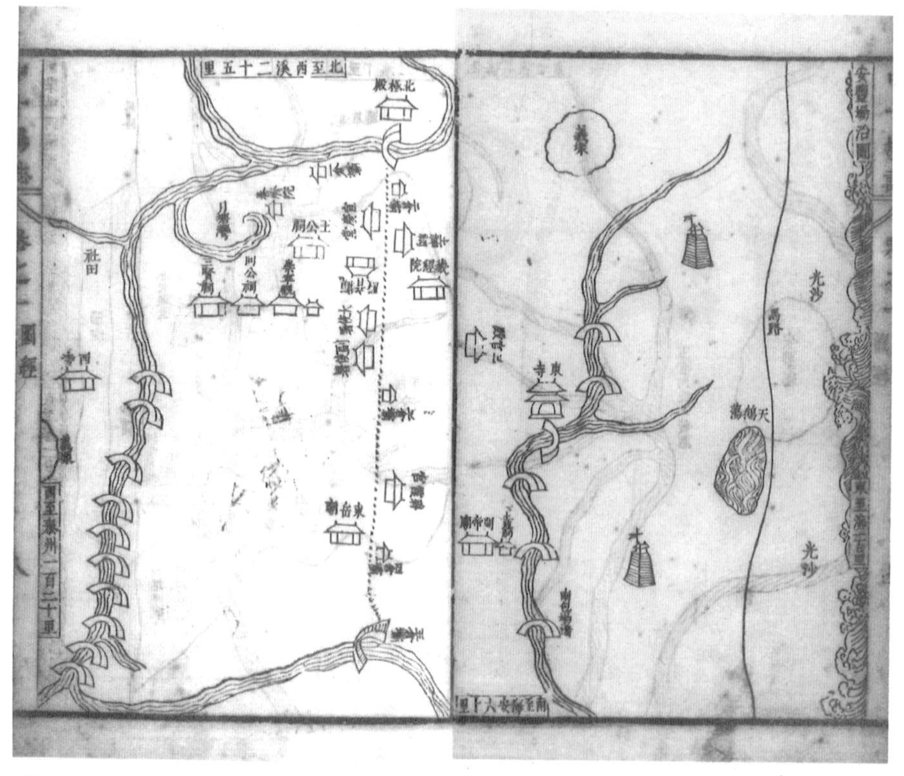
239 238

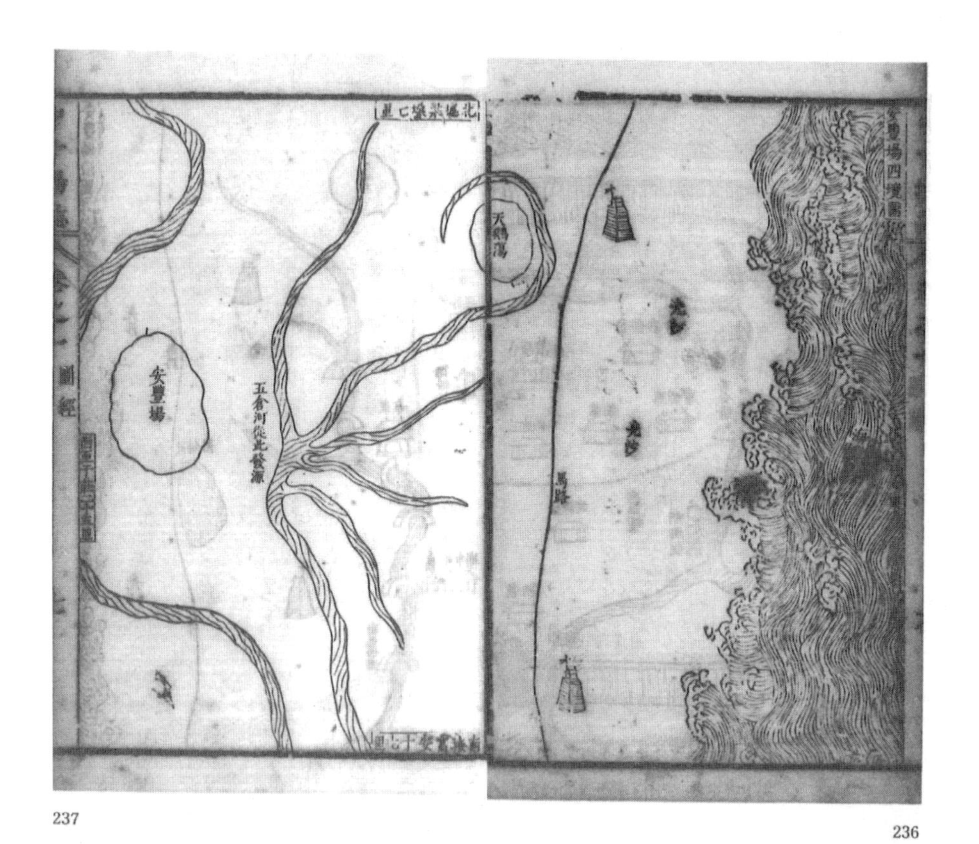

237

236

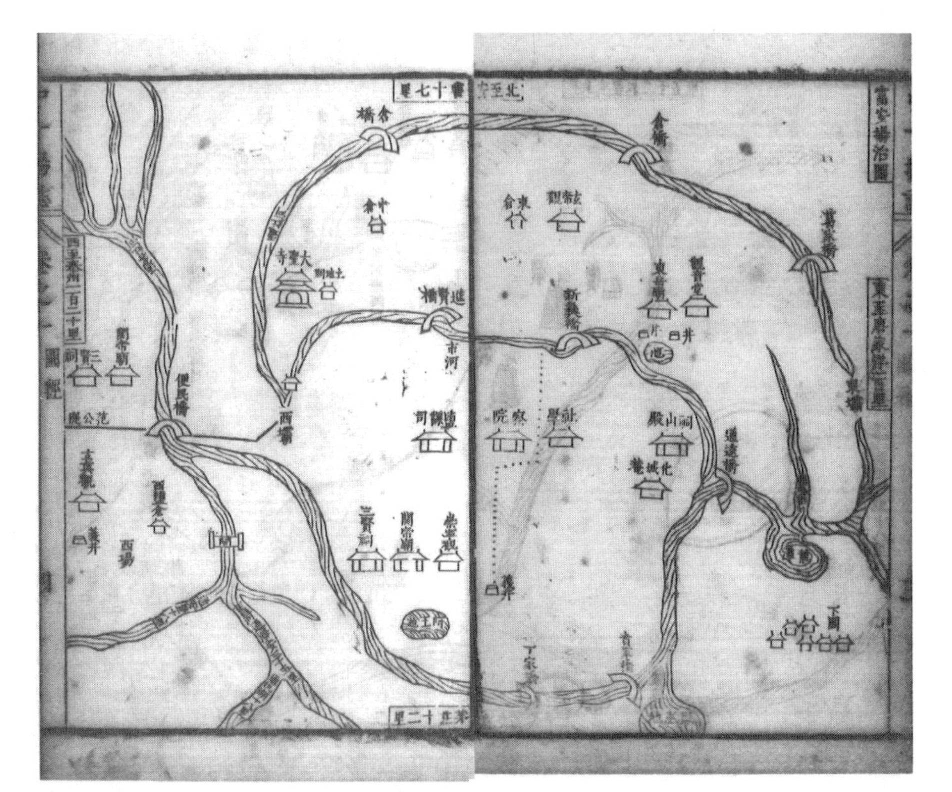

231

230

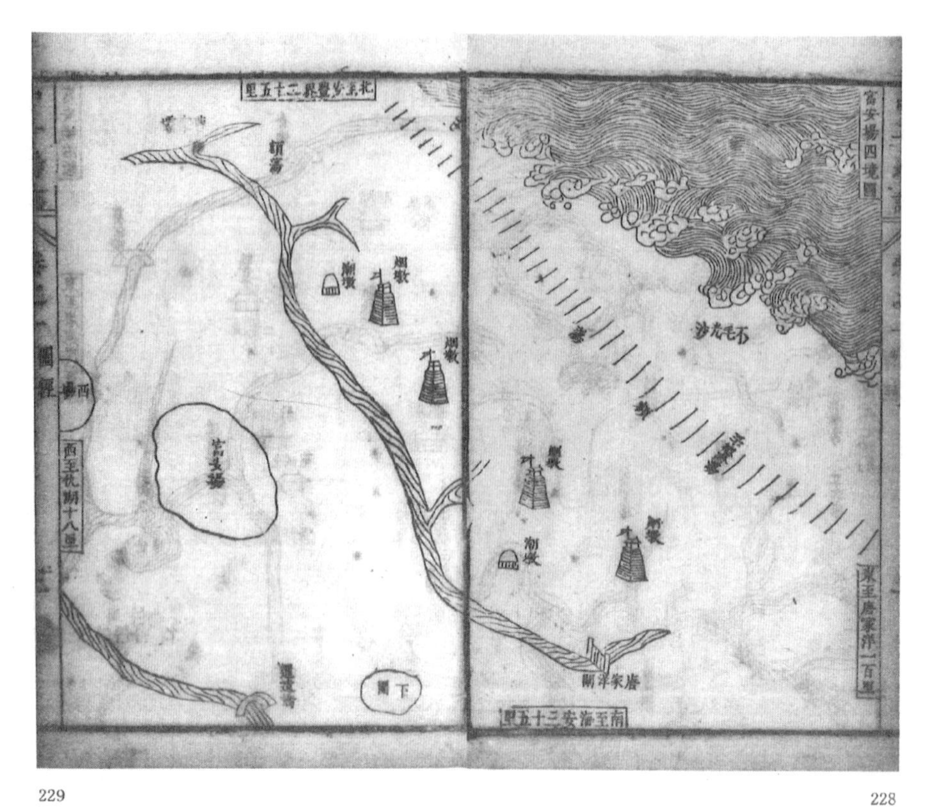

229　　228

(四) 清雍正泰州分司八场图(1728 年)

75　　74

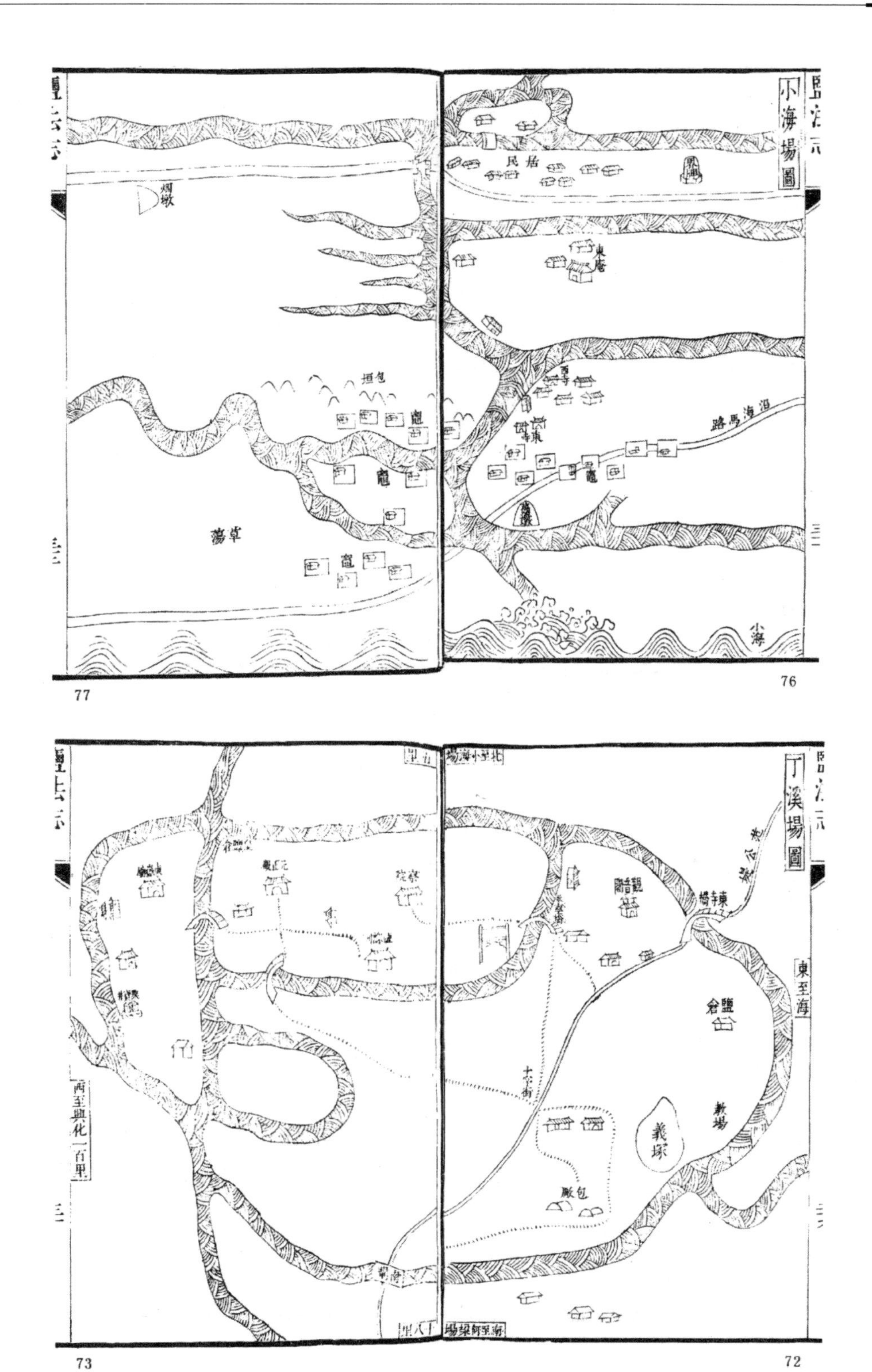
小海場圖
丁溪場圖
東至海
西至興化一百里
鹽倉
義塚
教場
十字街

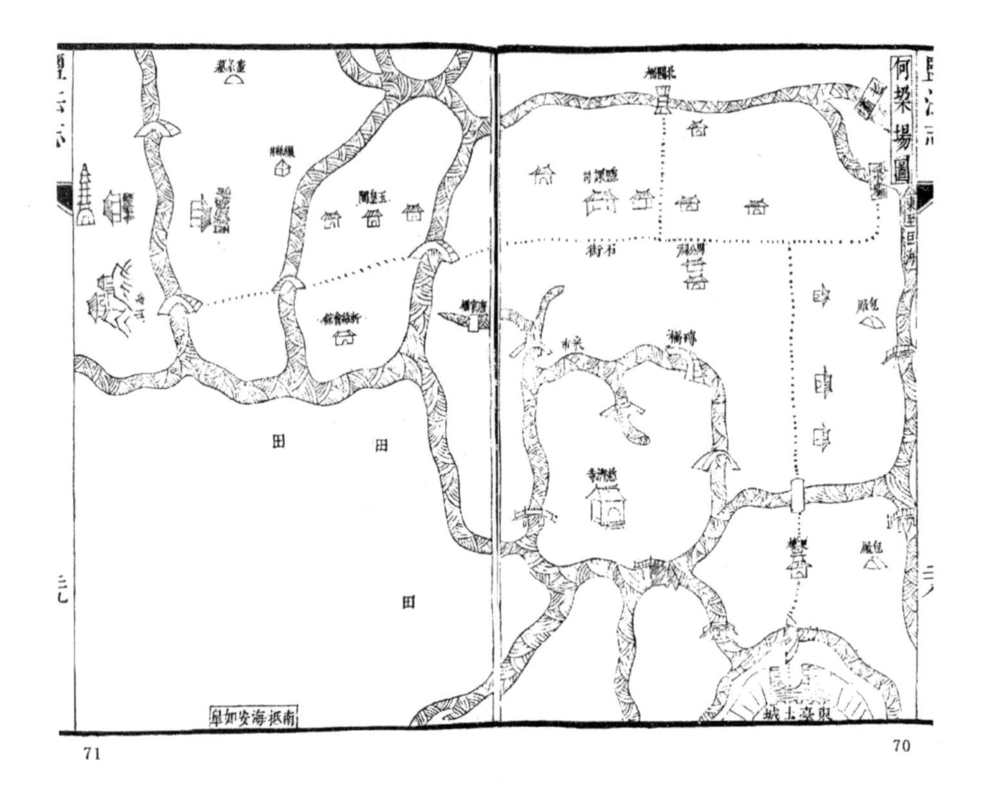
何垜場圖
南抵海安如皋
東臺土城
田
71
70

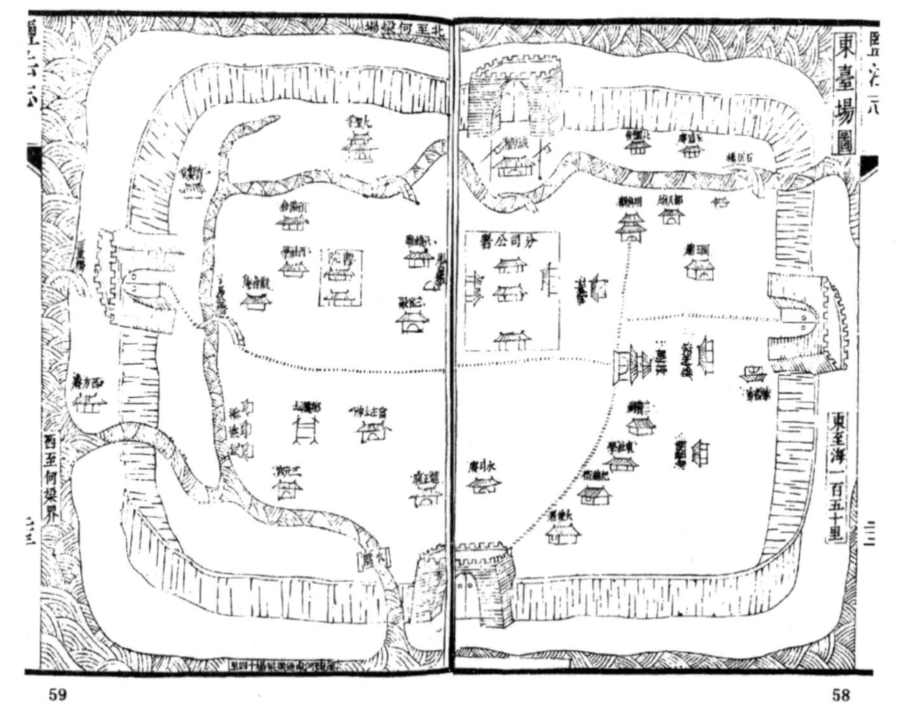
東臺場圖
分司公署
東至海一百五十里
西至何垜界
59
58

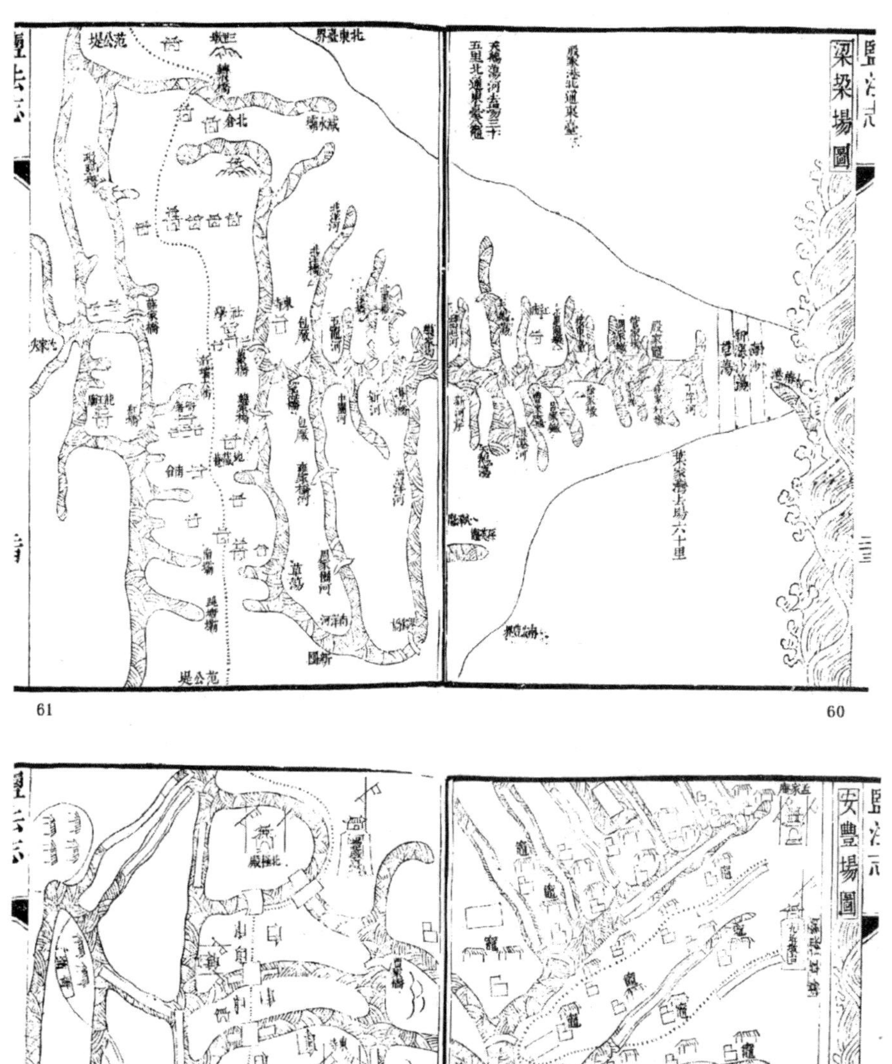

61 60

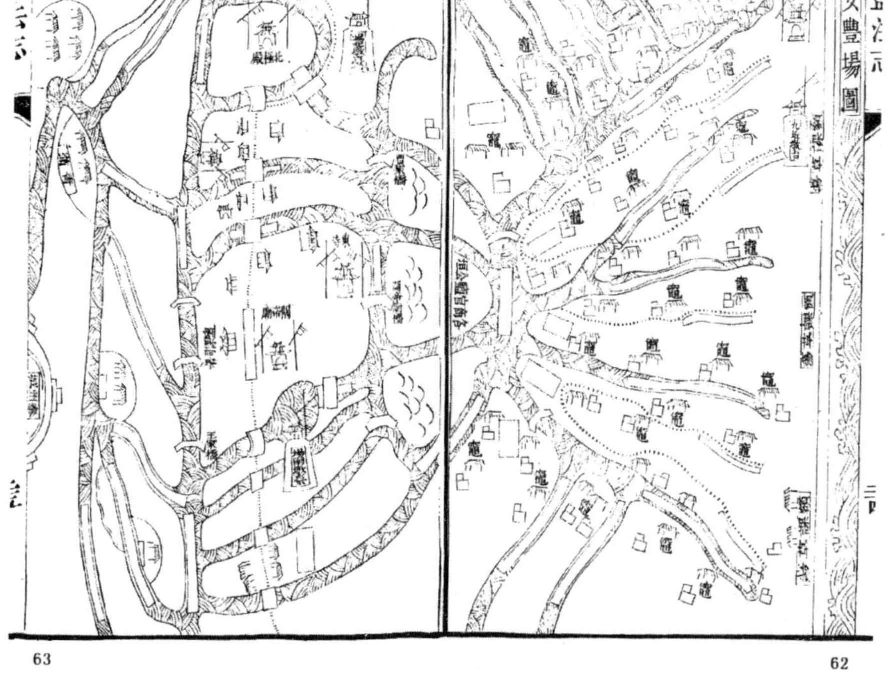

63 62

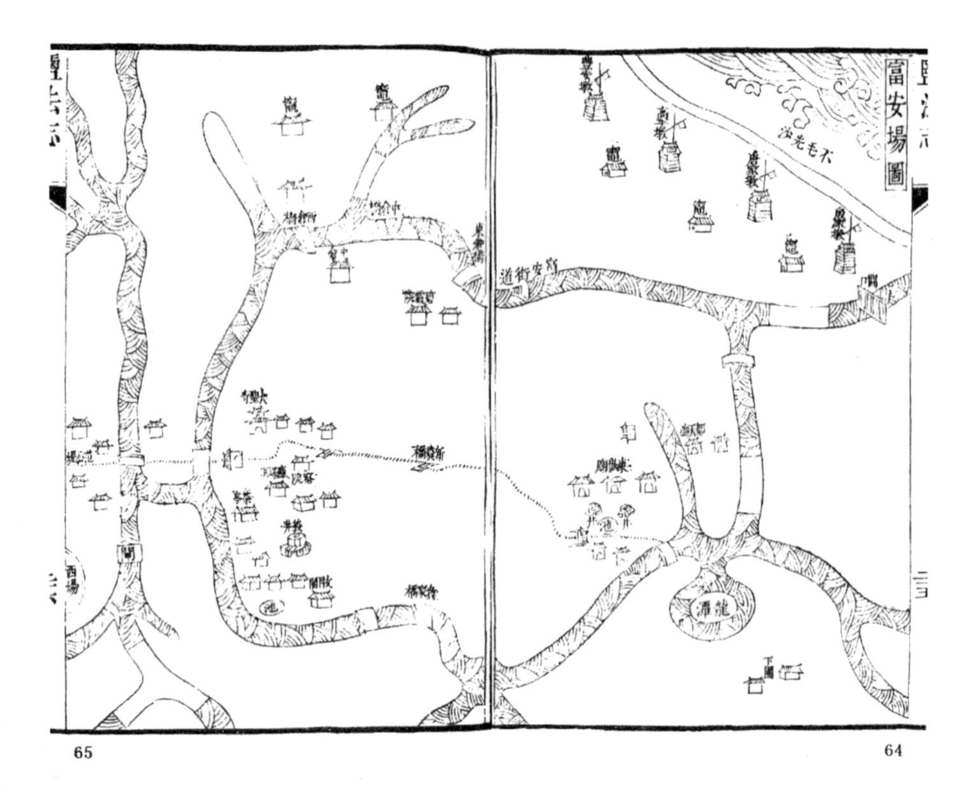

(五) 清乾隆泰州分司八场图(1746 年)

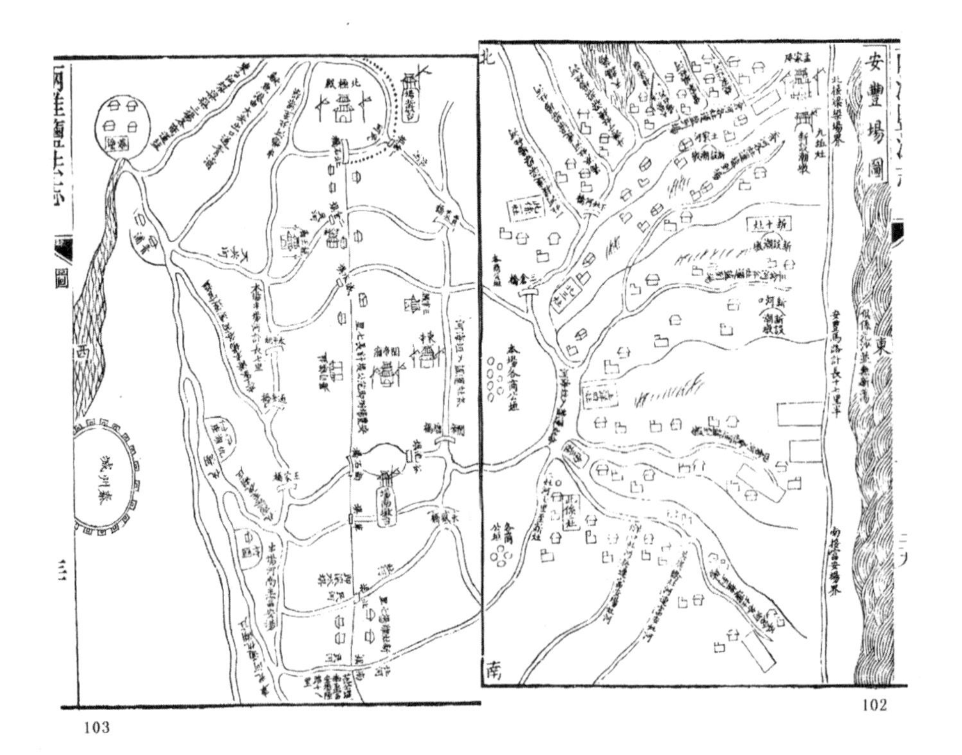

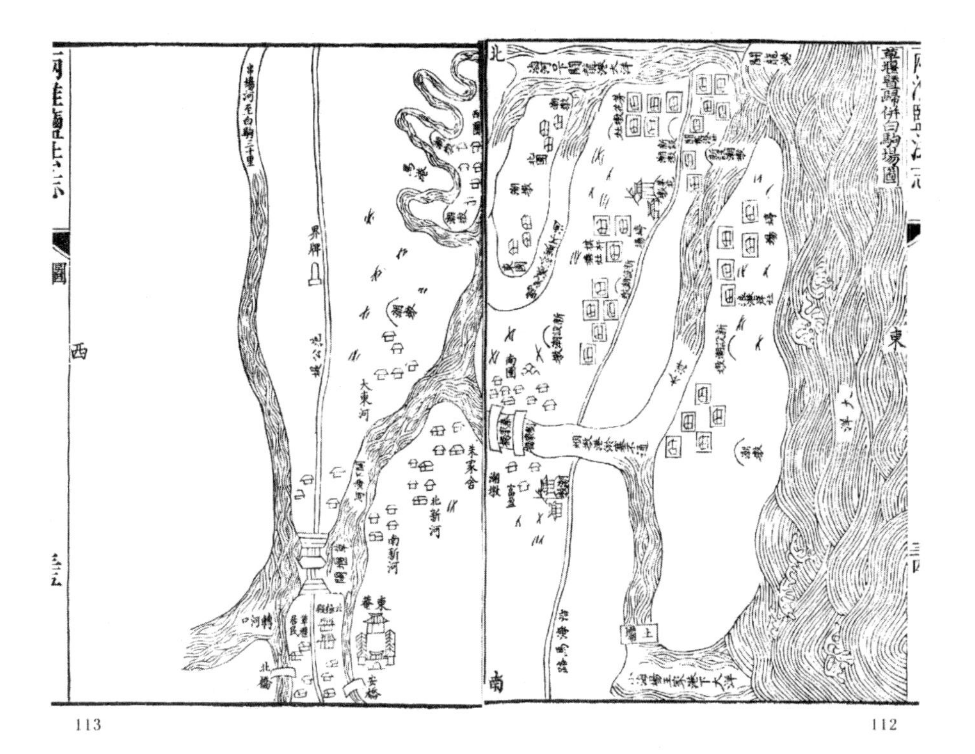

113　　112

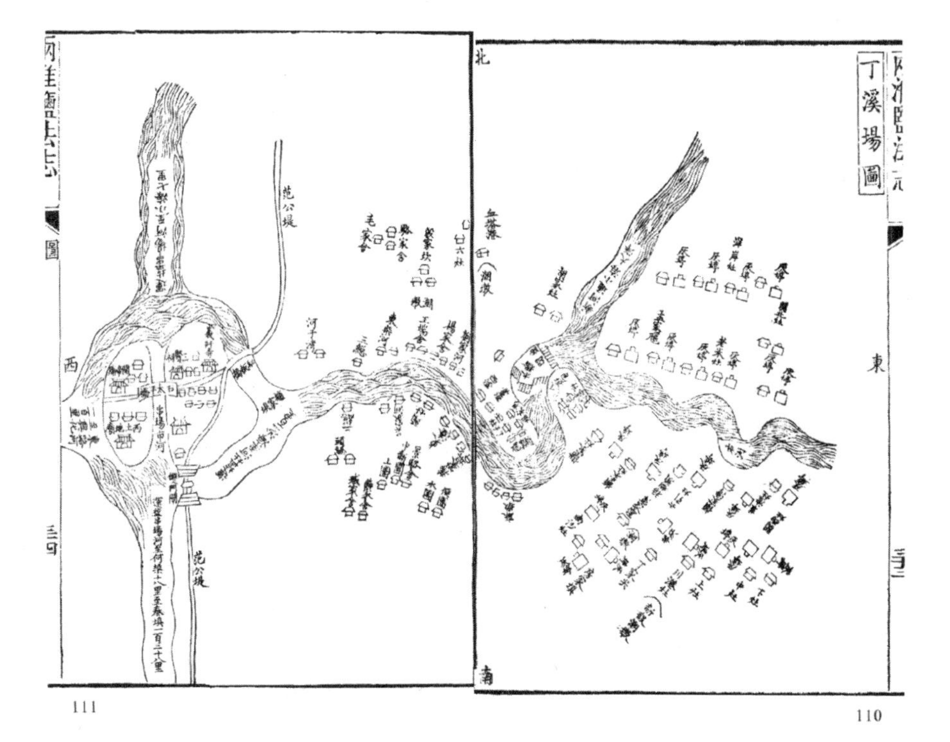

111　　110

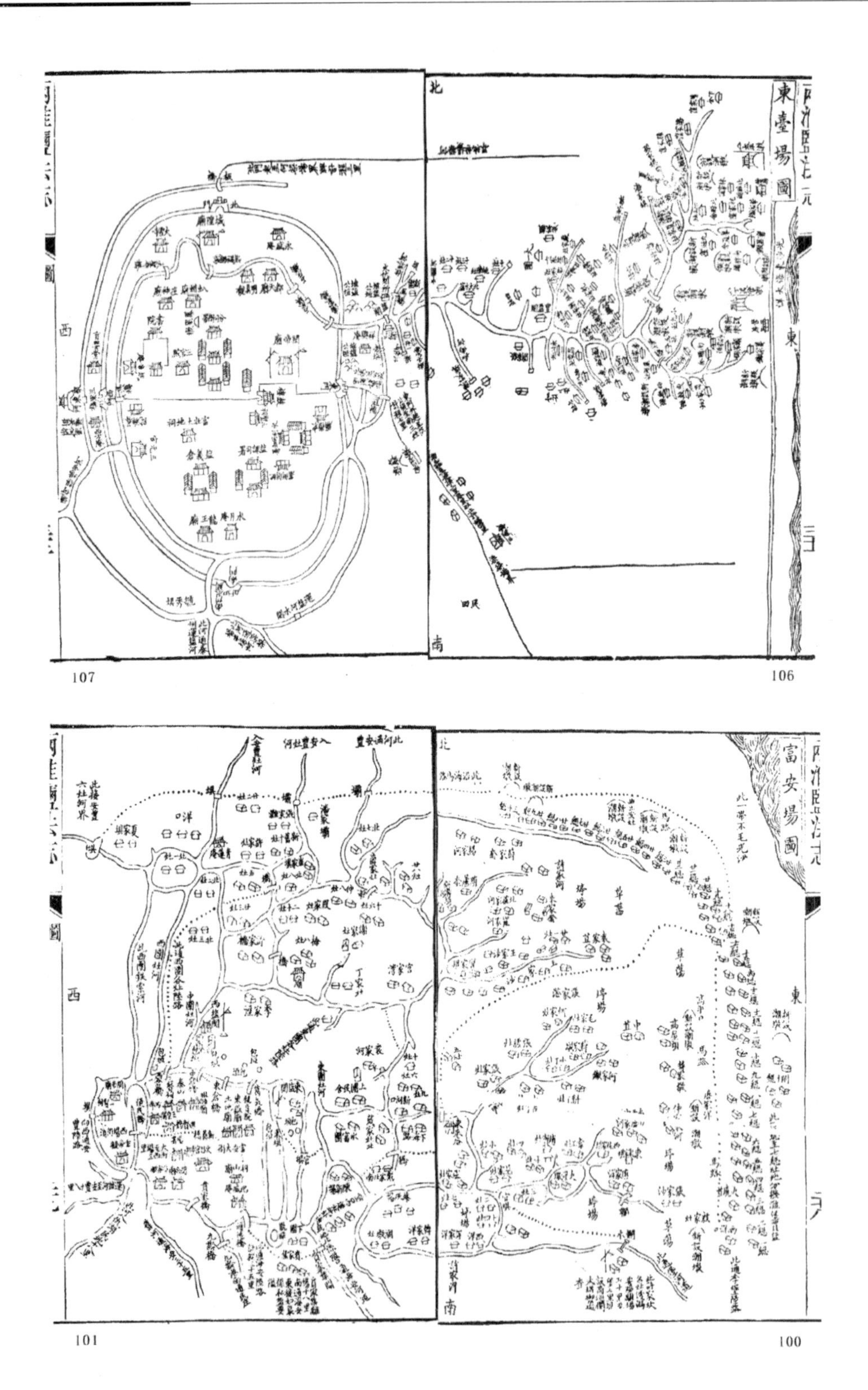
東臺場圖
北
西
東
南
107
106
富安場圖
北
西
東
南
101
100

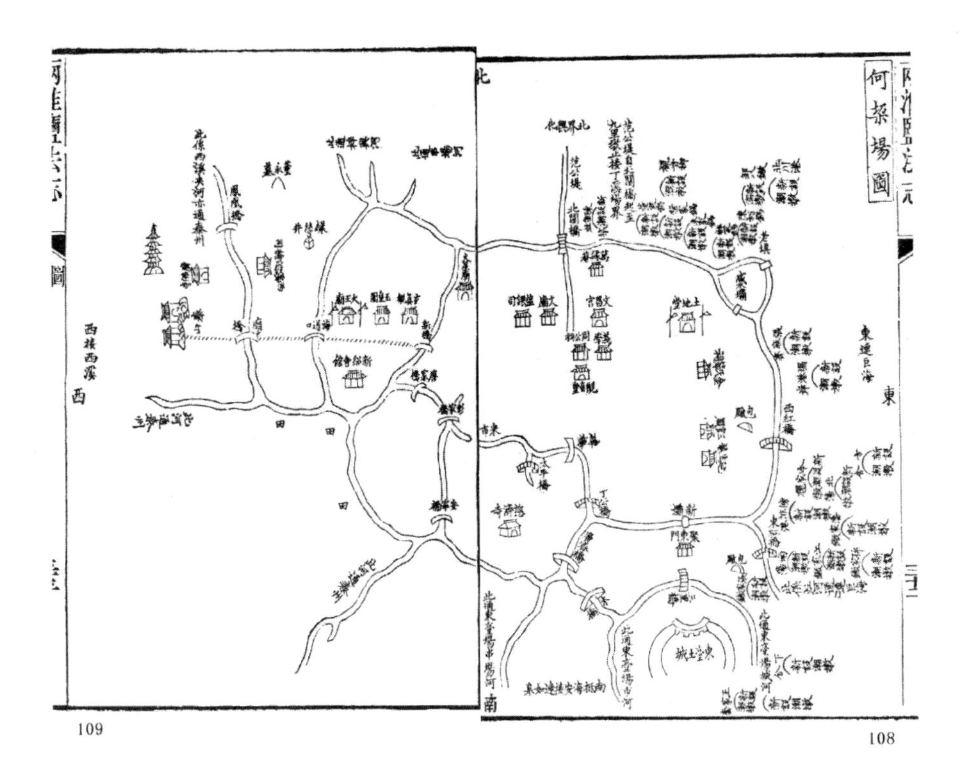

109 108

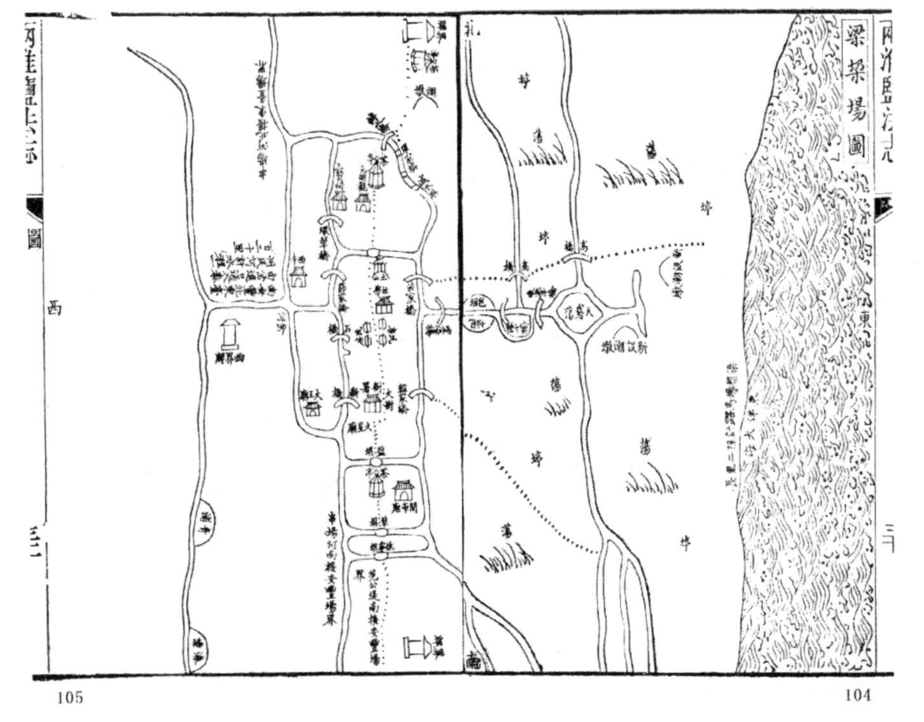

105 104

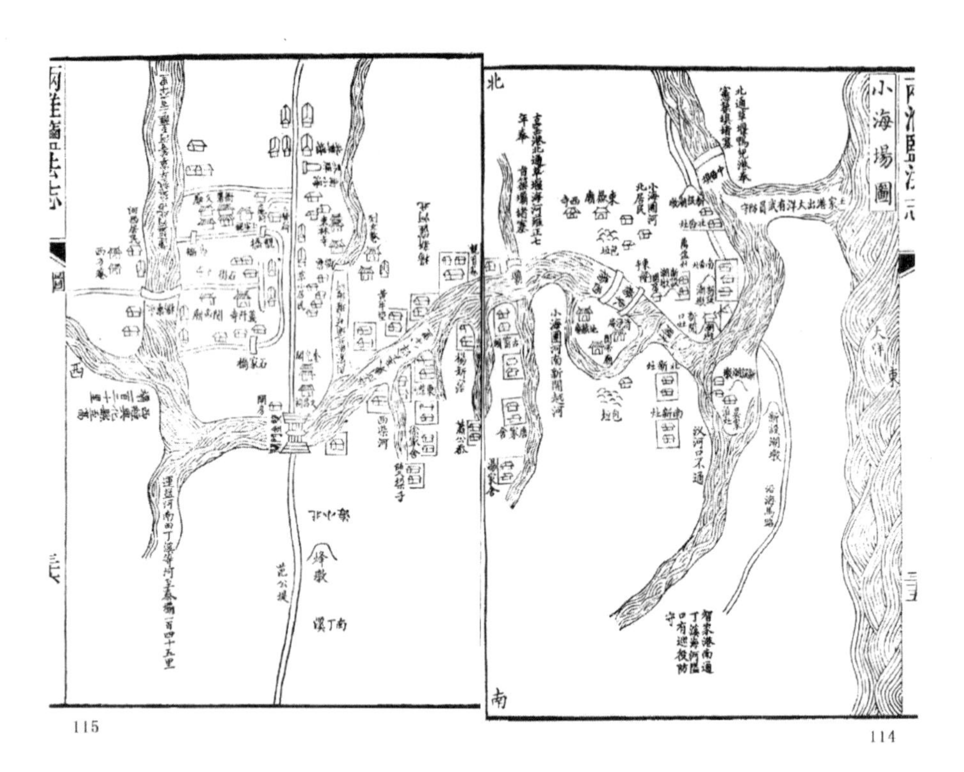

(六) 清嘉庆泰州分司八场图(1817 年)

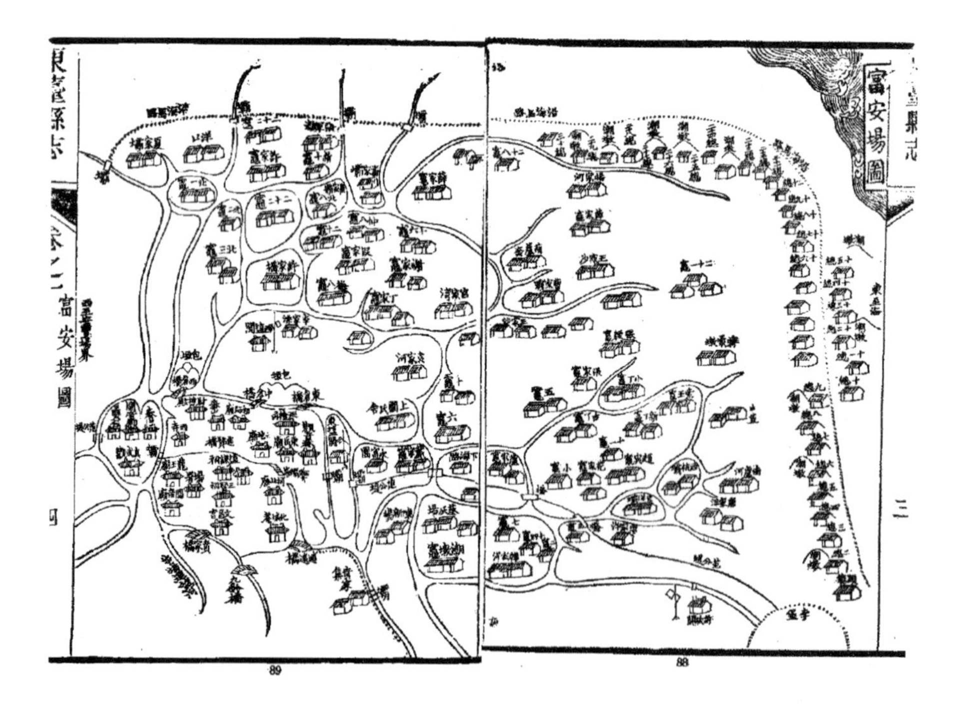

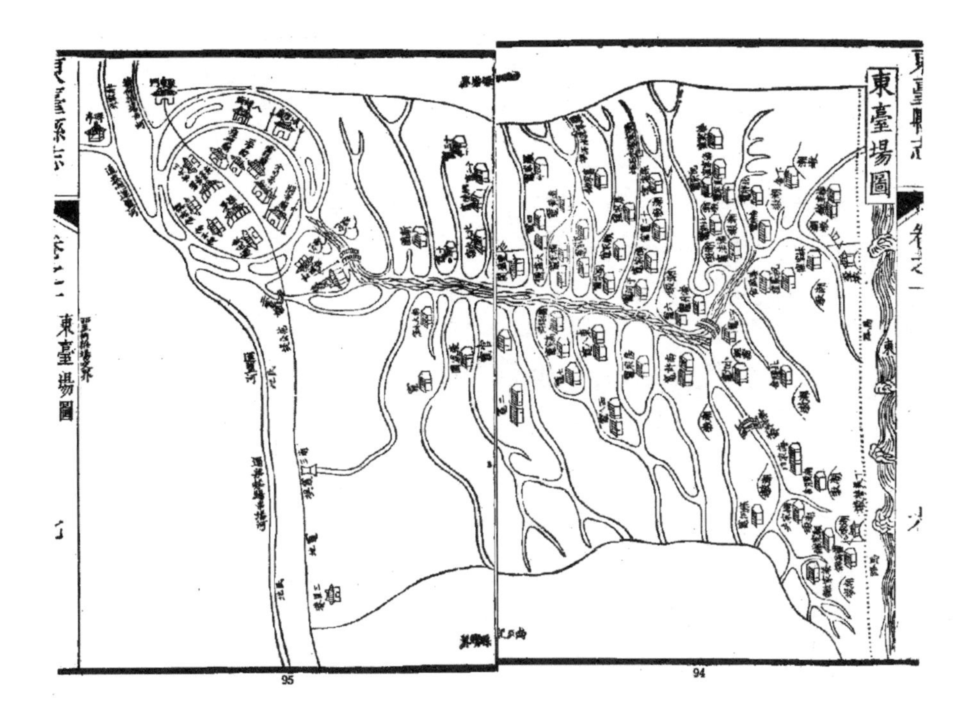
東臺場圖
東臺場圖
95
94

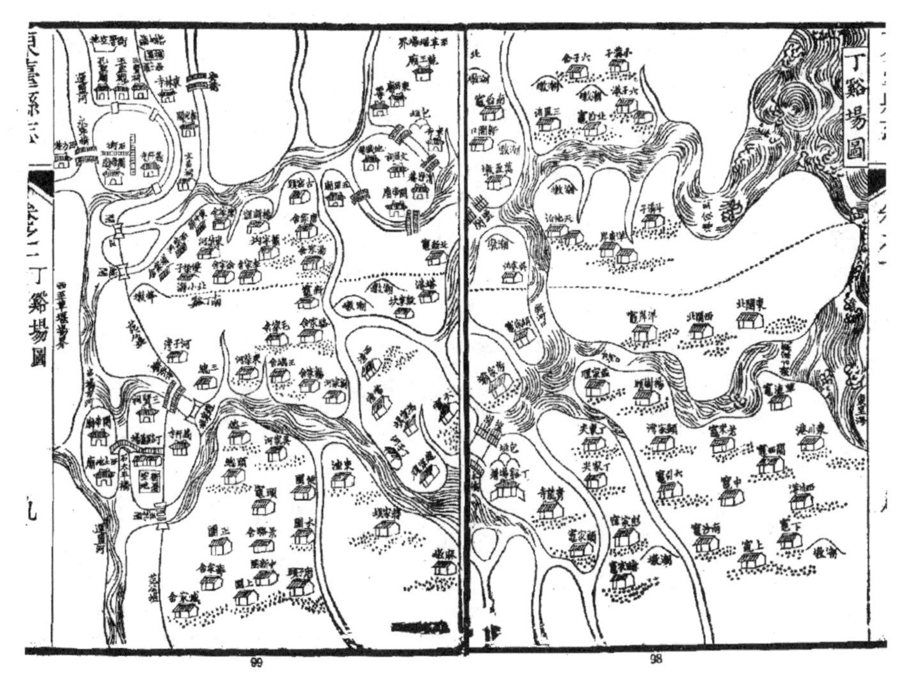
丁谿場圖
丁谿場圖
99
98

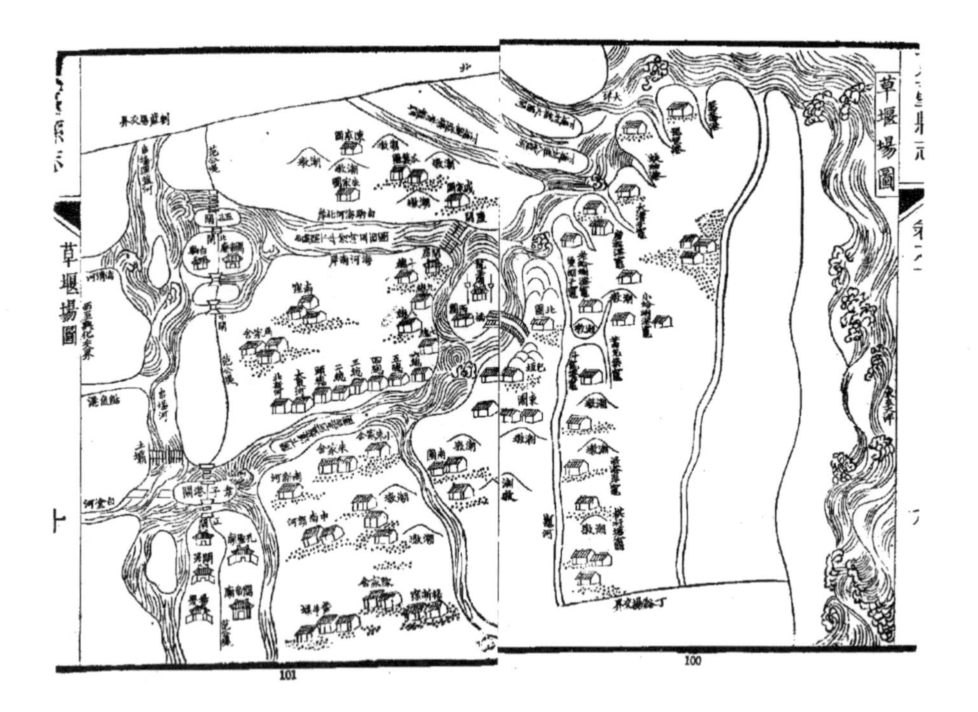
草堰場圖
草堰場圖
101
100

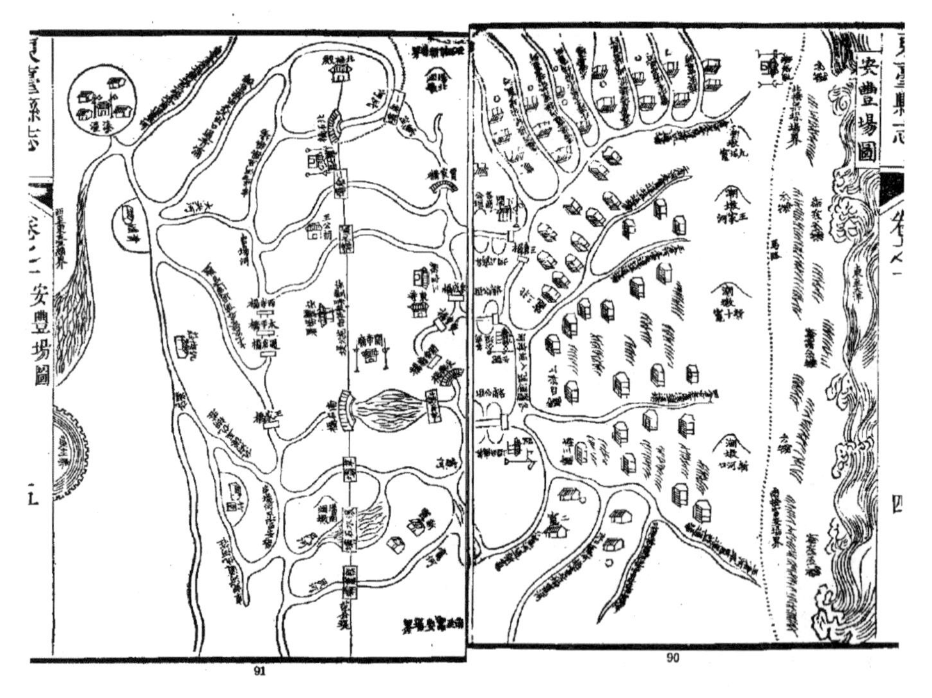
安豐場圖
安豐場圖
91
90

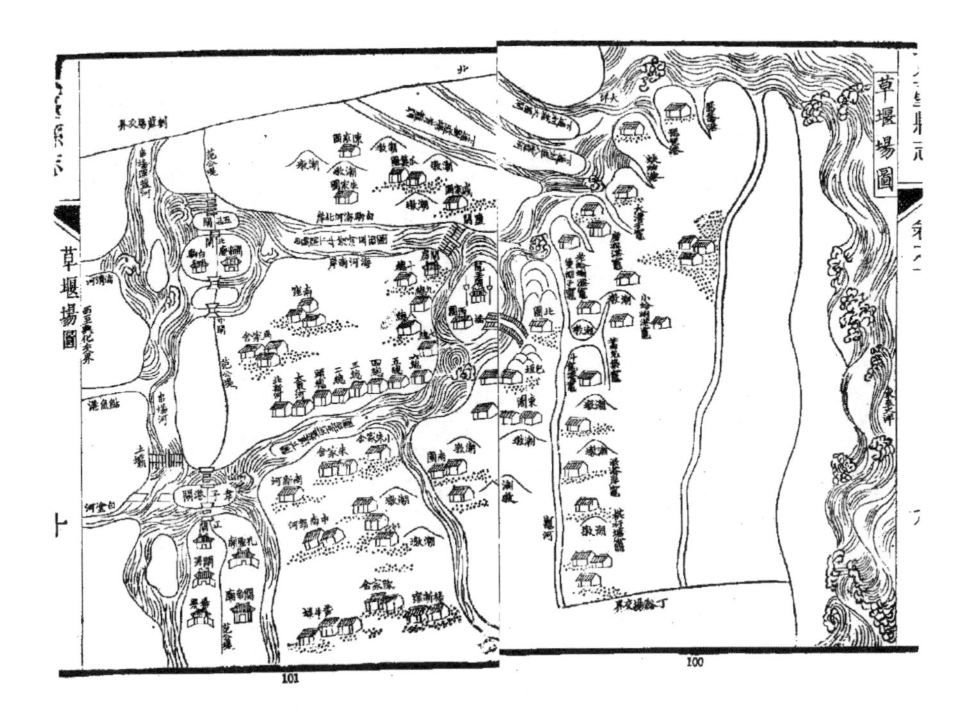
草堰場圖

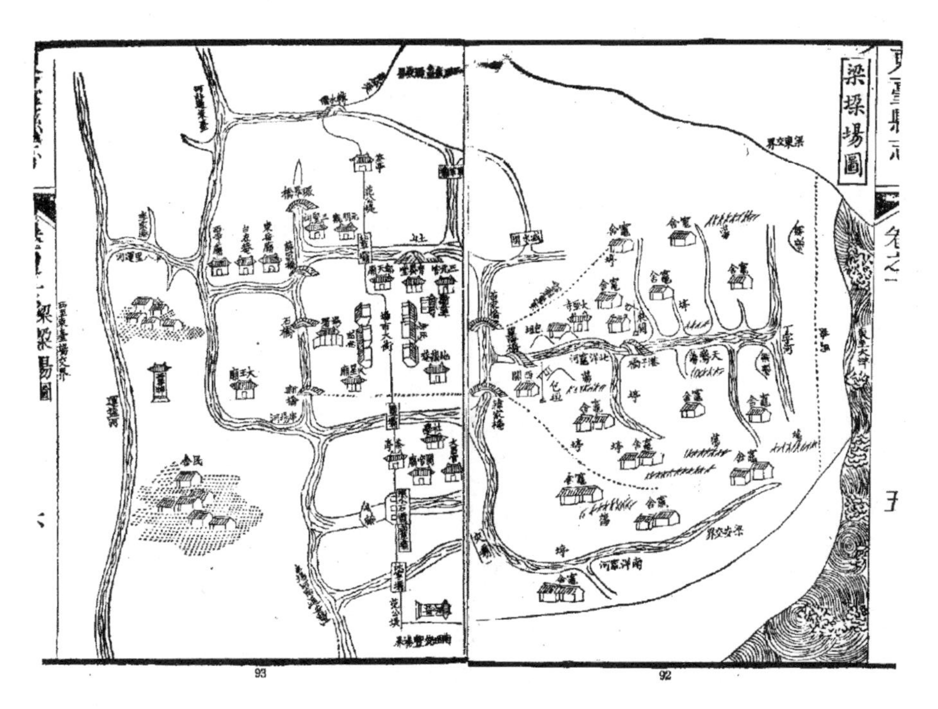
梁垛場圖

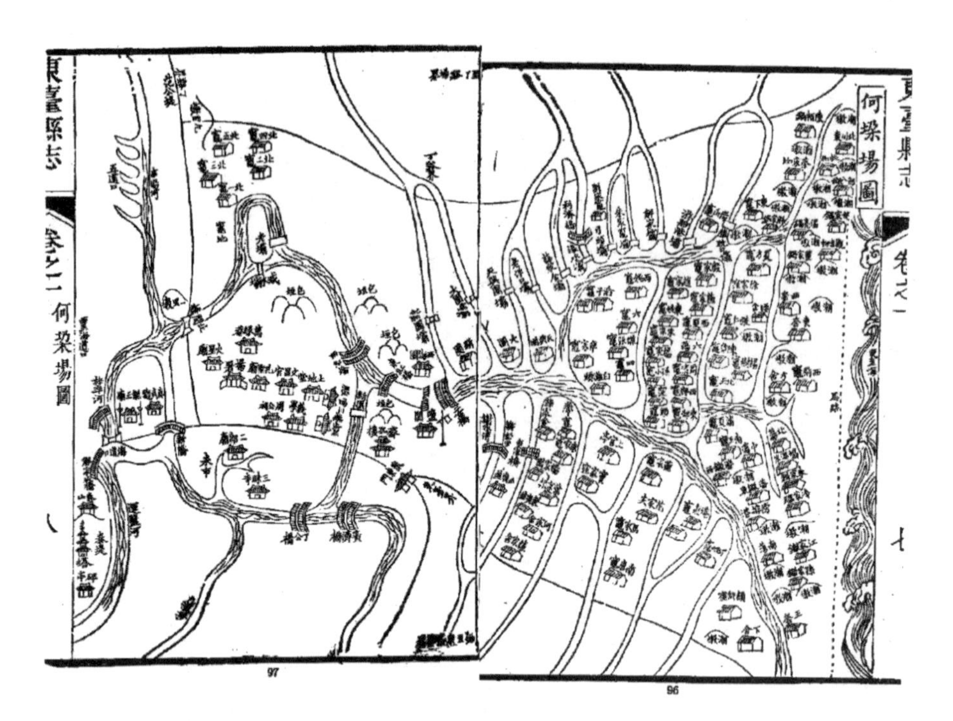

(七) 清光绪草堰至富安场图(1904年)

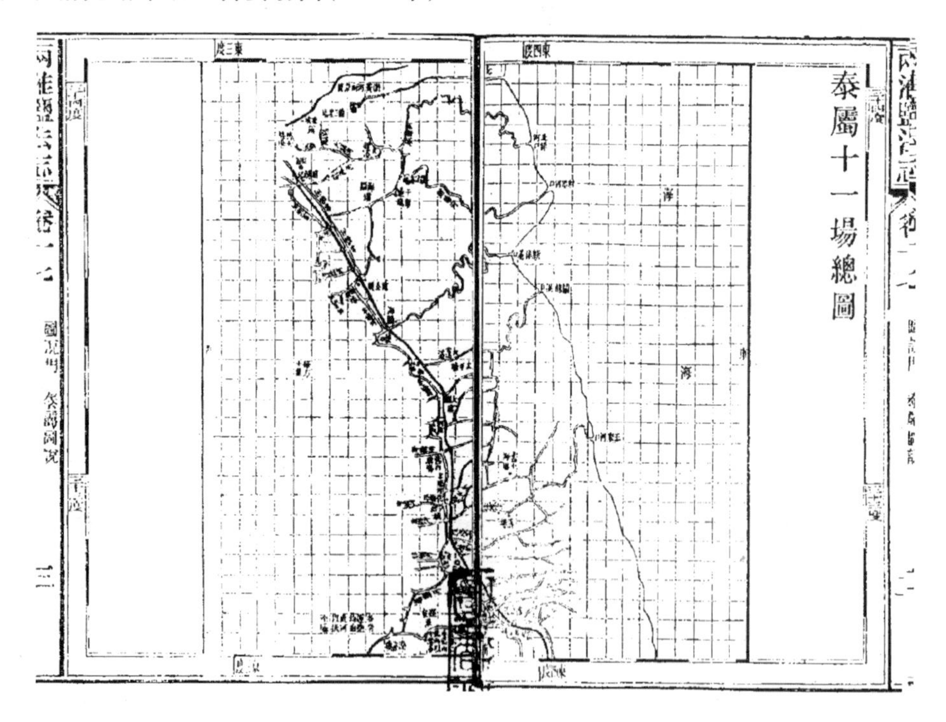

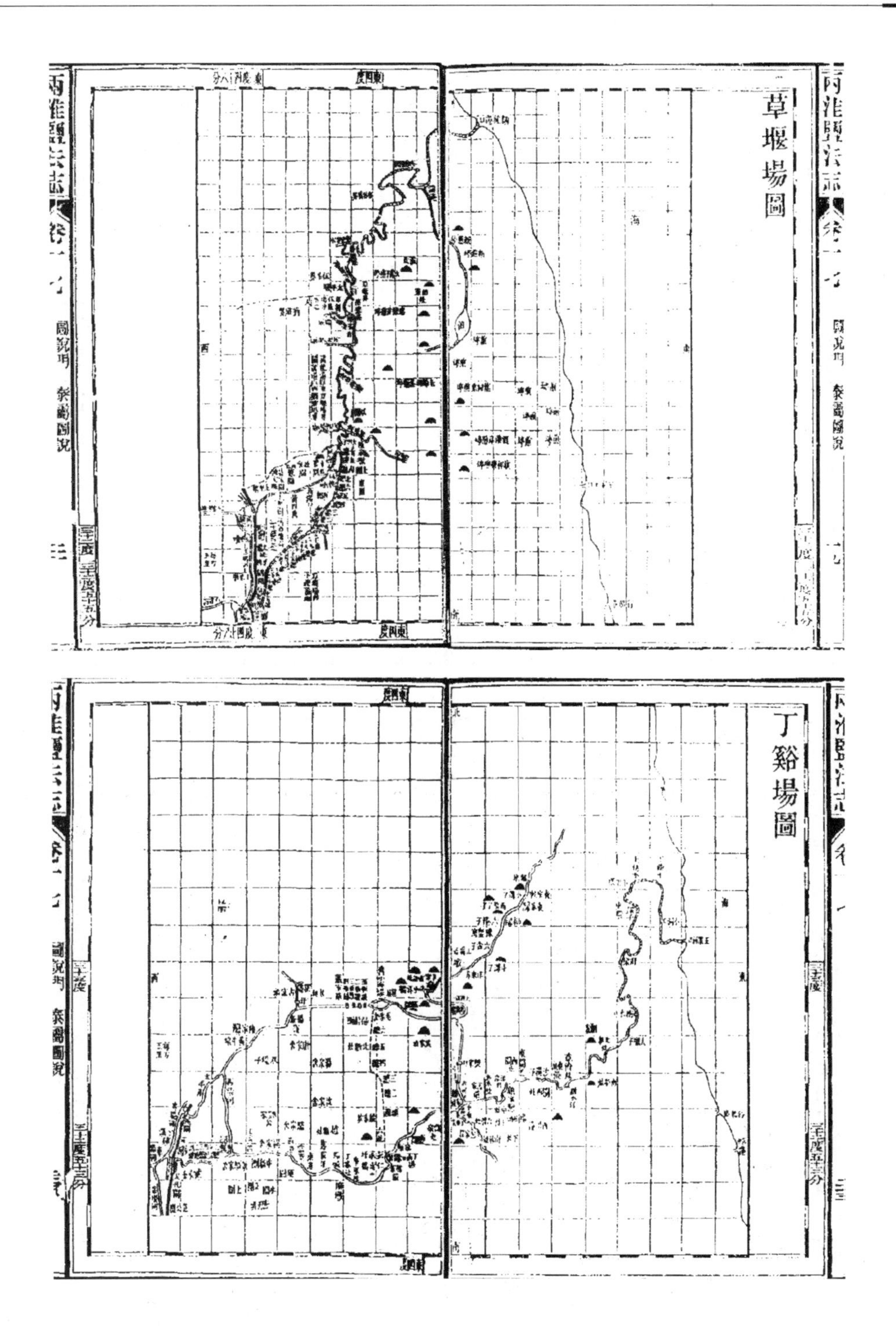
兩淮鹽法志
圖說門
草堰場圖
丁谿場圖

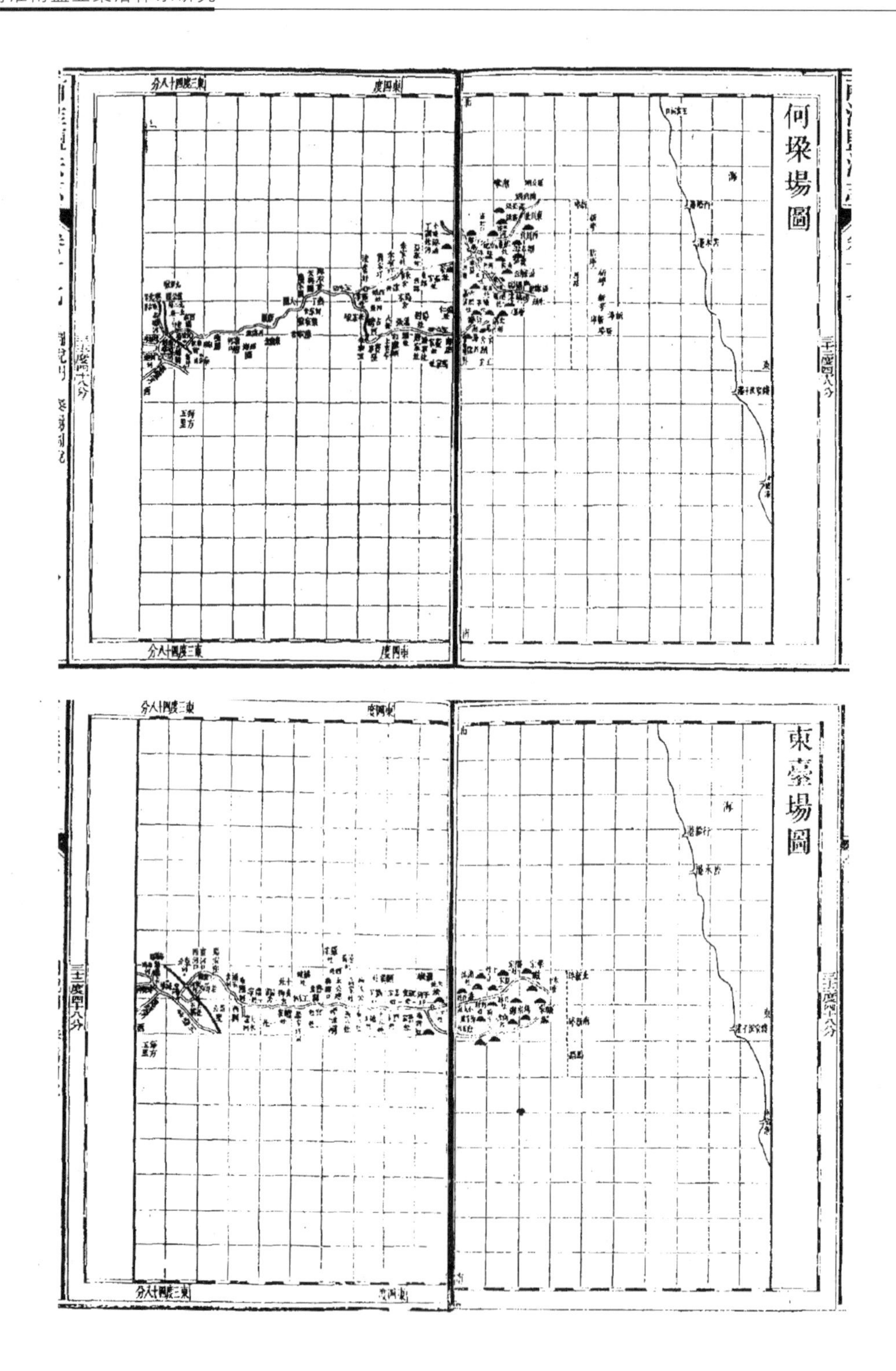
何垛場圖
東臺場圖

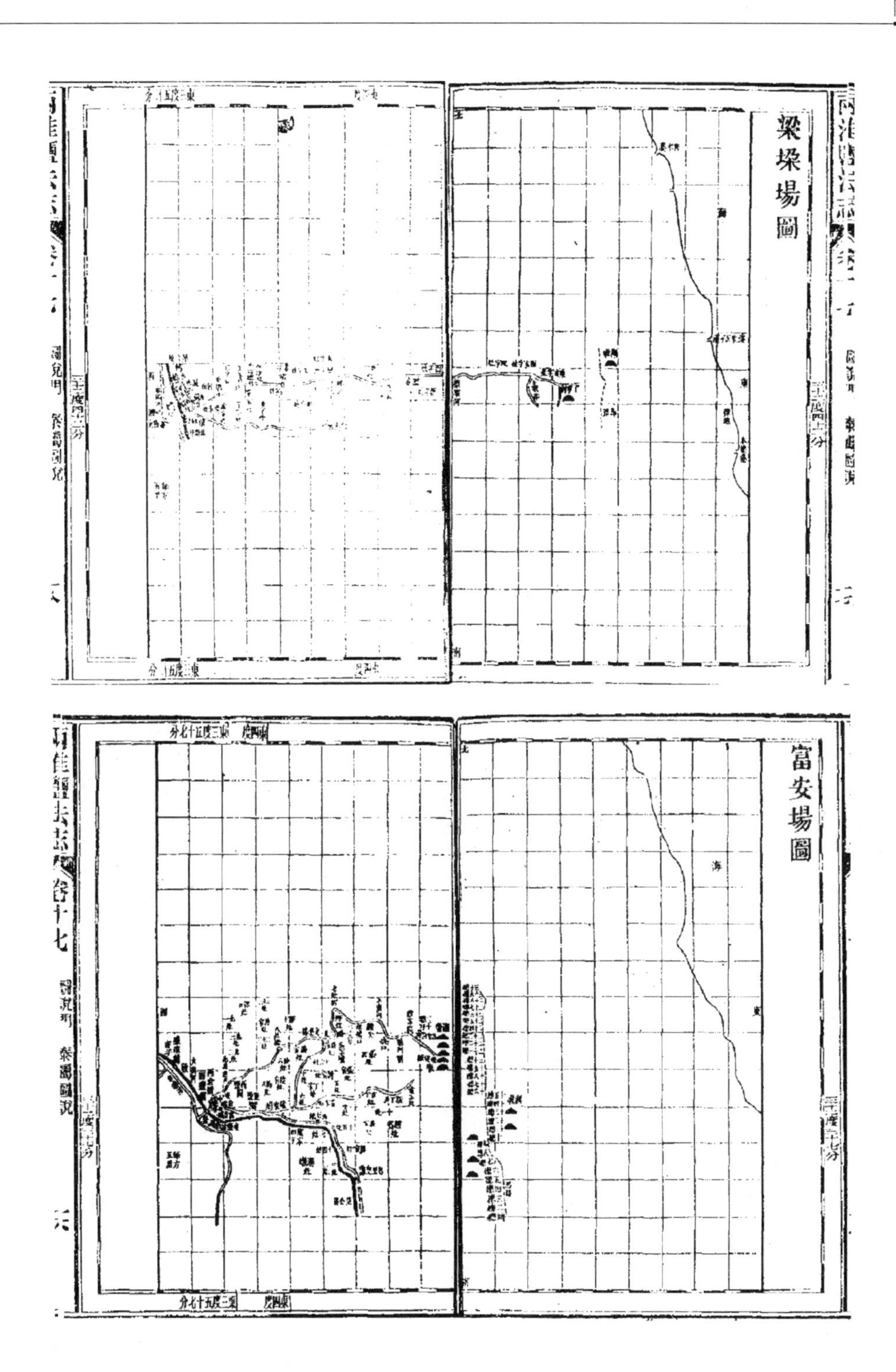
梁垜場圖
富安場圖
海

(八) 1920年代泰州八场 1∶10 000地图

1920年代草堰场至富安场的范围图

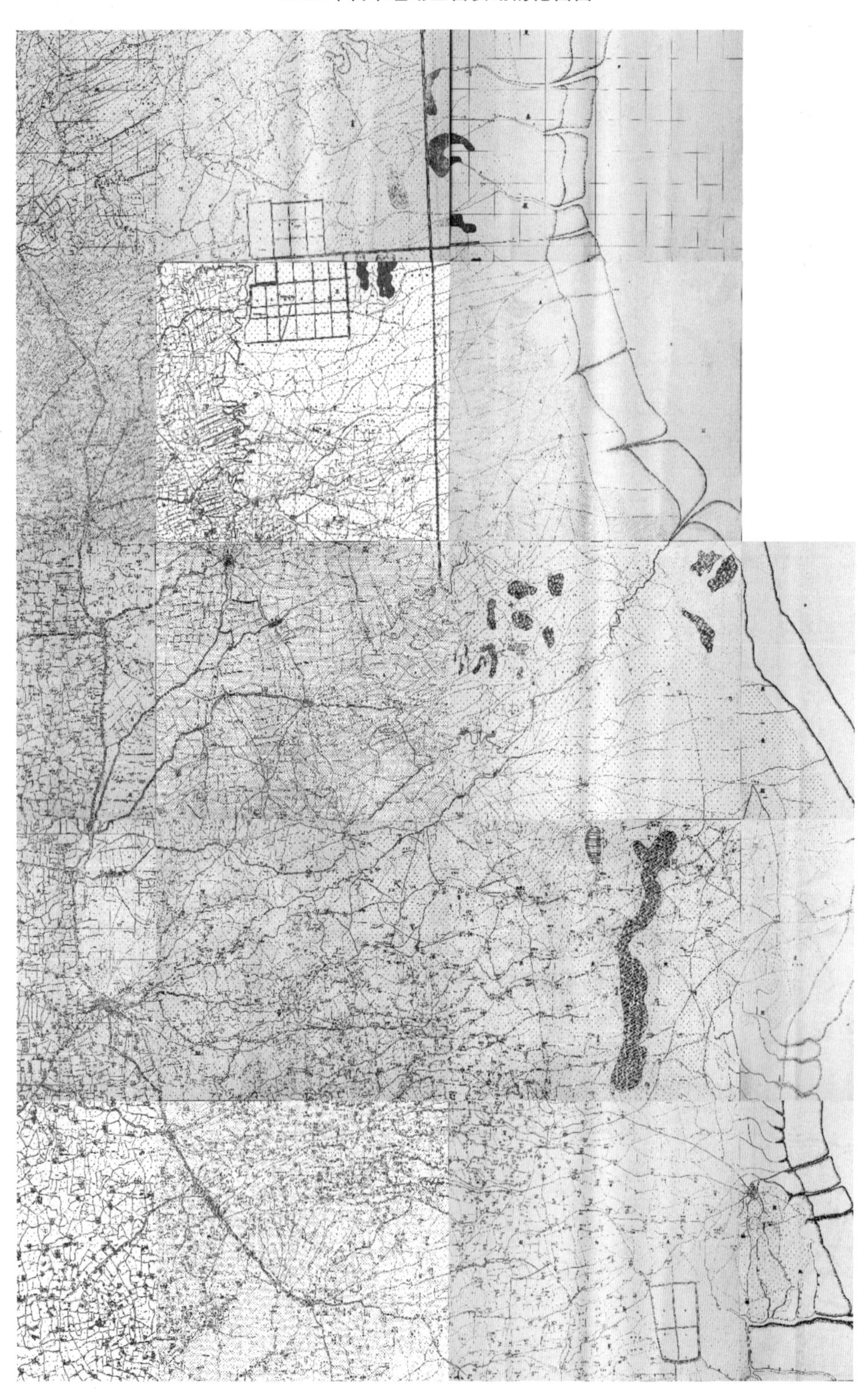

（九）1960年代泰州八场美国军事卫星地图

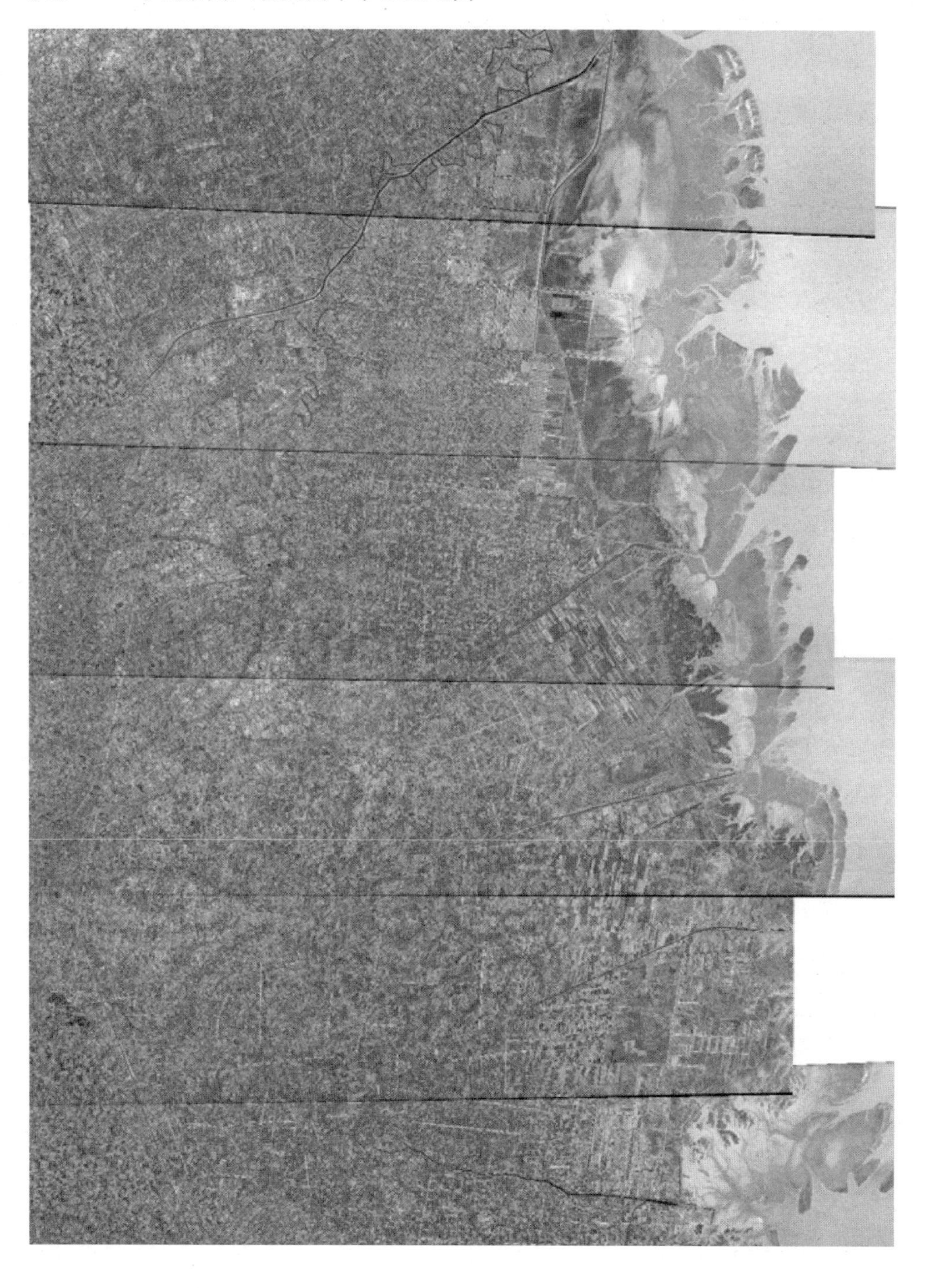

附录 4　明清淮南泰州分司八场盐业生产相关数据一览表

（注：以下数据均来源于各个时期的盐法志记载）

时期	盐场	盘铁	锅镴(个)	卤池(口)	亭场(面)	灶房(座)	团数(个)	总催(名)	灶户(户)	人口(丁)
明弘治	富安	原额 65 角 4 分	/	684	1 502	82	3	30	354	1 099
明弘治	安丰	额设 105 角	/	830	754	146	5	50	658	1 626
明弘治	梁垛	原额 120 角 4 分	/	379	987	92 计 184 间	6	60	566	1 541
明弘治	东台	原额 116 角	/	812	624	84	6	60	731	1 547
明弘治	何垛	额设 66 角 7 分	/	366	323	61	2	20	360	859
明弘治	丁溪	原额 116 角 7 分	/	550	582	90	/	50	558	1 230
明弘治	草堰	额设 65 角 8 分	/	120	120	40	4	40	444	914
明弘治	小海	额设 31 角 5 分	/	83	55	19	/	10	186	432

时期	盐场	盘铁	锅镴(个)	卤池(口)	亭场(面)	灶房(座)	团数(个)	总催(名)	灶户(户)	人口(丁)
明嘉靖	富安	87 角 7 分	403	785	3 116	130	3	30	267	4 819
明嘉靖	安丰	217 角 5 分	416	905	850	196	5	50	684	5 978
明嘉靖	梁垛	233 角 9 分	228	1 652	1 329	215	6	60	534	5 711
明嘉靖	东台	74 角	0	560	560	130	6	60	900	5 529
明嘉靖	何垛	43 角 5 分	53	366	323	74	3	30	646	4 547
明嘉靖	丁溪	71 角 9 分	227	550	120	110	5	50	773	3 987
明嘉靖	草堰	65 角 8 分	160	880	480	40	4	40	955	3 915
明嘉靖	小海	31 角 5 分	74	83	55	20	1	10	353	1 802

时期	盐场	盘铁(渐置不用，今录其数目备考)	锅镴(个)	卤池(口)	亭场(面)	灶房(座)	团数(个)	总催(名)	灶户(户)未准确记载	人口(丁)
清康熙	富安	后额 92 角，今废	782	364	130	140	5	30	/	15 123
清康熙	安丰	今存 313 角 5 分	2 562	324	330	330	4	50	/	20 332
清康熙	梁垛	233 角 9 分	102	660	650	350	6	60	/	8 981
清康熙	东台	后额 129 角 5 分	1 120	562	560	84	6	60	/	14 604
清康熙	何垛	43 角 5 分	1 333	306	313	74	7	30	/	13 840
清康熙	丁溪	74 角	250	550	250	204	5	50	/	11 058
清康熙	草堰	65 角 8 分计 135 块	160	310	430	40	4	40	/	9 495
清康熙	小海	31 角 5 分计 65 块， 今俱废无存	62	20	120	20	2	10	/	4 444

时期	盐场	盘铁(原额)	锅鐅(个)	卤池(口)	亭场(面)	灶房(座)	团数(个)	总催(名)(额设)	灶户(户)	人口(丁)
清雍正	富安	0	4 300	2 150	2 150	127	/	30	/	/
清雍正	安丰	34 角	4 828	2 424	2 424	2 420	/	50	/	/
清雍正	梁垛	482 角	史料减为 172	1 513	1 513	567	/	60	/	/
清雍正	东台	72	2 812	未记	未记	未记	/	60	/	/
清雍正	何垛	0	4 102	2 051	2 051	2 051	/	30	/	/
清雍正	丁溪	0	964,(潮水淹没)余 400 多	482,(雍正二年潮水淹没)余 200	482,(雍正二年潮水淹没)余 200	增至 445(潮水淹没余 200 多)	/	50	/	/
清雍正	草堰	30 角	174	126	126	未记	/	40	/	/
清雍正	小海	0	62	85,海潮淹没剩余 32	85,海潮淹没剩余 32	锅棚 35,海潮淹没剩余 22	/	10	/	/

时期	盐场	盘铁	锅鐅(个)	卤池(口)	亭场(面)	灶房(座)	团数(个)	总催(名)	灶户(含烟户)[1]	人口(单位:口,含烟户)	公垣(所)
清乾隆	富安	/	1 928	1 894	2 150	1 894	/	/	9 174	42 466	30
清乾隆	安丰	/	3 858	3 439	2 424	3 439	/	/	11 428	46 838	132
清乾隆	梁垛	/	169	1 513	1 513	567	/	/	6 122	30 518	36
清乾隆	东台	/	804	0 增至 1 586	0 增至 1 586	130 增至 878	/	/	6 034	28 361	30
清乾隆	何垛	/	2 594	2 141	2 141	2 141	/	/	5 233	26 852	52
清乾隆	丁溪	/	754	506	506	800	/	/	3 951	17 156	20
清乾隆	草堰(白驹归并)	/	232	224	224	0(无存)增至 224	/	/	3 374	9 031	7
清乾隆	小海	/	106	196	196	0(无存)增至 196	/	/	2 199	12 925	3

时期	盐场	盘铁	锅鐅(个)	卤池(口)	亭场(面)	灶房(座)	团数(个)	总催(名)	灶户	人口(丁)	商垣(所)(原数目即乾隆时数目)
清嘉庆	富安	/	828	1 209	2 150	1 209	/	/	12 892	43 963	7
清嘉庆	安丰	/	3 386	2 702	2 424	2 702	/	/	19 694	48 413	28
清嘉庆	梁垛	原额 543 角,今存 294 角	149	900	1 513	511	/	/	7 225	20 474	13
清嘉庆	东台	/	785	(原额无)1 368	0 增至 1 586	1 368	/	/	8 776	25 741	12
清嘉庆	何垛	/	1 804	1 699	2 141	1 699	/	/	8 151	24 049	15
清嘉庆	丁溪(合并小海)	/	1 443	449(丁溪)+861(小海)	506	920(丁溪)+861(小海)	/	/	19 521	(合小海)48 480	12(在沈家灶) 15(小海增置在小海团)
清嘉庆	草堰(合并白驹)	/	1 391	1 091	224	1 091	/	/	11 477	(合白驹)30 486	15(在西团)

[1] 烟户是指清乾隆时期承办引荡(承办盐课的官方草荡)的居民。见清《(乾隆)两淮盐法志》中记载:“一清查烟户必先编定某疃某灶若干户数,分司刊刻票册……该场大使协同委员亲身携带挨疃逐户询问,……并将承办引荡及有无执业灶田盐池登填明白……”[清]王世球,等.(乾隆)两淮盐法志:卷十七·场灶三·附保甲[M]//于浩.稀见明清经济史料丛刊:第一辑.北京:国家图书馆出版社,2008.

附录 5 明嘉靖至清嘉庆草堰场至富安场聚落数量统计表

以下各场统计聚落数据与第五章第三节图 5-10 至图 5-14 明嘉靖至清嘉庆聚落分布图相互对应，均是基于历史舆图与现代地图相互叠加所得，具体方法详见第一章第四节图文互证法。

（备注：浅灰色底纹部分表示此处为烧盐聚落；斜体字表示该聚落点为推测点；黑体字表示该聚落点未找到具体位置）

草堰场

明嘉靖			清康熙			清雍正			清乾隆			清嘉庆		
团	灶	农业点	团	灶	农业点	团	灶	农业点	团	灶	农业点	团	灶	农业点
北团	/	/	北团	/	/	北团	/	/	西团	棋杆塘灶	南新河	西团	棋杆塘灶	**南新河**
西团	/	/	西团	/	/	西团	/	/	东团	茅花墩灶	朱家舍	东团	茅花墩灶	**朱家舍**
东团	/	/	东团	/	/	东团	/	/	北团	斗龙港灶	大东河	北团	斗龙港灶	**大东河**
南团	/	/	南团	/	/	南团	/	/	南团	浪港岸灶	北新河	南团	浪港岸灶（以上乾隆）	**北新河**
共 4 团			共 4 团			共 4 团					富盈		鸳鸯港	**富盈（以上乾隆）**
									共 4 团 4 灶 5 农；未知 2 灶 1 农（未算白驹）				琵琶港	**八总**
													大沟子灶	**七总**
													老蛤蜊港灶	**四总**
													双棚子灶	**三总**
													蒿儿集灶	**二总**
													蚨蚰港	**头总**
													磨担港灶	**小朱家舍**
													小蛤蜊港灶	**马家舍**
														中南新河
														十总
														九总
														六总
														五总
												共 4 团 13 灶 18 农；未知 5 灶 5 农（未算白驹）		

小海场

清嘉庆(被丁溪合并)			明嘉靖			清康熙			清雍正			清乾隆		
团	灶	农业点	团	灶	农业点	团	灶	农业点	团	灶	农业点	团	灶	农业点
万盈团	/	/	小海团	/	古窑头	小海团	/	古窑头	小海团	北新灶	古窑头	小海团	北新灶	古窑头
大庆团	/	/		/	杨新洼		/	杨新洼		吴家泊灶	杨新洼		吴家泊灶	杨新洼
共 2 团				/	西柴河		/	西柴河		南新灶	西柴河（以上康熙）		新闸口灶	西柴河（以上康熙）
			共 1 团 3 农			共 1 团 3 农				新闸口灶	双垛子		万盈灶	双垛子
										万盈灶	唐家舍		**南舀灶**	唐家舍
										南舀灶	汤家舍		**北舀灶（以上乾隆）**	汤家舍
										北舀灶	萧家岙		天池泊	萧家岙
											黄牛垛		三里泊	黄牛垛
											东柴河		斗沟子	东柴河
											徐家舍		小沟子	徐家舍（以上乾隆）
											观音巷		**六子港**	李家舍
									共 1 团 7 灶 11 农；未知 2 灶 1 农				**六子舍**	陈家舍
													洋岸东	浦家舍
												共 1 团 13 灶 13 农；未知 5 灶		

丁溪场

明嘉靖			清康熙			清雍正			清乾隆			清嘉庆		
团	灶	农业点	团	灶	农业点	团	灶	农业点	团	灶	农业点	团	灶	农业点
便团	/	/	便团	房家坝	毛家舍	便团	房家坝	毛家舍	便团	房家坝	冯家坝	便团	房家坝	冯家坝
水团	/	/	水团	丁家尖	杨家舍	水团	丁家尖	杨家舍	水团	丁家尖	赵家环	水团	丁家尖	赵家环
中心团	/	/	中心团	彭家洼	刘家河	中心团	彭家洼	刘家河	中心团	彭家洼	新灶	中心团	彭家洼	新灶
正团	/	/	正团	储家灶	西渣	正团	储家灶	西渣	正团	储家灶	血塔港	正团	储家灶	血塔港
上团	/	/	上团	赵家环	当渣	上团	赵家环	当渣	上团	顾家灶	殷家坎	上团	顾家灶	殷家坎
共 5 团				顾家灶	东渣		顾家灶	东渣		沈家灶	了子灶		沈家灶	*了子灶*
				冯家坝	蒋家坝		冯家坝	蒋家坝		*南沙（以上康熙）*	毛家舍		*南沙（以上康熙）*	毛家舍
				新灶	麻墩		新灶	麻墩		关北灶	杨家舍		关北灶	杨家舍
				李家灶			李家灶			洋岸灶	刘家河		洋岸灶	刘家河
				血塔港			血塔港			川港灶	西渣		川港灶	西渣
				殷家坎			殷家坎			下灶	当渣		下灶	当渣

续表

明嘉靖			清康熙			清雍正			清乾隆			清嘉庆		
团	灶	农业点	团	灶	农业点	团	灶	农业点	团	灶	农业点	团	灶	农业点
				沈家灶			沈家灶			六引灶	东渣		六引灶	东渣
				南沙			南沙			老米灶	蒋家坝		老米灶	蒋家坝
				了子灶			*了子灶*			中灶	麻墩（以上康熙）		中灶	麻墩（以上康熙）
				孟家环			**孟家环**			上灶	东柴河		上灶	东柴河
			共15灶8农；未知1灶			共15灶8农；未知1灶				杨树头	骆家舍		杨树头	骆家舍
										胡家灶	王端舍		胡家灶	王端舍
										孟家环	景骆舍		**孟家环**	景骆舍
										草渣灶	头灶		**草渣灶**	头灶
										关西灶	吴家河		**关西灶**	吴家河
										顾家湾	三总		**顾家湾（以上乾隆）**	三总
											二总		丁东尖	二总
											头总			头总
											臧家舍			臧家舍
											薛家舍			薛家舍
											六灶			六灶
											河子湾			*河子湾*
									共21灶27农；未知4灶					唐子头
												共22灶27农；未知4灶		

何垛场

明嘉靖			清康熙			清雍正			清乾隆			清嘉庆		
团	灶	农业点	团	灶	农业点	团	灶	农业点	团	灶	农业点	团	灶	农业点
大兴诸团	**七十四灶**		西下团	谢家湾灶		西下团	马家灶		西下团	马家灶		西下团	马家灶	
			新团	马家灶		新团	花家尖灶		新团	花家尖灶		新团	花家尖灶	
			西广盈团	花家尖灶		西广盈团	王家灶		西广盈团	王家灶		西广盈团	王家灶	
			东广盈团	王家灶		东广盈团	港东灶		东广盈团	港东灶		东广盈团	港东灶	
			杨家团	港东灶		杨家团	谢家湾灶		杨家团	谢家湾灶		杨家团	谢家湾灶	

续表

明嘉靖			清康熙			清雍正			清乾隆			清嘉庆		
团	灶	农业点	团	灶	农业点	团	灶	农业点	团	灶	农业点	团	灶	农业点
			天兴团	**北三灶**		天兴团	**北三灶**		天兴团	**北三灶（以上康熙）**		天兴团	**北三灶（以上康熙）**	
			东西滔子团			**东西滔子团**			**东西滔子团**	陈柏锅		**东西滔子团**	陈柏锅	
			共 7 团 6 灶；未知 1 团 1 灶			共 7 团 6 灶；未知 1 团 1 灶				解家锅			解家锅	
										观音柳			观音柳	
										叶家锅			北川东+北川西（乾隆北川港）	
										北川港			西套（乾隆张麻套）	
										朱家锅			塌港岸	
										张麻套			朱家锅	
										塌港岸			冷家环	
										冷家环			方舍	
										方舍			北荡	
										北荡			潘家撇	
										潘家撇			孙家撇	
										孙家撇			江家撇	
										江家撇			傍排港	
										傍排港			王套（乾隆王家套）	
										王家套			南荡	
										南荡			下舍	
										下舍			陈章灶	
										陈章灶			**邹八撇**	
										邹八撇			**董家锅（以上乾隆）**	
										董家锅			夏方灶	
										张家撇			汤亮锅	
									共 7 团 28 灶；未知 1 团 4 灶				蔡家坳	
													中荡	
													腰舍	

续表

明嘉靖			清康熙			清雍正			清乾隆			清嘉庆		
团	灶	农业点	团	灶	农业点	团	灶	农业点	团	灶	农业点	团	灶	农业点
													徐家洼	
													东下灶	
													苏家灶	
													西夏灶	
													朱家灶 1	
													赵家灶	
													刘家灶	
													西姚灶＋东姚灶	
													滔子灶	
													章家灶	
													燕了灶	
													窦家洼	
													头灶	
													丁姚灶	
													董家灶	
													郜灶	
													洼灶	
													白滩头	
													上官亭	
													南唐灶	
													周清灶	
													朱家灶 2	
													薛家舍	
													何家舍	
													叶家垛	
													东套	
													苏家舍	
													北一灶	
													北二灶	
													四灶	
													六灶	
													杨树灶	
													六荡	
													殷家灶	
													华家锅	

续表

明嘉靖			清康熙			清雍正			清乾隆			清嘉庆		
团	灶	农业点	团	灶	农业点	团	灶	农业点	团	灶	农业点	团	灶	农业点
													西稍灶	
													阳山灶	
													张仁灶	
													潘夏灶	
													顾许洼	
													杨家灶	
													孙小灶	
													谎张灶	
													大团	
													北四灶	
													北五灶	
												共 7 团 77 灶； 未知 1 团 15 灶		

东台场

备注：标★的为官方盐法志中记载的团

明嘉靖			清康熙			清雍正			清乾隆			清嘉庆		
团	灶	农业点	团	灶	农业点	团	灶	农业点	团	灶	农业点	团	灶	农业点
新团	三灶		新团	三灶		新团	三灶		新团	三灶		新团	三灶	
大益团★	房家灶		大益团★	房家灶		大益团★	房家灶		大益团★	姜家撤		大益团★	姜家撤	
张家团	梅家灶		张家团	梅家灶		张家团			张家团	蒋家泊		张家团	蒋家泊	
利用团★			利用团★			利用团★			利用团★	潘什灶		利用团★	潘什灶	
丰盈团★			丰盈团★			丰盈团★			丰盈团★	焦河灶		丰盈团★	焦河灶	
余庆团★			余庆团★			余庆团★			余庆团★	房家灶+南许灶		余庆团★	房家灶+南许灶	
永盛团★			永盛团★			永盛团★			永盛团★	远黄灶		永盛团★	远黄灶	
广储团★			广储团★			广储团★			广储团★	七灶		广储团★	七灶	
中团			中团			中团			中团	拦路港		中团	拦路港	
大团										潘浩灶			潘浩灶	
										刘家灶			刘家灶	
										于何灶			于何灶	
										六灶			六灶	
										孙家洼			孙家洼	

续表

明嘉靖			清康熙			清雍正			清乾隆			清嘉庆		
团	灶	农业点	团	灶	农业点	团	灶	农业点	团	灶	农业点	团	灶	农业点
										北腰舍			北腰舍	
										梅家尖			梅家尖	
										周家坳			小九灶	
										西股港 + 东股港			下三灶	
										五灶			南腰舍	
										小九灶			顾家撇	
										下三灶			曹昌撇	
										南腰舍			华家撇	
										顾家撇			北胖头	
										曹昌撇			姜盈舍	
										华家撇			祝家洼	
										北胖头			姜家洼	
										姜盈舍			林家洼	
										祝家洼			潘家洼	
										九灶洼			祝家灶	
										姜家洼			北许灶	
										林家洼			传家灶	
										潘家洼			居家洼	
										祝家灶			葛家撇	
										北许灶			顾家灶	
										曹家灶			严家灶	
										传家灶			东八灶	
										居家洼			西八灶	
										葛家撇			高家灶	
										十五灶			梅家灶	
										顾家灶			二灶	
										严家灶			官灶	
										东八灶			四灶	
										西八灶			丰盈关	
										高家灶			北大 水洼	
										梅家灶			姚陈灶	
										太公地			十灶	
										二灶			十三灶	
										官灶			十二灶	
										四灶			一灶	
										丰盈关			于家灶	

续表

明嘉靖			清康熙			清雍正			清乾隆			清嘉庆		
团	灶	农业点	团	灶	农业点	团	灶	农业点	团	灶	农业点	团	灶	农业点
										北大水洼			陈家坝	
										姚陈灶			南大水洼	
										十灶			**×灶洼**	
										十三灶			**夏家灶**	
										十二灶			**潘什灶**	
										一灶			**×家灶（以上乾隆）**	
										于家灶			下家灶	
										陈家坝			南胖灶	
										南大水洼			**十二灶洼**	
										×灶洼			共 60 灶；未知 5 灶	
										夏家灶				
										潘什灶				
										×家灶				
										共 65 灶；未知 4 灶				

梁垛场

明嘉靖			清康熙			清雍正			清乾隆			清嘉庆		
团	灶	农业点	团	灶	农业点	团	灶	农业点	团	灶	农业点	团	灶	农业点
北团	孙英灶		北团	孙英灶		北团	孙英灶		北团	孙英灶		北团	孙英灶	
新团	李家灶（属中团）		新团	李家灶（属中团）		新团	李家灶（属中团）		新团	李家灶（属中团）		新团	李家灶（属中团）	
中团	黄家灶		杨家团	黄家灶		杨家团	黄家灶		杨家团	黄家灶		杨家团	黄家灶	
	苗家灶		中团	苗家灶		中团	苗家灶		中团	苗家灶		中团	苗家灶	
	顾家灶		丰盛团	顾家灶		丰盛团（以上康熙）	顾家灶		丰盛团（以上康熙）	顾家灶		丰盛团（以上康熙）	顾家灶	
	白家灶（属北团）			白家灶（属北团）		周家团	白家灶（属北团）		周家团	白家灶（属北团）		周家团	白家灶（属北团）	
	汤家灶（属新团）			汤家灶（属新团）			汤家灶（属新团）			汤家灶（属新团）			汤家灶（属新团）	
	郁家灶			郁家灶			郁家灶			郁家灶			郁家灶	
	张家灶			张家灶			张家灶			张家灶			张家灶	
共 3 团 9 灶；未知 1 团 4 灶			共 5 团 9 灶；未知 2 团 4 灶				天鹅荡			天鹅荡			天鹅荡	

续表

明嘉靖			清康熙			清雍正			清乾隆			清嘉庆		
团	灶	农业点	团	灶	农业点	团	灶	农业点	团	灶	农业点	团	灶	农业点
							港子桥			港子桥			港子桥	
							王家洋			王家洋			王家洋	
							薛家行墩			薛家行墩			薛家行墩	
							殷家灶			殷家灶			殷家灶	
							周家撇			周家撇			周家撇	
							徐家墩			徐家墩			徐家墩	
							吕家撇			吕家撇			吕家撇	
							小星灶墩			小星灶墩			小星灶墩	
							浪港河			浪港河			浪港河	
							曹家灶			曹家灶			曹家灶	
							八洋灶			八洋灶			八洋灶	
							管家撇			**管家撇**			**管家撇**	
							五灶			**五灶**			**五灶**	
							邱灶			**邱灶**			**邱灶**	
							乐家坳			**乐家坳**			**乐家坳**	
						共6团25灶； 未知2团8灶			共6团25灶； 未知2团8灶			共6团25灶； 未知2团8灶		

安丰场

明嘉靖			清康熙			清雍正			清乾隆			清嘉庆		
团	灶	农业点	团	灶	农业点	团	灶	农业点	团	灶	农业点	团	灶	农业点
北盛北团	/		**北胜团**	/		**北胜团**	/		**北胜团**	王家河		**北胜团**	王家河	
北盛南团			**南丰团**			**南丰团**			**南丰团**	九邱灶		**南丰团**	九邱灶	
南丰北团			**新丰团**			**新丰团**			**新丰团**	新河口		**新丰团**	新河口	
南丰南团			**王家团**			**王家团**			**王家团**	新灶		**王家团**	新灶	
新兴团			共4团;未知4团			共4团;未知5团				贾家坝			贾家坝	
共5团;未知5团										**一灶**			**一灶**	
										汤港灶			**汤港灶**	
										斗港子灶			**斗港子灶**	
										施家灶			**施家灶**	
										三灶			**三灶**	
										新十灶			**新十灶**	
										上洋四灶			**上洋四灶**	

续表

明嘉靖			清康熙			清雍正			清乾隆			清嘉庆		
团	灶	农业点	团	灶	农业点	团	灶	农业点	团	灶	农业点	团	灶	农业点
										南三灶			**南三灶**	
										二灶			**二灶**	
										吴广桥灶			**吴广桥灶**	
									总数未知;已知 16 灶(未知 11 灶)			总数未知;已知 16 灶(未知 11 灶)		

富安场

	明嘉靖			清康熙			清雍正			清乾隆			清嘉庆	
团	灶	农业点	团	灶	农业点	团	灶	农业点	团	灶	农业点	团	灶	农业点
东团	/		**东团**	/		**东团**	/		上团民居	*夏家坝*		上团民居	*夏家坝*	
中团			**中团**			**中团**			永富团	*洋口灶*		永富团	*洋口灶*	
西团			**西团**			**西团**				*北一灶*			*北一灶*	
共 3 团;未知 3 团			**上团**			**上团**				崔家坝			崔家坝	
			下团			**下团**				张家滩			张家滩	
			共 5 团;未知 5 团			共 5 团;未知 6 团				许家灶			许家灶	
										五灶 1			廿三灶	
										廿三灶			廿二灶	
										廿二灶			仲八灶	
										仲八灶			廿八灶	
										廿八灶			十六灶	
										十六灶			薛家灶	
										薛家灶			杨家河	
										杨家河			丁家灶	
										北七灶			谢家灶	
										丁家灶			葫芦套	
										谢家灶			薛家套	
										葫芦套			王家沙	
										许家河			曹家坝	
										崔家河			李家桑	
										北芦家河			六灶	
										薛家套			五灶 2	
										袁家苴			宫家湾	
										朱家套			十灶	
										王家沙			芦家灶	
										曹家坝			小灶	

续表

	明嘉靖			清康熙			清雍正			清乾隆			清嘉庆	
团	灶	农业点	团	灶	农业点	团	灶	农业点	团	灶	农业点	团	灶	农业点
										李家桑			戴家灶北	
										六灶			贲家集	
										五灶 2			陈新场	
										宫家湾			潮墩灶	
										新河口			韩家洋	
										十灶			许家河	
										九灶			七灶	
										四灶			二灶	
										西洋			十四灶	
										芦家灶			张家灶	
										小灶			花家灶	
										戴家灶北			十一灶	
										贲家集			三灶	
										陈新场			张腰灶	
										潮墩灶			小丁灶	
										韩家洋			古丁灶	
										解家洋			蒋家墩	
										许家河			索王灶	
										七灶			唐家洋	
										二灶			卢家河	
										十四灶			中苴	
										张家灶			一总	
										花家灶			二总	
										十一灶			三总	
										三灶			四总	
										张腰灶			五总	
										何家灶			六总	
										何家撇			七总	
										小丁灶			八总	
										古丁灶			九总	
										蒋家墩			十二总	
										索王灶			十四总	
										张家沙			十六总	
										唐家洋			十八总	
										仲家河			**新十灶**	

续表

	明嘉靖			清康熙			清雍正			清乾隆			清嘉庆	
团	灶	农业点	团	灶	农业点	团	灶	农业点	团	灶	农业点	团	灶	农业点
										卢家河			**北二灶**	
										毛家灶			**北三灶**	
										殷家灶			**段家灶**	
										西花家坝+东花家坝			**二十灶**	
										中苴			**北八灶**	
										高屋头			**许家桥**	
										一总			**梅八灶**	
										二总			**二十一灶**	
										三总			**袁家河**	
										四总			**下海路**	
										五总			**蔡灰场**	
										六总			**新丁灶**	
										七总			**赵兵灶**	
										八总			**史洋环**	
										九总			**十总**	
										十二总			**十一总**	
										十四总			**十三总**	
										十六总			**十五总**	
										十八总			**十七总**	
										潘家坝			**十九总**	
										新旧十灶			**廿总**	
										北二灶			**廿一总**	
										北三灶			**廿二总**	
										段家灶			**廿三总**	
										二十灶			**廿四总**	
										北八灶			**廿五总**	
										许家桥			**廿六总**	
										梅八灶			**廿七总**	
										廿一灶			**廿八总**	
										袁家河			**廿九总**	
										戴家灶南			**三十总**	
										下海路			**丰安灶**	
										蔡灰场			西杭坝	

续表

	明嘉靖			清康熙			清雍正			清乾隆			清嘉庆	
团	灶	农业点	团	灶	农业点	团	灶	农业点	团	灶	农业点	团	灶	农业点
										解丁灶		共2团94灶;未知33灶		
										赵兵灶				
										史洋环				
										高平口				
										火烧荁				
										西洋口				
										十总				
										十一总				
										十三总				
										十五总				
										十七总				
										十九总				
										廿总				
										廿一总				
										廿二总				
										廿三总				
										廿四总				
										廿五总				
										廿六总				
										廿七总				
										廿八总				
										廿九总				
										三十总				
										丰安灶				
										共2团119灶；未知38灶